gestão de operações de segurança: estratégia e tática

CB070914

EDITORA intersaberes

O selo DIALÓGICA da Editora InterSaberes faz referência às publicações que privilegiam uma linguagem na qual o autor dialoga com o leitor por meio de recursos textuais e visuais, o que torna o conteúdo muito mais dinâmico. São livros que criam um ambiente de interação com o leitor – seu universo cultural, social e de elaboração de conhecimentos –, possibilitando um real processo de interlocução para que a comunicação se efetive.

gestão de operações de segurança: estratégia e tática

Antonio Carlos Tammenhain

2ª edição

EDITORA intersaberes

Rua Clara Vendramin, 58
Mossunguê . CEP 81200-170
Curitiba . PR . Brasil
Fone: (41) 2106-4170
www.intersaberes.com
editora@editoraintersaberes.com.br

▓ Conselho editorial
Dr. Ivo José Both (presidente)
Drª. Elena Godoy
Dr. Neri dos Santos
Dr. Ulf Gregor Baranow

▓ Editora-chefe
Lindsay Azambuja

▓ Gerente editorial
Ariadne Nunes Wenger

▓ Analista editorial
Ariel Martins

▓ Preparação de originais
Juliana Fortunato

▓ Edição de texto
Floresval Nunes Moreira Junior
Fábia Mariela
Gustavo Piratello de Castro

▓ Projeto gráfico
Raphael Bernadelli

▓ Capa
Luana Machado Amaro (*design*)
Oleg Golovnev/Shutterstock (imagem)

▓ Diagramação
André Feijó

▓ Equipe de *design*
Luana Machado Amaro
Charles L. da Silva
Sílvio Gabriel Spannenberg

▓ Iconografia
Célia Regina Tartalia e Silva
Regina Claudia Cruz Prestes

Dados Internacionais de Catalogação na Publicação (CIP)
(Câmara Brasileira do Livro, SP, Brasil)

Tammenhain, Antonio Carlos
  Gestão de operações de segurança: estratégia e tática/
Antonio Carlos Tammenhain. 2. ed. rev. e atual. Curitiba:
InterSaberes, 2020.

  Bibliografia.
  ISBN 978-85-227-0236-7

  1. Administração de riscos 2. Gestão de segurança 3. Planejamento estratégico 4. Risco operacional 5. Segurança – Medidas I. Título.

19-31482   CDD-658.47

Índices para catálogo sistemático:
1. Gestão de segurança empresarial: Administração de empresa 658.47

Cibele Maria Dias – Bibliotecária – CRB-8/9427

EDITORA AFILIADA

2ª edição, 2020.

Foi feito o depósito legal.

Informamos que é de inteira responsabilidade do autor a emissão de conceitos.

Nenhuma parte desta publicação poderá ser reproduzida por qualquer meio ou forma sem a prévia autorização da Editora InterSaberes.

A violação dos direitos autorais é crime estabelecido na Lei n. 9.610/1998 e punido pelo art. 184 do Código Penal.

apresentação 19

como aproveitar ao máximo este livro 23

Capítulo 1 **Gestão estratégica organizacional - 27**

1.1 Estratégia e tática - 29
1.2 Fundamentos de planejamento estratégico empresarial - 34
1.3 Níveis de planejamento empresarial - 38
1.4 Objetivo estratégico - 43
1.5 Fator crítico de sucesso (FCS) - 50

Capítulo 2 **Gestão de operações de segurança: estratégia - 69**

2.1 Gerência de operações: o coração do organismo empresarial - 71
2.2 Processos críticos de sustentação operacional - 74

sumário

2.3 Estrutura de um sistema de segurança - 79
2.4 Visão holística na gestão de operações de segurança organizacional - 84
2.5 Tática operacional alinhada com a gestão estratégica do negócio - 89

Capítulo 3 **Tática operacional na gestão de segurança organizacional - 99**

3.1 Capacidade de antecipação e capacidade de pronta resposta - 100
3.2 Fatores críticos de sucesso em operações de segurança - 113
3.3 Objetivos da gestão de operações de segurança - 123
3.4 *Facilities*: fatores de risco - 128

Capítulo 4 **Processos críticos de segurança - 153**

4.1 Procedimentos estruturados - 154
4.2 Controle de acesso - 160
4.3 Segurança de perímetro - 164
4.4 Segurança interna - 178
4.5 Segurança de operações externas - 199

Capítulo 5 **Estratégia em operações de segurança - 209**

5.1 Planejamento estratégico do sistema de segurança - 215
5.2 Plano tático operacional de segurança - 221
5.3 Recrutamento e seleção em segurança - 235
5.4 Treinamento e desenvolvimento em segurança - 247
5.5 Segurança da informação - 251

Capítulo 6 **Inteligência em gestão de operações de segurança - 267**

6.1 Processos de gestão de risco - 272
6.2 Processos de gestão de crise - 309
6.3 Processos de gestão de continuidade de negócio - 324
6.4 Introdução à inteligência empresarial competitiva - 340
6.5 Perfil do gestor de operações de segurança - 373

estudo de caso 381
para concluir... 387
referências 391
respostas 395
sobre o autor 403

Na manhã do dia 27 de janeiro de 2013, um belo domingo de verão, o Brasil acordou chocado e profundamente ferido com um lamentável evento para registrar como uma das mais tristes páginas de seus quase 513 anos de história. Em poucos minutos daquela trágica madrugada, 242 jovens vidas foram perdidas, com seus projetos, suas expectativas e seus diferentes e incríveis sonhos; nem mesmo o sonho de permanecer neste planeta por pelo menos 30 anos a maior parte daquelas vítimas pôde realizar. Antes mesmo da celebração da missa de 7º dia pelas almas precocemente encaminhadas ao paraíso, centenas de casas noturnas já haviam sido vistoriadas, autuadas e até interditadas e lacradas em todos os cantos do país. Nas semanas que se seguiram, o que se viu foi uma estúpida, desrespeitosa e ultrajante demonstração da retardada e inútil eficiência do aparato dos órgãos fiscalizadores do Estado. Um teatro político, repleto de infames atores em infames apresentações sobre um palco de horrores, lamentavelmente, tentando convencer os incrédulos e enlutados espectadores com suas tétricas, infelizes e hediondas explicações, em uma péssima versão do ridículo "jogo de empurra"

No entanto, nossos jovens estudantes já estavam mortos. E continuarão morrendo enquanto empresários irresponsáveis insistirem em tragicamente priorizar ganhos financeiros em detrimento da segurança, da integridade e do bem-estar de seus incautos clientes, bem como enquanto o Estado continuar corruptamente omisso, complacente e distante de seu poder coercitivo e do princípio basilar da Administração Pública: a supremacia do interesse coletivo sobre o privado. Até que não fique muito bem entendido o valor da vida humana como a maior de todas as dádivas divinas, disponível apenas em raríssimos pontos de todo o cosmo celestial, a insana busca por ganhos materiais e vantagens imorais continuará a produzir seus nefastos efeitos sobre vidas sempre tão divinamente abençoadas.

Decidi dedicar este livro, por ser ele um instrumento de qualificação para gestores de operações de segurança, em justa e triste homenagem, às vítimas, a seus inconsoláveis familiares e aos verdadeiros heróis e também vítimas de Santa Maria.

Doar a vida pelo irmão: prova de amor maior não há.

Dedico este trabalho a todos os heróis de Santa Maria, representados aqui pelo Tenente Leonardo Machado de Lacerda e pelo Cabo Lucas Leite Teixeira, militares do Exército Brasileiro, e pelo estudante de Educação Física Vinicius Montardo Rosado, e a todos os que eles, mesmo com o sacrifício da própria vida, não conseguiram resgatar daquela triste emboscada sorrateiramente armada pelos inúmeros fatores de risco que infelizmente não foram mitigados na Boate Kiss antes de 27 de fevereiro de 2013.

Em virtude da incontestável bestialidade e de sua incrível capacidade de autoexplicação, bem como da lamentável condição dos acontecimentos daquele negro domingo, faço uma silenciosa homenagem às vítimas de Santa Maria, enviando minha solidariedade a seus familiares e comprometendo-me com a nobre missão de ensinar gestão de risco e contribuir para a garantia do bem-estar, da segurança e das integridades física e moral de pessoas e de animais sempre que estiverem sob a salvaguarda de nossos sistemas de segurança.

A dor é uma condição inerente à dinâmica do aprendizado humano, e um de seus principais segredos é a sabedoria de crescer nos momentos de sofrimento. Porém, existem feridas que tanto doem e que tanta angústia provocam que seria preferível não sofrê-las e continuar sem conhecer seus ensinamentos, por mais importantes que possam ser para a evolução da alma eternamente magoada. Trabalhar com gestão de risco não é aprender com os erros, é, antes disso, aprender a crescer e a evoluir, sem necessariamente ter de sofrer as dores e os trágicos efeitos dos sempre previsíveis e evitáveis incidentes. Aprendemos com as dores de nossos dias desde o primeiro momento em que a vida nos obriga a abandonar, para sempre, o sagrado útero, sendo condenados a sentir frio, calor, fome e também a conhecer os primeiros efeitos do medo e da insegurança em nossas ainda inocentes e límpidas almas. Começa, então, tanto para mim quanto para você, o maior e mais intensivo aprendizado de todo o plano da Criação.

A Deus, por ter me concedido a graça de trabalhar pelo bem-estar das pessoas. Aos meus pais e aos meus mestres, que me qualificaram para essa tarefa. E aos colegas, que, ao longo de tantos anos, lutaram comigo ombro a ombro, vencendo com integridade e com ética os desafios dessa nobre missão.

À minha amada esposa, aos meus filhos e aos meus netos, pela compreensão das intermináveis horas de ausência do lar, nosso sagrado convívio.

É nobre a missão de proteger pessoas, animais, meio ambiente, instalações, bens e valores; se assim não fosse, não seríamos necessários e, para cumpri-la, poderiam ser convocados os desqualificados e aventureiros amadores. Simples assim e QTA na QTC.

Antonio Carlos Tammenhain

"As autênticas ou supostas ameaças à integridade pessoal e à propriedade privada convertem-se em questões de grande alcance cada vez que se consideram as vantagens de viver num determinado lugar."

"A guerra à insegurança, aos riscos e aos perigos está em curso dentro da cidade; nela, os campos de batalha são nitidamente delimitados, e as linhas de frente são demarcadas."

"A arquitetura do medo e da intimidação espalha-se pelos espaços públicos das cidades, transformando-a sem cessar – embora furtivamente – em áreas extremamente vigiadas, dia e noite."

Zygmunt Bauman, 2005.

apresentação

Desde que iniciei minha vida profissional, em 1976, tenho trabalhado em atividades relacionadas com o bem-estar e a integridade das pessoas, das instalações, de seus bens e de seus valores materiais e morais. Na primeira delas, trabalhei arduamente pela segurança de meu país e de suas instituições e pela paz de todos os brasileiros e de tudo o que, empunhando a espada reluzente apontada para o solo sagrado, jurei solenemente defender com o sacrifício da própria vida, se preciso fosse. Depois, já fora da farda verde-oliva, fiz dessa missão minha profissão e passei a trabalhar em segurança privada, sem nunca me esquecer da obrigação de estar em constante aprendizado e crescimento, com vistas a alcançar a melhor qualificação técnica para gerir sistemas de segurança. E essa sempre foi uma grande dificuldade, em virtude da baixíssima disponibilidade de cursos e de literatura que agregassem algum valor à formação de gestores de sistemas de segurança.

Assim, após acumular algumas décadas de experiência profissional e diante da nova realidade do contexto da segurança privada no Brasil, que já conta com excelentes cursos técnicos de segurança de níveis médio, técnico, tecnólogo, graduação e pós-graduação, resolvi contribuir também para a ampliação de nossa literatura de segurança e publiquei, em 2010, meu primeiro livro: *Gestão de risco operacional em shopping center*, que teve como objetivo mostrar ao leitor por que fazer gestão de risco, mas sem discutir detalhes de como executar essa importante função. Agora, nesta obra que você começa a ler, o objetivo é transmitir informações sobre como fazer gestão de risco na função de gestor de operações de segurança, abordando todas as informações técnicas pertinentes para a qualificação de profissionais que pretendem comandar com sucesso os processos críticos operacionais de um sistema de segurança organizacional.

Hoje, os processos de segurança estão muito mais complexos do que há 20 ou 30 anos, e esse é um dos motivos pelos quais trabalhar com segurança não é função para qualquer um; o perfil dos profissionais que atuam nessa área, em todos os níveis funcionais, requer conhecimentos e qualidades muito específicos e bem desenvolvidos, pois assim exige o alto nível de responsabilidade que repousa sobre seus ombros, visto que a eles é confiada a nobre missão de garantir a segurança e a integridade de pessoas, animais, instalações, bens e valores. Por isso, o gestor de operações de segurança precisa ampliar seu conhecimento sobre os processos de gestão de risco, e as organizações necessitam de profissionais com essa competência.

Especialmente na função de gestão das operações dos modernos sistemas de segurança, as competências técnicas são ainda mais específicas e mais exigidas pela alta gestão das organizações, que já reconhece o caráter fundamental da conquista dos objetivos de segurança. Esses doutores em gestão estratégica, responsáveis pelos grandes e abrangentes planejamentos estratégicos das organizações, cientes da importância da garantia da segurança, do bem-estar e da integridade de seus colaboradores e da necessidade da continuidade de seus processos operacionais, já exigem a competência da visão holística dos gestores de seus complexos sistemas de segurança. Assim, neste livro, demonstraremos a complexidade da função de gestão de operações de segurança e como fazer para cumpri-la de modo abrangente na estrutura da organização por ela assessorada.

Nesse sentido, iniciaremos com uma abordagem clara a respeito da importância da exata compreensão que o gestor de operações de segurança deve ter sobre os conceitos de estratégia e de tática e sobre os fundamentos de **gestão estratégica organizacional**, de objetivos estratégicos e de fatores críticos de operações de segurança, seus processos críticos, a estrutura de segurança, a necessidade da visão holística de seu gestor, com táticas operacionais alinhadas à estratégia do negócio e com todas as técnicas dessas táticas na gestão de operações de segurança e seus processos críticos.

Também examinaremos os detalhes da estratégia em operações de segurança, apresentando os componentes do planejamento estratégico de sistemas de segurança. Trataremos, ainda, de toda a estrutura e dos componentes de um sistema de inteligência na gestão de operações de segurança, com introdução aos estudos dos processos de gestão de risco, gestão de crise, gestão de continuidade de negócio e inteligência empresarial competitiva. Destacaremos a importância do domínio de todos esses fundamentos técnicos de gestão operacional como componente essencial para a formação do perfil do moderno gestor de operações de segurança.

Por fim, vale ressaltar que você encontrará aqui muitos exemplos e menções a situações referentes ao contexto operacional em *shopping center*. Ocorre que temos uma interessante vivência de gestão de operações de segurança nesse tipo de organização aberta ao público e entendemos que são exemplos apropriados aos objetivos desta obra. Além disso, é excelente recurso didático para a melhor clareza do conteúdo proposto, agregando valor ao conhecimento do gestor de operações de segurança em qualquer tipo de organização.

Pedimos sua compreensão caso sinta falta de mais detalhes acerca de operações de segurança, pois entendemos ser necessário tomar algum cuidado ao publicar informações táticas do setor sobre o qual pretendemos orientar. Não é difícil encontrar material doutrinário que possa ser utilizado como um manual para ações criminosas, e obviamente não é essa a intenção de nenhum autor. Portanto, como apresentaremos técnicas operacionais de segurança, é preciso limitar a descrição de detalhes que apresentem algum risco de utilização contra os sistemas que devemos, por dever ético e moral, proteger.

Empregamos nesta obra recursos que visam enriquecer seu aprendizado, facilitar a compreensão dos conteúdos e tornar a leitura mais dinâmica. Conheça a seguir cada uma dessas ferramentas e saiba como elas estão distribuídas no decorrer deste livro para bem aproveitá-las.

Conteúdos do capítulo

Logo na abertura do capítulo, relacionamos os conteúdos que nele serão abordados.

Após o estudo deste capítulo, você será capaz de:

Antes de iniciarmos nossa abordagem, listamos as habilidades trabalhadas no capítulo e os conhecimentos que você assimilará no decorrer do texto.

Exemplo prático

Nesta seção, articulamos os tópicos em pauta a acontecimentos históricos, casos reais e situações do cotidiano a fim de que você perceba como os conhecimentos adquiridos são aplicados na prática e como podem auxiliar na compreensão da realidade.

como aproveitar ao máximo este livro

Síntese

Ao final de cada capítulo, relacionamos as principais informações nele abordadas a fim de que você avalie as conclusões a que chegou, confirmando-as ou redefinindo-as.

Síntese

É da gerência de operações que advêm os movimentos com planos táticos e operacionais para o emprego das equipes que mantêm em constante funcionamento a engrenagem de toda a estrutura técnica operacional em condições de garantir a operacionalidade dos demais departamentos. Processos críticos operacionais sustentam a atividade-fim da organização, garantem sua normalidade operacional e são executados de acordo com planos táticos operacionais específicos, alinhados com a estratégia da empresa.

Cabe ao gestor das operações de segurança orientar os responsáveis pelos processos que dão origem aos riscos sobre as melhores práticas de segurança e colaborar com eles na identificação, na análise, na avaliação e no tratamento dos fatores de risco desde a sua origem. A gestão estratégica no topo da pirâmide organizacional precisa perceber a real abrangência holística da gestão operacional de segurança, e não basta autorizá-la, pois também deve comunicar a toda a estrutura da organização a importância estratégica desse tático operacional.

O gestor de operações de segurança precisa estar qualificado para conquistar e ocupar definitivamente o lugar que lhe cabe na gestão estratégica da organização que assessora. Nesse sentido, deve mostrar ao mercado que já é indispensável na estrutura das tomadas de decisão estratégicas de qualquer tipo de organização.

Questões para revisão

1) Podemos dizer que os processos .... sustentam a atividade-fim da organização, garantem sua .... e são executados de acordo com planos táticos operacionais específicos e alinhados com a ....

Assinale a alternativa que completa corretamente essa afirmativa:
a. críticos operacionais – normalidade operacional – estratégia do negócio
b. administrativos – normalidade estratégica – demanda
c. empresariais – conquista profissional – concorrência
d. de gestão – capacidade de prevenção – gestão de marketing
e. estratégicos – capacidade de pronta resposta – gestão de segurança

2) Assinale a alternativa que apresenta os macrocomponentes de um sistema de segurança de acordo com o modelo apresentado neste capítulo:
a. Pessoas, processos, serviços, gestão e planejamento.
b. Pessoas, processos, manutenção, comercial e suprimentos.
c. Pessoas, processos, instalações, tecnologia e ambiente externo.
d. Pessoas, jurídico, tecnologia, transporte, segurança e instalações.
e. Ambiente externo, clientes, processos, tecnologia e pessoas.

Questões para revisão

Ao realizar estas atividades, você poderá rever os principais conceitos analisados. Ao final do livro, disponibilizamos as respostas às questões para a verificação de sua aprendizagem.

Agora, assinale a alternativa que apresenta a sequência correta:
a. V, F, F.
b. F, F, V.
c. V, V, V.
d. V, V, F.
e. V, V, F.

4) Para a gestão de operações de segurança, qual é a importância da elaboração de procedimentos estruturados para a execução dos processos críticos?

5) Quais são os quatro principais processos críticos de segurança?

Questão para reflexão

1) Para um profissional de segurança, é interessante desenvolver o hábito de imaginar como são estruturados os processos críticos de segurança de toda e qualquer nova instalação que venha a conhecer, como um condomínio residencial, um shopping center ou outro tipo de organização, além de imaginar como é a disposição das linhas de defesa na segurança interna dessa instalação. Isso é importante para a formação técnica do gestor de operações de segurança. Faça uma visita a uma instalação desse tipo e descreva os pontos mencionados concernentes à organização escolhida.

Questões para reflexão

Ao propor estas questões, pretendemos estimular sua reflexão crítica sobre temas que ampliam a discussão dos conteúdos tratados no capítulo, contemplando ideias e experiências que podem ser compartilhadas com seus pares.

Para saber mais

MEIRELES, N. R. **Processos e métodos em:** prevenção de perdas e segurança empresarial. São Paulo: Sicurezza, 2010.

A obra do professor Nino Meireles apresenta conteúdo repleto de táticas operacionais de segurança diretamente relacionadas com os processos críticos de segurança. Para a qualificação do gestor de operações de segurança em qualquer tipo de organização, a leitura dessa obra será muito proveitosa, principalmente no contexto operacional dos processos de prevenção de perdas, com seus riscos, desde o início do processo logístico até o consumidor final, em especial no comércio varejista.

Para saber mais

Sugerimos a leitura de diferentes conteúdos digitais e impressos para que você aprofunde sua aprendizagem e siga buscando conhecimento.

Estudo de caso

Nesta seção, relatamos situações reais ou fictícias que articulam a perspectiva teórica e o contexto prático da área de conhecimento ou do campo profissional em foco com o propósito de levá-lo a analisar tais problemáticas e a buscar soluções.

Infelizmente, talvez esta tenha sido a seção mais fácil de escrever, porque não há dificuldade em encontrar exemplos de incidentes, acidentes e ocorrências, com todos os níveis de gravidade, para que seja possível um estudo das condições e dos fatores que permitiram suas trágicas concretizações. Da mesma maneira, é de extrema facilidade perceber a relação entre casos sinistros e os ensinamentos apresentados nesta obra.

É lamentável, mas é verdade, que não tem sido rara a situação em que estamos sob o efeito de algum grande susto, com vítimas ainda pranteando, quando somos sacudidos emocionalmente pela notícia de uma nova tragédia. São sucessivas situações, algumas de comoção pelo efeito de algum infortúnio de grande porte, outras de revolta pelos males e pelos prejuízos provocados pelas diversas faces das ações criminosas. Tão simples como lastimável, já que diariamente os jornais nos dão uma nova má notícia, é entender que a sequência de perigos concretizados parece ser interminável.

Como profissionais de segurança, especialmente quando responsáveis por operações de segurança, precisamos ter alguns pensamentos imediatos e instintivos sempre que formos

25

I

Gestão estratégica organizacional

Conteúdos do capítulo:

- » Estratégia e tática.
- » Fundamentos de planejamento estratégico.
- » Níveis de planejamento empresarial.
- » Objetivo estratégico.
- » Fator crítico de sucesso.

Após o estudo deste capítulo, você será capaz de:

1. contextualizar o fluxo de gestão com a elaboração do planejamento estratégico, seus objetivos estratégicos e os fatores críticos de sucesso;
2. reconhecer que a gestão de operações de segurança no nível tático pode definir a tática operacional de segurança com objetivos alinhados com o planejamento estratégico;
3. apontar a importância de conduzir as ações de segurança de modo a garantir a continuidade dos processos críticos

que sustentam a normalidade operacional do funcionamento da organização;

4. compreender que a qualificação do gestor de operações de segurança demanda deste a visão holística da conquista dos objetivos estratégicos e domínio dos conceitos de planejamento estratégico, objetivo estratégico e fatores críticos de sucesso.

A função de gestor de operações de segurança tem atribuições estritamente operacionais, uma vez que requer atuação de comando e controle de processos operacionais. Está mais relacionada com a elaboração de planos táticos operacionais, procedimentos estruturados, instruções e manuais de operações para a execução de tarefas de equipes operacionais. Esse gestor também tem atribuições de identificação de fatores críticos de sucesso (FCS) e de definição e conquista de objetivos táticos operacionais alinhados com os objetivos estratégicos da organização. Sua posição intermediária na estrutura de gestão organizacional faz dele o elo entre os objetivos estratégicos e a execução operacional de tudo o que foi planejado pela alta direção.

Uma execução operacional eficiente na base da estrutura da organização é o primeiro e principal resultado necessário para a conquista de todos os objetivos do negócio. Portanto, são muitos os riscos envolvidos quando do exercício da função de gestão de operações de segurança, principalmente se tal gestor não sabe avaliar o valor do sucesso de seus processos críticos para a conquista dos objetivos estratégicos do negócio. Por esses motivos, não obstante a função ser estritamente operacional, é de extrema relevância o conhecimento e o domínio dos fundamentos de gestão estratégica empresarial.

1.1 Estratégia e tática

A tática lida com a forma da batalha individual, e a estratégia lida com seu uso. Ambas afetam as condições das marchas, dos acampamentos e das posições apenas durante a batalha, e os itens só se tornam táticos ou estratégicos a depender de sua relação com a forma ou o significado da batalha (Oetinger; Bassford; Ghyczy, 2002).

Para Clausewitz (1780-1831), considerado um dos maiores estrategistas militares e grande teórico da guerra, a estratégia é o "uso dos combates para atingir os objetivos da guerra; portanto, deve fornecer metas para toda a ação militar que corresponda às finalidades da guerra. A estratégia, então, determina os planos para as batalhas individuais e ordena seus combates" (Oetinger; Bassford; Ghyczy, 2002, p. 110).

Sun Tzu (545 a.C.-470 a.C.), general, estrategista e filósofo chinês, defende que "Todos os homens podem ver as táticas pelas quais eu conquisto, mas o que ninguém pode ver é a estratégia através da qual grandes vitórias são obtidas" (Sun Tzu, 2005, p. 72).

De acordo com o *Glossário de termos e expressões para uso no Exército*, publicado pelo Ministério da Defesa, *estratégia* é a "Arte de preparar e aplicar o poder para conquistar e preservar objetivos, superando óbices de toda ordem." (Brasil, 2009, E-17). Por sua vez, *tática* é a "Arte de dispor, movimentar e empregar as forças militares em presença do inimigo ou durante o combate" (Brasil, 2009, ET-1).

É importante analisar esses conceitos consoante os famosos e seculares escritos do marechal prussiano Carl von Clausewitz e do general chinês Sun Tzu. No livro *Clausewitz e a estratégia*, que comenta os escritos de Clausewitz, os autores Oetinger, Bassford e Ghyczy (2002, p. 107) explicam:

"De acordo com nossa classificação, portanto, a tática ensina o uso das forças armadas em batalha, enquanto a estratégia ensina o uso das batalhas para alcançar os objetivos da guerra".

Já para Sun Tzu, *estratégia* refere-se às ações de definição de objetivos, de planejamento e de direcionamento tático operacional, ficando a tática propriamente dita com a responsabilidade de fixar o tipo de emprego dos meios disponíveis para conquista de objetivos estratégicos. Com o pensamento estrategista desses dois generais, é possível inferir que será inoperante qualquer ação tática operacional que não esteja alinhada com a estratégia e focada na conquista de seus objetivos estratégicos.

Fica claro no *Glossário de termos e expressões para uso no Exército* (Brasil, 2009) que a estratégia está relacionada a objetivos mais amplos, fixados pela política, e a tática se refere ao emprego das forças na presença do inimigo ou durante a batalha. No entanto, ainda é grande a falta de entendimento desses dois conceitos por parte de alguns profissionais de gestão de sistemas de segurança empresarial, o que é preocupante, pois essa compreensão é fundamental para a conquista dos principais objetivos das funções de um gestor de segurança ou **gestor de risco operacional**.

Os termos *estratégia* e *tática* apenas recentemente deixaram de ser exclusivos das ciências militares e passaram a ser utilizados por diversos autores da área de administração. Em trabalhos de consultoria em gestão de risco operacional, temos observado com alguma frequência o equívoco na utilização desses dois conceitos e, até mesmo, alguns gestores de sistemas de segurança que não compreendem exatamente seus significados e, principalmente, não conseguem estabelecer a relação entre a estratégia de sua empresa e o posicionamento e a orientação tática operacional da estrutura que foi colocada sob seu comando.

A consequência dessa desinformação pode ser perigosa, sobretudo em virtude do não entendimento, por parte do gestor, do valor estratégico que suas decisões de nível tático podem ter no contexto geral da organização. Assim, ressaltamos a extrema importância do nível de compreensão e de conhecimento da estratégia em que está inserido o profissional responsável por tomar decisões táticas operacionais diretamente relacionadas com os objetivos da segurança empresarial e com os objetivos estratégicos definidos no planejamento da empresa.

Defendemos que a alta direção, nas organizações empresariais, precisa reconhecer o valor estratégico da função de gestão de operações de segurança ou de gestão de risco, e esse reconhecimento depende fundamentalmente da qualificação técnica dos profissionais que assumem essas funções. Tal qualificação passa, necessariamente, por uma atualização técnica, bem como pelo conhecimento de métodos eficazes de gestão de risco e de aplicação de táticas operacionais de sistemas de segurança. Com isso, justificamos o destaque para a pertinência da gestão de operações de segurança e para o entendimento da diferença entre os conceitos de *estratégia* e de *tática* no contexto empresarial, visto que, sem esse nível de compreensão, é improvável que o gestor seja capaz de alinhar a tática operacional de segurança com os objetivos estratégicos do negócio.

Entendemos não ser admissível que um gestor de segurança ou um gestor de risco operacional não conceba todas as consequências e os efeitos que a relação entre esses conceitos representa, o que, lamentavelmente, poderá levar a uma miopia ou até a uma cegueira estratégica e a não menos lamentáveis decisões táticas operacionais ineficazes e inoperantes. O resultado dessa preocupante situação é a produção de resultados pífios e insignificantes, muitas vezes com grave comprometimento dos objetivos estratégicos da organização.

Esse tema é aqui pertinente, pois, se pretendemos contribuir para a conquista dos objetivos estratégicos das organizações por nós assessoradas, é de vital importância que sejamos especialistas em táticas operacionais diretamente relacionadas a nossas funções e que tenhamos alto nível de entendimento da íntima relação entre estratégia e tática, além de alto nível de conhecimento da legislação vigente sobre a função, das melhores práticas de governança e das normas que orientam todas as atividades atinentes às operações de segurança e à gestão de risco corporativo.

Assim, o primeiro passo para a qualificação técnica de um gestor de risco operacional é o entendimento do impacto que a eficácia do sistema sob seu comando tem no planejamento estratégico da organização. Em palestras para equipes operacionais de *shopping center*, observamos que profissionais de segurança, de manutenção, de limpeza, de estacionamento e de administração e, até mesmo, seus coordenadores trabalhavam dia após dia sem se dar conta do valor de seu desempenho para os objetivos estratégicos de um empreendimento destinado a receber milhares de visitantes todos os dias do ano. As pessoas simplesmente vão ao trabalho, executam suas atribuições, grande parte delas até muito bem cumpridas, mas nunca percebem nem lhes é dito o quanto e como isso contribui para a conquista dos objetivos da organização, assim como nunca percebem nem lhes é dito o quanto e como o trabalho bem executado contribui para a conquista de objetivos pessoais, individuais e familiares.

Esperamos que gestores de todos os processos críticos dos níveis táticos operacionais da estrutura organizacional, bem como gestores de operações de segurança, tenham a capacidade de entendimento de seu valor estratégico no negócio. Lembramos que, para isso, eles precisam ter um bom nível de

conhecimento e de **compreensão** de toda a conjuntura e do **planejamento estratégico** que envolvem e definem os objetivos estratégicos do empreendimento. Somente com essa base é possível desenvolver e executar um bom **planejamento tático operacional**, tudo alinhado com os objetivos mais centrais para o sucesso da organização. Por esse motivo, não basta o entendimento da importância de suas funções para a estratégia empresarial; são necessários conhecimento e qualificação para o planejamento e a execução de táticas operacionais que potencializem o sucesso da estratégia e de seus objetivos.

E como organizar e visualizar melhor esse estrito relacionamento entre estratégia e tática? Estruturar a mente e definir objetivos e ações sempre foi vital para o êxito de qualquer tipo de planejamento. Nesse sentido, prioritária é a **divisão do problema** em partes, assuntos, setores, sistemas ou qualquer segmentação que possa dar uma visão mais detalhada do todo ou do contexto geral, assim como uma "vista explodida" da situação; é mais fácil compreender o todo depois de entender cada parte. O que propomos aqui é que o primeiro passo para essa separação seja o entendimento do que é estratégia e do que é tática no dia a dia operacional de um gestor de risco operacional; começamos criando as condições ideais para manter o foco das ações táticas direcionado para a facilitação da conquista dos objetivos estratégicos do empreendimento.

> Sem saber que objetivo perseguir, é improvável que a manobra e a movimentação no campo de ação levem o combatente à vitória.

Não podemos deixar de mencionar a responsabilidade dos diretores organizacionais em definir os objetivos a serem atingidos, passando com precisão aos responsáveis pelo planejamento tático as informações necessárias para que a execução das táticas operacionais atinja sua eficácia máxima. O que não seria compreensível é a elaboração de um planejamento estratégico sem a preparação e a execução de um planejamento tático operacional ou, da mesma forma incompreensível e equivocada, a elaboração deste sem a existência daquele.

1.2 Fundamentos de planejamento estratégico empresarial

Ao destacarmos a importância do entendimento da relação prática entre os conceitos de *estratégia* e de *tática* por parte dos gestores de risco operacional nas empresas, tivemos a intenção de, além de justificar o uso desses termos, esclarecer que todas as ações de ordem tática operacional devem estar alinhadas com o planejamento estratégico da organização. Para a melhor compreensão dessa ideia, precisamos ter também um bom domínio sobre estratégia empresarial e planejamento estratégico, bem como sobre planejamento tático e planejamento operacional.

Na prática, significa que, para poder elaborar planos táticos e procedimentos operacionais que realmente potencializem a conquista dos objetivos estratégicos do negócio, o profissional precisa ter noção das teorias de **gestão estratégica** e de **planejamento estratégico**. Não necessariamente precisa ser um especialista, mas deve saber o suficiente para ter uma visão holística e um entendimento mais sistêmico e completo de suas atribuições e da função orgânica do departamento ou do setor sob seu comando. Já no tocante ao **planejamento tático** e ao **planejamento operacional**, é de extrema importância que o profissional de gestão de risco operacional seja um especialista e conheça profundamente os detalhes de toda a operação sob sua orientação. Disso dependerá a eficácia de suas decisões e da execução dos planos por ele elaborados.

Nesse contexto, vamos tratar da **pirâmide da estrutura organizacional**, um recurso didático muito utilizado para ilustrar de maneira simplificada a estrutura mais aceita e empregada atualmente nas organizações. Nesse modelo, estão presentes, separadamente, o nível de tomadas de decisão relativas a planejamento e a estratégias gerais; o nível de tomadas de decisão intermediárias e de supervisão; e o nível de execução de tudo o que foi decidido nos níveis anteriores. Podemos dizer que, nessa pirâmide, estão ordenadas as funções de decisão geral, de decisão e de supervisão intermediária e de execução. Portanto, ela apresenta três níveis: estratégico, tático e operacional. Vejamos a Figura 1.1 a seguir.

Figura 1.1 – Pirâmide da estrutura organizacional

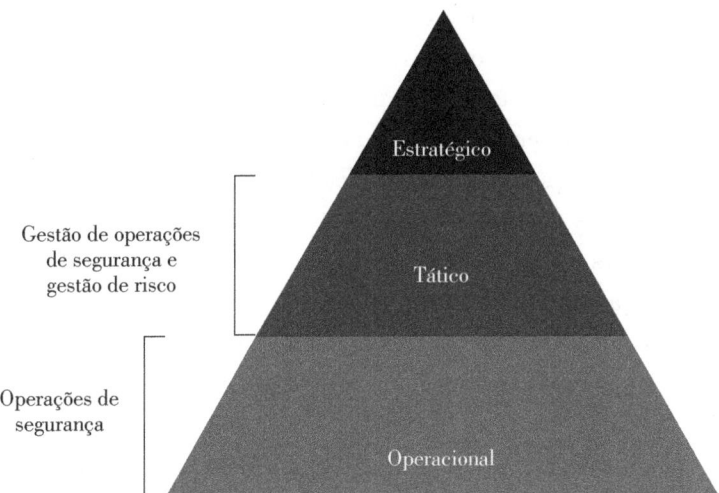

O nível estratégico define os objetivos estratégicos; o nível tático define os objetivos táticos; e o nível operacional define os objetivos operacionais específicos de cada operação. Com esse recurso, é possível visualizar a posição da gestão de operações de segurança no nível tático. Algumas organizações empresariais têm apresentado variação nesse modelo, principalmente com relação à autonomia em processos decisórios em todos os níveis de sua estrutura. Em alguns casos, estende-se e delega-se a autonomia no poder decisório até o nível operacional, operando com determinado grau de redução, controlada, na utilização de métodos de comando e controle. Entretanto, até mesmo nas organizações com maior autonomia e delegação (também controladas) de decisão no nível operacional, continua garantida uma estrutura que define muito bem quem responde às perguntas: "Aonde queremos chegar?", "Onde estamos?", "Por que queremos chegar lá?", "Como chegaremos lá?", "Quando queremos chegar lá?", "Quem nos levará até lá?", "O que faremos quando chegarmos lá?".

Existem vários modelos de planejamento estratégico, mas, de uma maneira ou de outra, todos precisam considerar a necessidade de responder a essas perguntas avaliando fatores internos e externos, como o exemplo da matriz *Swot* – acrônimo de *strengths* (forças), *weaknesses* (fraquezas), *opportunities* (oportunidades) e *threats* (ameaças), que considera os fatores internos (forças e fraquezas) e os fatores externos (oportunidades e ameaças). Essa é uma ferramenta de gestão muito em moda atualmente e utilizada para dar início a estudos e análises de direcionamento estratégico da organização. A ideia é identificar todas as forças, as fraquezas, as oportunidades e as ameaças que podem impactar os objetivos estratégicos definidos pelo planejamento estratégico.

Não há dúvida de que sempre será essencial saber quais são os fatores internos e externos que podem influenciar, positiva ou negativamente, a conquista dos objetivos. E, mais importante ainda, é saber quais são os fatores que estão sob controle. Portanto, para um gestor de operações de segurança, esse é um entendimento obrigatório, porque dele dependerá o sistema de segurança que estará sob seu comando – se será uma força ou uma fraqueza na matriz *Swot* da organização.

Por mais inovação que possa surgir relativamente ao aumento da autonomia nos processos decisórisos, não será possível alterar essa estrutura. Nenhum autor ou especialista aparecerá de repente no mercado com uma fórmula mágica, nova e revolucionária que "vire de ponta cabeça" a pirâmide e altere radicalmente sua estrutura. A posição das pessoas que devem responder às perguntas mencionadas dificilmente será alterada. Então, o planejamento estratégico continuará tendo a mesma missão e o mesmo autor, o planejamento tático continuará tendo os mesmos objetivos e o mesmo gestor, e o planejamento operacional continuará tendo os mesmos procedimentos e os mesmos executores.

Para resumir, no nível estratégico, é elaborado o planejamento estratégico e são definidos os objetivos gerais e estratégicos da organização; no nível tático, são elaborados os planejamentos tático e operacional; e, finalmente, no nível operacional, são executadas as ações necessárias para a conquista dos objetivos gerais. Os gestores do nível tático são a importante ligação entre a estratégia e a execução operacional, garantindo que as ações operacionais estejam direcionadas para facilitar e potencializar a conquista dos objetivos estratégicos da organização.

1.3 Níveis de planejamento empresarial

É importante iniciarmos esse assunto citando três dos maiores e mais respeitados autores em temas de interesse da gestão estratégica empresarial.

Drucker (1962, p. 131) afirma que o "planejamento não diz respeito a decisões futuras, mas às implicações futuras de decisões presentes". Kotler (1992, p. 63) elucida que

> *planejamento estratégico é definido como o processo gerencial de desenvolver e manter uma adequação razoável entre os objetivos e recursos da empresa e as mudanças e oportunidades de mercado. [...] é uma metodologia gerencial que permite estabelecer a direção a ser seguida pela organização, visando maior grau de interação com o ambiente.*

E o grande especialista em teoria da administração, o professor e mestre Chiavenato (2007, p. 138), assim esclarece:

> *As empresas não agem na base da pura improvisação, e nem querem depender da sorte ou do acaso, tudo nelas é cuidadosamente planejado para que possa ser feito da melhor maneira possível. E da primeira vez e sem erro. O planejamento representa a primeira função administrativa, por ser exatamente a que serve de base para as demais funções, como organização, direção e controle. Assim, planejar significa definir os objetivos e escolher antecipadamente o melhor curso de ação para alcançá-los com o mínimo de esforço e custo.*

O que queremos destacar, principalmente diante da realidade das organizações, é que as decisões e as ações não acontecem ao acaso, e o dia a dia nas empresas não ocorre sem planos muito bem elaborados. Objetivos claros e muito bem definidos também são elencados e transmitidos aos níveis gerenciais para a elaboração dos respectivos planos táticos operacionais. Assim, as organizações com métodos de gestão adequados funcionam com planos de ação estruturados e objetivos bem definidos para seus níveis de planejamento – estratégico, tático e operacional –, e nos dois últimos concentram-se as atribuições dos gestores das operações de segurança, assim como dos gestores dos demais processos críticos, com vistas a garantir a **normalidade operacional** da organização.

Para o gestor de operações de segurança, não deve haver dificuldade para entender que a garantia dessa normalidade operacional é fundamental para os objetivos estratégicos de qualquer ramo das atividades organizacionais. No entanto, não é assim tão fácil definir, em cada contexto operacional, como é essa importante condição de normalidade, pois, em geral, as operações são dinâmicas e se alteram com muita frequência.

Assim, em algumas organizações, é possível dizer que não existem dois dias iguais em suas operações, mas, seja como for, os gestores operacionais precisam ter controle sobre essa dinâmica e estabelecer um parâmetro de normalidade suficiente para indicar que algo não está ocorrendo como deveria. Então, diante da inconstância operacional, pode ficar complicado definir a ideia de normalidade nas atividades mais dinâmicas, mas tanto os gestores quanto os executores das operações, ou seja, tanto o nível tático quanto o operacional, devem saber diferenciar, dia após dia, a realidade operacional de cada contexto.

Uma mudança mais acentuada e repentina no tipo e no volume de público de um *shopping center*, por exemplo, deve ser identificada pela estrutura de seu sistema de segurança, a fim de que as razões da inesperada alteração sejam identificadas e as providências necessárias sejam prontamente tomadas. O que não pode ocorrer é que alterações significativas nas condições de normalidade operacional não sejam percebidas imediatamente, em qualquer tipo de organização. Cabe, ainda, destacarmos que, em algumas modalidades de negócio, essa dinâmica e essas alterações podem até ser desejáveis, tornando-se fator primordial para a conquista dos objetivos estratégicos da organização, mas ainda assim precisam ser identificadas e controladas. Nesses casos, as equipes de gestão operacional e de garantia dos processos críticos devem adapatar-se para operar com eficácia diante de alterações e de mudanças no ambiente interno, executando seus planos táticos e operacionais de acordo com cada condição operacional.

> Para Chiavenato (2007), o planejamento estratégico é amplo, envolvente e abrange toda a organização como um sistema único e aberto, voltado para a eficácia da organização, preocupando-se em atingir objetivos globais. O planejamento tático, por sua vez, é elaborado no nível intermediário e se preocupa em atingir objetivos departamentais. Finalmente, o planejamento operacional é aquele que se refere a cada tarefa ou atividade particular e lida com o cotidiano e com a rotina, preocupando-se apenas com metas específicas.

Com essas definições fica mais fácil perceber a relevância da identificação da normalidade operacional de uma organização e conceber o quanto ela deve ser considerada e utilizada na elaboração dos objetivos dos planejamentos nos três níveis da estrutura organizacional.

O nível da gestão intermediária determina os desdobramentos do planejamento estratégico em diversos planos táticos operacionais e define a tática operacional para garantir a manutenção dos fatores críticos de sucesso do negócio. As ações são elaboradas nesse nível de planejamento, com vistas a traduzir as decisões estratégicas de modo que sejam compreendidas, assimiladas e executadas pelas equipes operacionais. Também elabora planos de ação e manuais específicos, com descrições detalhadas passo a passo, para cada função dos processos críticos operacionais, sempre com o cuidado de observar a normalidade para o contexto operacional, de acordo com cada situação, de tal modo que as instruções podem variar de acordo com locais, eventos, operações distintas e até datas e horários.

Assim, um procedimento operacional pode ser obrigatório no verão, mas não aplicável no inverno, e outro pode ser válido na segunda-feira, mas não pode ser usado no domingo. A gestão operacional deve analisar criticamente a execução de cada tarefa, avaliar os resultados e implantar as medidas corretivas necessárias no curso dos processos críticos operacionais. Nesse sentido, as ações do planejamento operacional nada mais são do que o desdobramento das ações do planejamento tático.

No nível de planejamento operacional, são elaborados procedimentos, manuais e descrições detalhadas de execução de tarefas. Os planos desse nível se referem a métodos e processos operacionais, muitas vezes elaborados pelo próprio e único executor; trata-se da elaboração de procedimentos operacionais que descrevem como executar as ações determinadas pelo planejamento tático. Por meio da correta execução das tarefas individualizadas no nível operacional é que será viabilizada a conquista dos objetivos táticos, dos fatores críticos de sucesso (FCS) e dos objetivos estratégicos do negócio.

Importa, aqui, que fique claro que, a partir do lançamento de um empreendimento e da elaboração de seu planejamento estratégico, no nível operacional, desencadeiam-se todos os trabalhos de planejamento tático, de elaboração de planos e procedimentos operacionais e de estruturação de equipes, meios e sistemas que os executarão, tudo orientado pelas diretrizes gerais do planejamento estratégico. Se as pessoas certas, com a qualificação adequada, estiverem diretamente envolvidas nesse processo, principalmente na execução, os três níveis de planejamento surtirão seus efeitos e a conquista dos objetivos estratégicos terá grande chance de se concretizar.

Há uma última e extremamente importante informação sobre planejamento empresarial em todos os níveis: os planejamentos estratégicos e táticos e até mesmo os planos e os procedimentos mais operacionais devem ser constantemente **revisados** e **atualizados**. O planejamento empresarial não deve ser imutável e inalterável nem considerado algo sagrado e intocável. Especialmente quando se trata de atividades mais dinâmicas e sujeitas aos humores do mercado, a possibilidade de rápidas alterações e de mudança de curso nos planejamentos em todos os níveis deve ser sempre considerada em suas formulações. Dogmatizar um planejamento implica reduzir a capacidade da organização de reagir e de adaptar-se às mudanças que têm potencial de impacto sobre a conquista de seus objetivos estratégicos.

Essa **flexibilidade controlada** é uma relevante característica que todo planejamento deve apresentar, porque possibilita ajustes de acordo com as necessidades operacionais e as evoluções do mercado. Os fatores que provocam a necessidade desse tipo de alteração são tão inimagináveis quanto imprevisíveis. É evidente que se espera que mudanças muito radicais não sejam necessárias, mas, diante das atuais características dos mercados e das políticas internacionais, com uma imensa globalização e comunicação em velocidades inconcebíveis até poucas décadas atrás, já não existe espaço para organizações engessadas e enclausuradas em planejamentos imutáveis e com objetivos que, em razão das mutações mercadológicas ou das bruscas alterações de políticas econômicas, tornaram-se obsoletos e inviáveis. Essa é uma característica obrigatória para que um planejamento se mantenha sempre exequível.

1.4 Objetivo estratégico

Considerando todas as informações apresentadas sobre planejamento estratégico, não fica difícil formularmos uma definição de **objetivo estratégico**: ele é estabelecido pela alta direção da organização, de maneira mais ampla e abstrata e envolvendo a organização como um todo, para atender aos interesses da estratégia do negócio.

Com esse caráter genérico e amplo do conceito de objetivo estratégico, não são fartas as opções de objetivos para as organizações empresariais. Porém, é muito interessante a classificação das organizações de acordo com os dois modelos empresariais, segundo sua relação com as partes interessadas em suas atividades (Chiavenato, 2007). No primeiro modelo, *shareholders*, somente o caráter comercial é considerado no planejamento estratégico, e os objetivos são voltados exclusivamente para dar retorno aos proprietários e aos investidores: o lucro é o indicador supremo do sucesso empresarial. O segundo modelo, *stakeholders*, considera também o caráter social da organização, e seus objetivos estratégicos contemplam alguma função social e algum tipo de ganho que suas atividades podem representar para todos os envolvidos, reputados como parceiros diretos ou indiretos em seus processos de produção de bens ou de serviços: a empresa é considerada uma entidade social.

Entretanto, como regra geral, o objetivo de toda organização empresarial é obtenção do lucro, de ganho financeiro, de geração de riqueza, de ampliação operacional, de expansão territorial, podendo, então, atender às expectativas dos proprietários e das funções sociais.

No **desdobramento da hierarquia dos objetivos**, são elaborados os planejamentos táticos dos setores do nível tático da estrutura organizacional e os planejamentos operacionais de todas as operações do nível de execução na base da pirâmide organizacional. Então, cada planejamento define os respectivos objetivos e, assim, temos, além dos objetivos estratégicos mais amplos, os objetivos táticos restritos a cada departamento e os objetivos operacionais estritamente focados na execução de cada função operacional. No entanto, o que interessa para efeito da utilização desses conceitos em gestão de operações de segurança é o entendimento do desdobramento de um objetivo estratégico em objetivos dos planejamentos nos níveis tático e operacional.

Não podemos esquecer que o entendimento do objetivo estratégico, como formulado no planejamento estratégico, também é essencial para os gestores operacionais nos níveis táticos e operacionais, pois, reiteramos, a compreensão da estratégia do negócio e de sua relação com a tática operacional é fundamental para a conquista dos principais objetivos das funções de um gestor de segurança e gestor de risco operacional. E que objetivos são esses? Esses objetivos funcionais, diretamente relacionados com as atribuições dos gestores dos departamentos e dos setores operacionais, são o desdobramento sequencial dos objetivos estratégicos em objetivos táticos e objetivos operacionais, chegando até mesmo à definição de objetivos de tarefas individuais. Trata-se de um escalonamento de propósitos a serem atingidos a partir da estruturação operacional, focada na conquista do objetivo geral.

Assim, com vistas no objetivo estratégico, são elaborados os objetivos tático e operacional. Chiavenato (2007, p. 139-140) ensina que "Existe uma hierarquia de objetivos nas empresas: para ser fixado, cada objetivo leva em conta uma orientação mais ampla ou toma por referência objetivos mais abrangentes da organização, a fim de que não ocorra dispersão de esforços ou perda da unidade organizacional da empresa".

Cada objetivo leva em conta uma orientação mais ampla e toma por referência objetivos mais abrangentes. No entanto, estabelecer uma ordem ou sequência hierárquica não significa dizer que o objetivo estratégico é mais importante do que o objetivo tático e que este é mais importante do que o objetivo operacional. Na verdade, todos têm igual relevância dentro da estrutura organizacional, visto que, para a conquista do objetivo estratégico mais abrangente, são necessárias as conquistas dos demais objetivos. Contudo, se visualizarmos em sentido contrário essa "hierarquia", parece que os objetivos operacionais são mais importantes, pois é neles que ocorre o início da cadeia de ações que culmina com a conquista dos objetivos estratégicos.

De nada adiantam planejamentos estratégicos e táticos muito bem elaborados e com objetivos muito bem definidos se, antes, não houver a perfeita elaboração do planejamento operacional e sua precisa e oportuna execução. Portanto, é necessário dar o primeiro passo na base da pirâmide organizacional para alcançar o propósito central delineado. Ainda assim, reiteramos que todos os níveis de objetivos envolvidos na estratégia empresarial têm igual importância; é preciso saber para onde ir, para descobrir se o primeiro passo está no caminho certo.

Assusta-nos constatar que ainda há organizações que operam sem saber para onde realmente devem ir, que passos precisam dar e em que direção seguir e, ainda assim, seguem em frente, sem perceber que, na realidade, estão recuando e se afastando cada vez mais de seus desconhecidos, mas verdadeiros, objetivos estratégicos.

Para entender melhor a real utilidade desses conceitos para o desempenho de equipes operacionais, podemos fazer uma **análise reversa** desse processo adotando o exemplo do negócio *shopping center* e a execução de uma tarefa operacional individual, a fim de visualizar o caminho da contribuição dessa tarefa até a formulação do objetivo estratégico do empreendimento. Analisaremos apenas uma das inúmeras atribuições obrigatórias de um vigilante em um posto de serviço em um grande *shopping center*, quando abordado por um cliente que solicita uma informação sobre a localização de uma loja. Escolhemos essa situação porque, possivelmente, todos os vigilantes de todos os *shopping centers*, em algum momento, já passaram por ela e têm como obrigação dar uma resposta de acordo com o denominado *atendimento de alto padrão*. Para atingir esse padrão, destacamos o requisito "nunca deixe o cliente sem resposta", porque é muito bom ser atendido por alguém que demonstra interesse por nosso problema e que, mesmo não sabendo a resposta, procura encontrá-la ou, pelo menos, sorri com elegância e tenta nos dar uma alternativa; é aquele "algo a mais" que sempre surpreende e encanta o cliente.

Se ampliarmos essa pequena ação para as demais atribuições de todos os postos de vigilância em contato com o público, para todas as equipes operacionais (limpeza, recepção, fraldário, estacionamento, lojas, etc.) e para todas as funções e postos de serviço que eventualmente possam ter contato com o público, é possível ter uma noção do valor e do poder da ação individual nas equipes operacionais.

Em nossa análise reversa, baseando-se no atendimento de alto padrão por um único vigilante, pelo menos um cliente encantado será conquistado, que, sem dúvida alguma, falará bem do *shopping* para outras pessoas. Assim, potenciais clientes já criam uma imagem positiva antes mesmo de conhecer o *shopping* e podem se motivar a visitá-lo. O vigilante de alto padrão contribui com uma importante parcela na concretização, por exemplo, do objetivo tático do departamento de *marketing*: consolidar a imagem de atendimento de alto padrão no *shopping*. A consequência estará diretamente relacionada com a realização de outro objetivo de nível tático: garantir determinada média diária de volume de público visitante.

Nessa sequência do caminho inverso, o objetivo do departamento de *marketing*, mantendo o *shopping* com grande volume de público e alta quantidade de vendas das lojas, estará contribuindo também com significativa parcela para a conquista dos objetivos estratégicos do negócio, que podem ser, por exemplo: taxa de ocupação próxima de 100%, faturamento conforme os valores esperados, consolidação do empreendimento nos primeiros quatro anos de operação e retorno do investimento nos primeiros seis anos de operação. Podemos ainda imaginar dois objetivos táticos do planejamento tático do departamento de operações: executar um plano de treinamento de técnicas operacionais de segurança em *shopping center* e consolidar a condição de *shopping* com alto nível de segurança efetiva e garantia da segurança e do bem-estar do público visitante e dos trabalhadores, bem como da integridade de instalações, de bens e de valores dentro dos limites do empreendimento.

O primeiro objetivo tático do departamento de operações daria a necessária qualificação para o atendimento de alto padrão com que as equipes operacionais devem receber o público visitante. Além disso, resultaria na garantia do segundo objetivo, fortalecendo a segurança efetiva e o bem-estar de todas as pessoas que visitam ou trabalham no *shopping*, assegurando, ainda, a integridade das instalações, dos bens e dos valores protegidos pelo sistema de segurança. Assim, com a mesma ação, o vigilante de alto padrão contribuiria, também com uma importante parcela, para a conquista daqueles objetivos táticos do departamento de operações, e estes, por sua vez, contribuiriam para a conquista dos objetivos estratégicos do planejamento estratégico do empreendimento.

Agora, vamos ampliar o exemplo a todos os profissionais em postos em contato com o público. Se as ações individuais, em todas as funções operacionais, forem muito bem executadas, de acordo com os planos e os procedimentos estruturados, os objetivos táticos intermediários dos departamentos estarão garantidos e, com isso, certamente serão atingidos os objetivos gerais do negócio. Ressaltamos que, na medida em que os objetivos estratégicos da organização são conquistados, os objetivos pessoais dos profissionais que executam as tarefas mais operacionais ficam mais próximos de ser alcançados. A alta gestão das organizações não pode esquecer desse importante detalhe e precisa estar sempre atenta e em busca de caminhos para que seus colaboradores trabalhem com alegria, felicidade e satisfação.

Acreditamos não ser exagero insistir na importância do exato entendimento, por parte dos gestores, nos níveis tático e operacional, da dinâmica desse processo e da relação entre estratégia organizacional e tática operacional. Com isso, fica mais fácil planejar as ações táticas e elaborar os planos e os procedimentos operacionais. Também se simplificam as ações de avaliação, de orientação, de monitoramento e de controle da execução no nível operacional, assim como de redirecionamentos operacionais e de tomada de decisão em situações de crise.

Para complementar as informações sobre objetivo estratégico, salientamos que sua descrição deve observar o caráter geral e abrangente, envolvendo todos os departamentos, mas a especificação final pode variar de acordo com a pretensão e o propósito do negócio e com o mercado em que ele está inserido. Também é provável que haja variação entre algumas centenas de ramos organizacionais, mas, de modo geral, sempre serão visados, além dos objetivos financeiros de faturamento e de retorno de investimento, os objetivos de imagem e de expansão de negócio.

Para o nível tático, podemos encontrar alguns exemplos: aumento de vendas, melhorias na produtividade, aprimoramento dos resultados de gestão de risco operacional, programa de treinamento operacional, redução de custos operacionais, eliminação de panes técnicas, diminuição da rotatividade e do absenteísmo. No nível operacional, devem prevalecer os planos de ação e os procedimentos estruturados com descrição de processos, detalhados passo a passo, indicando-se responsáveis, missão, locais, datas, horários e meios, assim como atividades de rotina e procedimentos operacionais diversos, tais como planos de vistoria de sistemas de incêndio, de limpeza geral e de sanitários, de ação em eventos promocionais e de manutenção preventiva predial; cronograma de manutenção elétrica; procedimentos de recepção e de atendimento ao público e de logística e suprimentos; entre outros. Devem integrar esse nível de detalhamento de objetivos operacionais as instruções e os manuais para gestão de incidentes.

Esses são apenas alguns exemplos de objetivos em todos os níveis, que podem variar nos diversos contextos operacionais. É provável que existam formulações bem diferentes dessas poucas aqui relacionadas. Isso porque os objetivos táticos e operacionais devem ser definidos com base na estratégia do empreendimento e dos respectivos objetivos estratégicos, e a formulação destes é feita de acordo com as peculiaridades do contexto estratégico de cada negócio e pode variar bastante, dependendo de fatores externos e do relacionamento da organização com o mercado.

Finalmente, com base na análise reversa, podemos afirmar que, após a fase de planejamento em todos os níveis, a conquista dos objetivos somente será possível com o início da ação operacional. Se as equipes operacionais não seguirem a direção correta, ninguém chegará a qualquer objetivo. É na base da pirâmide que tudo acontece e que toda a ação tem início, desencadeando o processo planejado pela estratégia empresarial. Assim, a partir da ação individual de cada componente das equipes operacionais, inicia-se um processo que pode ou não, dependendo da qualidade da ação, culminar na conquista dos objetivos estratégicos do negócio.

1.5 Fator crítico de sucesso (FCS)

Na sequência de nossa linha de raciocínio, é preciso atender para a base da pirâmide da estrutura organizacional e analisar a ação das equipes operacionais e os respectivos efeitos sobre os objetivos operacionais e táticos. Como já comentamos, no nível operacional, o planejamento deve limitar-se a planos de ação e a procedimentos operacionais, cronogramas, estruturação de tarefas e até manuais de operações. Tudo isso deve estar alinhado com o direcionamento dos objetivos estabelecidos no nível tático, já na posição intermediária da estrutura de gestão.

Por esse motivo, o comando e o controle da execução dos processos críticos operacionais devem ser mantidos no nível tático da estrutura da organização. Com isso, busca-se garantir que a execução operacional atinja os objetivos do nível tático que foram definidos de modo alinhado com a estratégia de todo o negócio. No entanto, entre a ação no nível operacional e os objetivos do nível tático, com o alto índice de atendimento de disparos de alarme no tempo esperado pelo cliente nas operações de monitoramento de segurança eletrônica, existem algumas condições essenciais para que tais objetivos sejam alcançados. Entre elas, algumas são de caráter administrativo e outras são eminentemente de caráter operacional, ou seja, algumas existem em razão da gestão empresarial e de seus processos administrativos, tanto do nível tático quanto do estratégico, e outras existem somente como resultado da execução dos processos do nível operacional.

De qualquer maneira, nos dois casos, essas condições são denominadas *fatores críticos de sucesso* (FCS). Então, é possível afirmar que existem FCS na condição de causa e na condição de efeito; portanto, há FCS que são condições operacionais essenciais e FCS que são condições resultantes das ações operacionais. Contudo, nas duas formas, os FCS são essenciais para a conquista dos objetivos estratégicos do negócio.

Para facilitar esse entendimento, apresentamos alguns exemplos de FCS nas duas situações:
» atualização tecnológica – condição operacional;
» qualificação técnica – condição operacional;

» qualidade do produto da atividade fim – resultado operacional;
» capacidade técnica operacional – condição operacional;
» estrutura logística – condição operacional;
» eficácia logística – resultado operacional;
» segurança efetiva – condição operacional;
» sensação de segurança – resultado operacional;
» estrutura de limpeza e conservação – condição operacional;
» sensação de higiene e limpeza – resultado operacional;
» visão holística de gestão – condição de gestão operacional;
» objetivos táticos alinhados com a estratégia do negócio – resultado operacional.

Porém, o que interessa aqui, para efeito de gestão de operações de segurança, são os FCS, que, por serem essencialmente operacionais, podem ser produzidos apenas pela ação das equipes operacionais. Portanto, definimos FCS, de modo bem simples e sob a ótica da gestão operacional, como a condição operacional imprescindível para que a ação das equipes operacionais potencialize a concretização dos objetivos estratégicos do negócio.

E por que, nessa definição, mencionamos diretamente a potencialização dos objetivos estratégicos? A resposta passa pelo entendimento da dinâmica que se desenvolve desde a ação individual nos postos de trabalho das equipes operacionais e resulta na conquista dos objetivos estratégicos do negócio. Orientadas por planejamentos, planos e procedimentos operacionais estruturados, as ações operacionais produzem as condições especiais e específicas para a realização dos objetivos táticos, os quais, por sua vez, conduzem à conquista dos objetivos estratégicos de todo o negócio. Dessa maneira, sob a ótica da gestão de objetivos, a ação individual e o trabalho das equipes operacionais e administrativas, se bem planejados e bem executados, certamente construirão as condições especiais, como causa ou efeito dos FCS, com forte influência no potencial de sucesso na conquista dos objetivos estratégicos de qualquer organização que conte com essa poderosa vantagem competitiva: o bom desempenho das equipes operacionais.

Nesse contexto, os FCS são condições operacionais obrigatórias para a conquista dos objetivos estratégicos e também podem ser conceituados como resultado específico e muito bem definido do trabalho das equipes operacionais e da efetividade dos processos críticos de sustentação da normalidade operacional. Diante dessas definições, não seria exagero afirmar que os objetivos táticos operacionais desses processos são os próprios FCS do negócio por eles sustentados. Nessa linha, é possível definir como um exemplo de FCS a sensação de segurança que as pessoas que frequentam um *shopping center* têm dentro das instalações ou a sensação de segurança que os colaboradores de uma organização têm quando trabalham dentro dos limites da edificação.

É óbvio que esse é o resultado de toda a estrutura de segurança e do trabalho das equipes operacionais e é um poderoso FCS para a preferência do público, para a conquista dos objetivos estratégicos do negócio e para tranquilidade e o bem-estar dos colaboradores. No entanto, é necessário distinguir o objetivo como resultado desejado das condições operacionais obrigatórias que o produzem. Assim, quando se objetiva um número a ser atingido nas vendas de um produto de alta rotatividade e baixo custo ao consumidor, por exemplo, espera-se um alto nível de demanda e, para atendê-la, identifica-se o cumprimento dos prazos de distribuição do produto para os pontos de venda como um dos FCS desse processo. Porém, para isso, também são imprescindíveis capacidade e competência por parte das equipes diretamente envolvidas nessa operação logística.

Nesse caso, seria possível definir como objetivo estratégico determinado volume de vendas; como objetivo tático operacional, a entrega do produto nos prazos desejados; e como FCS, a qualificação e a competência da equipe que planeja a logística, além da capacidade técnica e de meios para sua execução.

> Então, **objetivo estratégico** é um resultado geral que se espera da somatória dos resultados de todos os processos operacionais; **objetivo tático operacional** é um resultado que se espera de cada processo operacional; **FCS** são condições que possibilitam o resultado que se espera de cada processo operacional. Objetivo refere-se a resultados que dependem dos FCS, e estes se referem às condições que os produzem, ainda que também sejam resultados operacionais.

Da mesma maneira, se um dos objetivos estratégicos de um *shopping center* for determinado volume de público consumidor, é possível estabelecer como objetivo tático operacional a garantia da segurança efetiva e, como FCS, a sensação de segurança que o público percebe dentro do empreendimento.

É bem verdade que os FCS podem ser confundidos com os objetivos operacionais, mas é preciso entender que a garantia dos FCS é o grande objetivo de todas as ações no nível mais operacional. Uma simples, porém importantíssima, tarefa de limpeza de lixeiras contribui muito para o conforto, o bem-estar, a higiene e a saúde das pessoas que frequentam o lugar, assim como as tarefas mais simples e rotineiras de manutenção predial e elétrica, de recepção, de recolhimento de bandejas usadas em uma praça de alimentação, de limpeza de sanitários, de atendimento no estacionamento e todas as rotinas de segurança.

Como se diz popularmente, "uma coisa puxa a outra". O bom relacionamento com o público é, sem dúvida, um FCS que potencializa a conquista do objetivo tático operacional referente à satisfação do cliente, que, por sua vez, potencializa o objetivo estratégico de qualquer tipo de negócio.

Segundo (Oakland, 1994, p. 409-410, grifo do original), FCS "são os fatores chave [...] que a organização *deve ter* ou *precisar* e, juntos podem realizar a missão". Para Brasiliano (2011, p. 53), "O conceito de FCS pode ser descrito como condições ou variáveis que, caso não sejam devidamente gerenciadas, podem causar um impacto significativo sobre o sucesso de uma empresa, considerando seu ambiente de atuação".

Rockart (citado por Herrera, 2007) afirma que "Fatores Críticos de Sucesso são algumas áreas de atividade-chave, cujos resultados favoráveis são absolutamente necessários para os gerentes atingirem seus objetivos".

Podemos verificar uma concordância entre os autores no sentido de que os FCS se referem aos fatores dados como críticos e decisivos para o sucesso das operações de negócios da organização. Assim, é possível entendê-los como aqueles fatores que têm por objetivo priorizar as atividades-chave do negócio e que, caso falhem, afetam substancialmente a possibilidade de sucesso da organização e comprometem a conquista dos objetivos estratégicos. Nota-se que, no entendimento desses autores, até mesmo a existência das estruturas operacionais pode ser considerada como um FCS. Então, reiteramos: "uma coisa puxa a outra", e a estruturação dos departamentos operacionais – elaborando seus planejamentos táticos e fornecendo os meios e as condições técnicas para que as equipes operacionais consigam executar suas atribuições individuais, de modo a potencializar a conquista dos objetivos táticos e estratégicos – é um importante FCS para a conquista dos objetivos estratégicos de qualquer organização.

É fundamental observar, também, que não é com uma única ação individual que todos os objetivos são conquistados, mas pode ser que seja pela falta dessa ação que eles se tornem impossíveis. Quando um dos componentes da equipe executa com sucesso suas atribuições individuais, a equipe como um todo fica mais próxima do sucesso geral; mas se um único componente não conseguir desempenhar sua tarefa, toda a missão da equipe poderá ser impossibilitada. Se cada profissional fizer sua parte, a equipe como um todo estará muito próxima de suas maiores conquistas, e todos os seus membros devem saber disso e precisam ter a exata consciência da importância de seu trabalho, a fim de que, na somatória de todos os esforços individuais, a equipe garanta os objetivos mais abrangentes. Trata-se da necessidade de entendimento do grau de responsabilidade envolvida em cada atribuição individual.

> É esta a essência de todo trabalho em equipe: não é no êxito individual que residem as chances de sucesso da missão geral, mas o insucesso do trabalho de um membro da equipe pode inviabilizar o êxito de todos os demais componentes do grupo de trabalho.

Curiosamente, são raras as gestões que têm o cuidado de compartilhar com suas equipes essa estratégica informação por meio de orientações, palestras ou treinamentos. Em muitos casos, as pessoas até trabalham adequadamente, mas sem a exata noção do valor da qualidade desse trabalho. Para o gestor das equipes operacionais, talvez esteja clara a importância de cada tarefa, mas ela nem sempre é tão evidente para o próprio executor de uma atribuição específica. É função indispensável dos gestores operacionais esclarecer a cada colaborador exatamente a relevância e a responsabilidade de suas atribuições, bem como o quanto elas contribuem para o sucesso da organização e de todos os envolvidos nos processos.

Certa vez, acompanhamos o caso de uma operadora de central de circuito fechado de televisão (CFTV), que, ao ser questionada acerca do motivo pelo qual priorizava o monitoramento da câmera no corredor de acesso ao fraldário, disse que, naquele setor, havia muitas crianças e, se tivesse algum criminoso à procura de uma criança com uma família descuidada, seria ali que ele buscaria. Depois de explicar que tentava descobrir atitudes suspeitas ao mesmo tempo que procurava crianças em situação de risco, aproveitou a oportunidade e pediu uma transferência para o serviço de segurança. Ao ser questionada sobre por que preferia ir para um posto de serviço, respondeu que achava que o posto de vigilante era mais importante que o do monitoramento de CFTV e que lá estaria proporcionando mais segurança do que em uma central. É claro que ela era uma excelente operadora de CFTV, mas não só não sabia disso como também não compreendia, ainda, o real valor da função que exercia.

Aproveitando o fato de ela ser mãe, perguntamos se não se sentiria tranquila sabendo que o filho estaria seguro em um *shopping center* porque havia uma central de segurança com câmeras monitoradas por uma cuidadosa operadora que prioriza a segurança das crianças e a identificação antecipada de atitudes suspeitas contra os pequenos visitantes. Algumas semanas depois, a própria colaboradora, durante seu turno de serviço na central de monitoramento, suspeitou das atitudes de um senhor junto a um grupo de adolescentes em um grande evento de moda juvenil na praça de eventos. Confirmado com a equipe de vigilantes o real ato de pedofilia, foi feita a aproximação e a abordagem seguras de acordo com procedimentos táticos operacionais predefinidos e foram encontradas, no celular desse senhor, fotos feitas por baixo das saias das inocentes garotas. Na delegacia de polícia, fomos informados de que o homem era conhecido por outras passagens pelo mesmo delito.

Lembramos à vigilante a importância de sua função e mostramos a ela que, com seu trabalho, sua atenção e seu cuidado, nosso sistema evitou que aquelas meninas sofressem uma revoltante agressão sexual. Na verdade, na ocorrência, a ação de toda a equipe foi precisa, desde identificação, averiguação, contenção até abordagem e condução. Nem mesmo as vítimas perceberam a ação e talvez até hoje não saibam que, naquele *shopping*, uma equipe de profissionais de segurança impediu que fossem violentadas por um criminoso sexual.

Situações como essa não são raras e devem ser aproveitadas para mostrar para as equipes o quanto o trabalho de cada um de seus componentes é vital para os objetivos de todos os envolvidos com as operações da organização. Seria trágico, para a organização como um todo, se os componentes de suas equipes operacionais acreditassem que suas atribuições são muito simples e não fazem diferença alguma para o resultado geral.

Outra observação importante é o fato de que os FCS não são permanentes e podem reduzir o valor de sua criticidade diante de alterações nos contextos externo e interno, bem como de mudanças de estratégias de gestão e planejamentos estratégico ou de condições de mercado, e essa criticidade deve ser constantemente avaliada. Todavia, em todos os tipos de negócio, há a necessidade da definição dos FCS e podem existir fatores obrigatórios na cadeia de suprimentos, na linha de produção, na distribuição e até no atendimento ao cliente, sempre com a valiosa função de potencializar a conquista dos objetivos estratégicos definidos no planejamento estratégico da organização.

Embora exista uma infinidade de FCS, tendo em vista que nosso objetivo é fornecer conhecimento técnico para gestores de operações de segurança, apresentaremos, a seguir, comentários sobre alguns FCS intimamente relacionados com a função:

» **Conforto e bem-estar:** nas diversas áreas de atuação humana, de trabalho ou de lazer, existem situações e condições operacionais que, por diversos motivos, podem provocar desconforto físico de toda espécie. Outras causam incômodo moral e psicológico ou, até mesmo, constrangimentos para as pessoas envolvidas nesses processos. Isso ocorre em espaços públicos, privados e, também, no interior de algumas organizações empresariais. E é justamente nessas organizações que a falta de conforto e de bem-estar acarreta impacto significativo sobre os objetivos táticos do sistema de segurança. Portanto, ciente desse risco, a gestão de operações de segurança precisa estar qualificada para identificar situações em que trabalhadores ou visitantes estejam sendo mantidos em condições de desconforto, de modo a agir alertando e orientando a organização para que providências adequadas sejam tomadas e problemas mais graves sejam evitados. Em qualquer tipo de organização, devem existir sistemas e equipes especialmente preparados e qualificados para a manutenção das condições ideais de conforto e de bem-estar de todas as pessoas que circulam em suas dependências. É preciso muito cuidado, ainda que com elevado custo operacional, quanto à produção de conforto térmico, visual, auditivo e ambiental – esse cuidado deve ser empregado desde o projeto e se manter por todos os dias enquanto perdurarem as operações do lugar. Projeto arquitetônico externo e interno, decoração, mobiliário, instalações sanitárias, limpeza, asseio e conservação, tudo deve ser muito bem pensado e planejado para produzir sensação de bem-estar e conforto. A acessibilidade para pessoas com deficiência, antes de uma obrigação legal, deve ser uma obrigação moral para as organizações, e há locais em que esse cuidado vai além das normas técnicas, com equipes treinadas para prestar o perfeito atendimento e manter um adequado relacionamento com essas pessoas. Também existem cuidados que passam por procedimentos operacionais com a única finalidade de garantir o FCS "conforto e bem-estar", assim como nos melhores *shopping centers*, em que há uma norma geral que proíbe obras internas durante o período de abertura ao público e atividades que produzam ruído, odor, poeira, poluição visual ou qualquer nível de risco de acidente para o público e para os colaboradores. Essa norma abrange até mesmo as operações de suprimento e de entrega de mercadorias para as lojas que necessitam de circulação e contato com o público. Nesses centros comerciais, não é admissível, por exemplo, um carrinho de entrega de peixe ou de frango durante uma bela tarde de verão, descongelando e molhando o chão, com seu operador pedindo licença para passar em meio ao público visitante. Ainda, é interessante salientar que, embora esteja se sentindo bem, a pessoa nem sempre percebe todo o trabalho realizado em prol de seu conforto e bem-estar, mas, se essa condição não existe e ela não se sente bem em um local, a situação nunca passa despercebida.

» **Segurança efetiva**: refere-se a todos os recursos, meios e processos disponibilizados para garantir o nível desejado de segurança e de bem-estar a pessoas, bens, valores e instalações. Tudo o que existe na organização e que, de alguma maneira, contribui para os objetivos da segurança compõe o que chamamos de *segurança efetiva*. O gestor de operações dessa área precisa ser capaz de conhecer precisamente e avaliar com exatidão o potencial de seu sistema para produzir segurança efetiva. Este deve ser um fundamento básico para quem comanda um sistema de segurança: estabelecer com precisão a relação entre meios disponíveis e necessidade real, ou seja, é preciso saber exatamente a capacidade que seu sistema tem e conhecer a necessidade real de segurança da organização. Esse profissional deve manter essa relação sob seu controle, sempre com o objetivo de identificar as deficiências e os pontos de melhoria. Além disso, quando se trata de segurança efetiva, é essencial avaliar se esses meios e recursos disponíveis estão tendo todo seu potencial aproveitado e, ainda, se a segurança efetiva está sendo utilizada corretamente, porque, se existirem falhas nesse uso, será perdida a segurança efetiva, mesmo que haja recursos disponíveis para ela.

» **Sensação de segurança**: embora não possa ser considerada mais importante do que qualquer outro FCS em qualquer atividade organizacional, estará sempre presente porque é inerente à condição da vida humana: a necessidade de se sentir seguro. Nenhum planejamento estratégico empresarial poderá objetivar sucesso se não incluir no rol de seus FCS o nível de sensação de segurança que todas as operações conseguirão suscitar nas pessoas que frequentam suas instalações ou que, de alguma maneira, estejam envolvidas em seu projeto e protegidas por seu sistema de segurança.

Diversas condições operacionais que garantem um FCS para um negócio também potencializam outros, e os próprios FCS podem se fortalecer mutuamente. A oferta de um bom fraldário em um *shopping center*, por exemplo, produz sensações de conforto e de bem-estar, de comodidade e até de segurança para pais e mães que pensam no melhor para seus amados filhos. Dentro de um bom estacionamento, é evidente a sensação de segurança, o conforto e o bem-estar, além da comodidade, quando, por exemplo, há vaga fácil para estacionar. Com isso, ocorre uma peculiar interação entre os FCS de tal modo que não é possível definir este ou aquele como o mais importante, assim como não é recomendável, e nem mesmo possível, fazer qualquer tipo de comparação entre eles, pois, em última análise, de nada adianta existirem todos menos um.

A falta de um FCS pode tornar inútil a existência de todos os demais.

De acordo com o contexto em que está inserido cada projeto empresarial, é possível haver alguma diferença no potencial de influência dos FCS sobre os objetivos estratégicos do negócio, mas, de qualquer modo, o sucesso geral só será viabilizado com a garantia de todos os FCS necessários. Por exemplo, é fácil visualizarmos o resultado final dos planejamentos estratégico e tático focados unicamente nos produtos e nos serviços a serem oferecidos, sem a devida atenção a ações e a procedimentos que garantam o conforto e o bem-estar das pessoas. Da mesma maneira, seria desastrada a tática de garantir sensações de segurança, conforto e bem-estar sem os devidos cuidados com a qualidade dos produtos e dos serviços ofertados.

Isso tudo aumenta a responsabilidade dos gestores em todos os níveis, e a necessidade da garantia de todos os FCS precisa ficar muito clara para os colaboradores de todos os níveis nos setores operacionais e administrativos de qualquer tipo de organização. Contudo, o fundamental é ter a consciência de que todos os FCS, independentemente de seu potencial de impacto nos objetivos estratégicos do negócio, devem estar presentes nas operações da organização. Temos de lembrar, ainda, que essas condições só poderão ser garantidas pela ação das equipes operacionais, conforme o planejamento; portanto, é com o comprometimento de cada componente dessas equipes que os resultados desejados começam a ser viabilizados.

A conquista dos objetivos estratégicos do empreendimento depende da garantia dos FCS, e estes dependem do empenho pessoal e individual e da qualificação de cada colaborador no cumprimento de suas tarefas e de suas atribuições operacionais. Completando essa estrutura de eficácia, além do planejamento, aos gestores dos níveis operacional e tático cabem o monitoramento e a análise crítica de todo o sistema de garantia dos FCS do negócio.

Segurança é uma necessidade básica de sentimento de proteção, inerente à condição humana contra qualquer tipo de ameaça e está relacionada à interação do indivíduo com o meio. Segurança é sentimento, sensação e condição. **Defesa** é a ação preventiva ou reativa executada pelo indivíduo ameaçado ou por outrem com o objetivo de garantir sua integridade e seu sentimento de proteção. Defesa é ação, prevenção e reação. **Proteção** é a ação de cuidar, ajudar e abrigar alguém ou algo mais fraco e mais vulnerável, reduzido sua exposição a ameaças. Proteção é cuidado, ajuda e abrigo. **Segurança efetiva** é o conjunto de todos os sistemas planejados e executados com vistas a garantir as condições de proteção e de defesa. Segurança efetiva é proteção e defesa.

Síntese

A estratégia define objetivos, fornece metas e planeja o direcionamento tático operacional; e a tática define a maneira de emprego dos meios disponíveis para a conquista dos objetivos. Será inoperante a ação tática que não estiver alinhada com a estratégia e focada na conquista dos objetivos estratégicos.

É indispensável para a qualificação técnica de um gestor de risco operacional o entendimento do impacto da eficácia do sistema sob seu comando no planejamento estratégico da organização e em seus objetivos.

Para elaborar planos táticos e procedimentos operacionais que potencializem a conquista dos objetivos estratégicos, o profissional precisa ter noção das teorias de gestão estratégica e de planejamento estratégico, pelo menos o suficiente para desenvolver a competência de visão holística e um entendimento mais sistêmico da função orgânica da gestão de operações de segurança.

É no nível estratégico que são definidos os objetivos gerais da organização; no nível tático, são elaborados os planejamentos tático e operacional; e no nível operacional, são executadas as ações necessárias para a realização dos objetivos gerais. Os gestores do nível tático fazem a ligação entre a estratégia e a execução operacional, garantindo que as ações operacionais estejam direcionadas para facilitar a conquista dos objetivos estratégicos da organização.

Se as equipes operacionais não seguirem na direção correta, ninguém chegará a qualquer objetivo. É na base da pirâmide que toda a ação tem início, desencadeando o processo planejado pela estratégia empresarial. Por meio da ação individual de cada componente das equipes operacionais, inicia-se um processo que pode ou não, dependendo da qualidade dessa ação, culminar na conquista dos objetivos estratégicos do negócio. O FCS é uma condição operacional imprescindível para que a ação das equipes operacionais potencialize a concretização desses objetivos.

Questões para revisão

1) "A estratégia é o uso dos combates para atingir os objetivos da guerra; portanto, deve fornecer metas para toda a ação militar que corresponda às finalidades da guerra. A estratégia, então, determina os planos para as batalhas individuais e ordena seus combates". Assinale a alternativa que apresenta a quem é atribuída a autoria dessa citação:
   a. Napoleão Bonaparte.
   b. Sun Tzu.
   c. Carl von Clausewitz.
   d. Otto von Bismark.
   e. Gêngis Khan.

2) A figura de uma pirâmide é utilizada didaticamente para representar as três principais funções na estrutura organizacional. Uma função é representada no topo da pirâmide, outra, no centro, e outra, em sua base. Assinale a alternativa que apresenta a sequência correta das funções, do topo até a base:

a. Tática, operacional, estratégica.
b. Operacional, estratégica, tática.
c. Operacional, tática, estratégica.
d. Estratégica, tática, operacional.
e. Tática, estratégica, operacional.

3) Analise as afirmativas a seguir.

   I. O nível de gestão intermediária determina os desdobramentos do planejamento estratégico em diversos planos táticos operacionais e define a tática operacional para garantir a manutenção dos fatores críticos de sucesso do negócio.

   II. Por meio da ação individual de cada componente de uma equipe operacional, inicia-se um processo que pode ou não, dependendo da qualidade dessa ação, culminar na conquista dos objetivos estratégicos do negócio.

   III. Sob a ótica da gestão operacional, fator crítico de sucesso é uma condição operacional irrelevante para a conquista dos objetivos estratégicos do negócio.

   Estão corretas:
   a. as afirmativas I e II.
   b. as afirmativas II e III.
   c. as afirmativas I e III.
   d. as afirmativas I, II e III.
   e. nenhuma das afirmativas.

4) Por que é essencial para o gestor de operações de segurança o entendimento da distinção entre os conceitos de estratégia e de tática?

5) Considerando-se os três níveis da estrutura organizacional – estratégico, tático e operacional –, em qual deles deve se situar a gestão de operações de segurança? Justifique sua resposta.

Questão para reflexão

1) Para uma breve análise e discussão, defina quais seriam os fatores críticos de sucesso aplicáveis às condições apresentadas a seguir:
   » empresa: prestadora de serviço de vigilância e monitoramento de segurança eletrônica;
   » objetivo estratégico: expansão de atendimento para o mercado de condomínios residenciais de grande porte;
   » função: gerente de operações de segurança.

Para saber mais

CHIAVENATO, I. **Administração**: teoria, processo e prática. Rio de Janeiro: Elsevier, 2007.

Entre as obras relacionadas com o conteúdo deste capítulo, destacamos a do professor Chiavenato por sua grande relevância, pela atualidade de seu conteúdo e por sua contribuição para o entendimento do gestor de operações de segurança sobre os conceitos de planejamento, de objetivo estratégico e de fator crítico de sucesso na gestão estratégica empresarial.

II

Conteúdos do capítulo:

» Gerência de operações: o coração do organismo empresarial.
» Processos críticos de sustentação operacional.
» Estrutura de um sistema de segurança organizacional.
» Visão holística na gestão de operações de segurança organizacional.
» Tática operacional alinhada com a gestão estratégica do negócio.

Após o estudo deste capítulo, você será capaz de:

1. elaborar planos táticos operacionais de segurança alinhados com os objetivos estratégicos do negócio;
2. justificar a busca das organizações por profissionais qualificados para conduzir a execução de processos críticos do nível tático a fim de atender à demanda estratégica;

Gestão de operações de segurança: estratégia

3. destinar atenção especial aos processos de segurança, visto que apresentam forte potencial de influência na garantia da continuidade operacional de todos os demais processos críticos da organização.

Nas organizações empresariais brasileiras, especialmente nas empresas privadas, não existe uma padronização geral e rigorosa para as denominações funcionais e, ainda que o país tenha uma Classificação Brasileira de Ocupações (CBO), em geral, fica a critério das organizações nominar suas funções. Portanto, essas designações podem variar de acordo com a orientação de cada estrutura organizacional.

Neste capítulo, adotaremos a denominação *gerência de operações* para tratar dos assuntos relativos à função do gestor geral dos processos que garantem a manutenção da atividade-fim da organização. Trata-se do responsável pelo planejamento e pela manutenção de toda a engrenagem que mantém em funcionamento a estrutura técnica operacional da empresa – os processos críticos de sustentação operacional. Nessa estrutura, o gestor de operações de segurança precisa ser capaz de visualizar a posição, a missão e a importância de seus processos críticos e de todos os demais processos da organização. Portanto, tal gestor deve ser capaz de visualizar todos os macrocomponentes de seu sistema de segurança, a fim de elaborar seu planejamento tático operacional alinhado com o planejamento estratégico da organização.

2.1 Gerência de operações: o coração do organismo empresarial

A gerência de operações é como o coração do negócio. Nessa analogia, fica clara a semelhança das organizações empresariais com o corpo humano, pois, assim como os órgãos de nossa fantástica anatomia, na estrutura organizacional, cada departamento tem uma função vital, isto é, sua missão estratégica. Em qualquer organismo vivo, se um dos órgãos for à falência, o organismo poderá perecer; na estrutura empresarial, se um processo crítico, administrativo ou operacional for interrompido, poderá dar início a uma trágica sequência de "falência múltipla de órgãos", em um efeito cascata que culminará com o colapso de toda a estrutura organizacional. Daí a extrema importância de cuidar da saúde administrativa, financeira e operacional da organização em qualquer tipo de negócio.

Os gestores estratégicos, administrativos, financeiros e operacionais devem estar atentos aos sintomas de "doenças" ou fraquezas que, mesmo aparentemente isoladas, podem comprometer os objetivos estratégicos do negócio e até levar ao "óbito organizacional". Destacamos o papel fundamental dos gestores de operações de segurança na identificação, na análise, na avaliação e no tratamento desses sintomas. No dia a dia da gestão empresarial, esses sintomas recebem o nome de *fatores de risco*, que são as preocupantes condições com potencial de produzir "enfermidades" operacionais em todos os níveis de gravidade de efeitos sobre a harmonia e a saúde de todo o sistema. Se não forem identificadas ou se forem tardiamente diagnosticadas, fatalmente evoluirão para a condição de lamentáveis "perigos consumados", e a doença instalada, se mal tratada, assim como uma crise mal gerenciada, poderá levar a um impacto catastrófico e à falência total da estrutura atingida.

Mantendo essa interessante analogia, a **função estratégica** do gestor de operações de segurança nada mais é do que não permitir que as condições propícias para a doença existam e, se ainda assim ela ocorrer, conseguir seu diagnóstico precocemente e iniciar o tratamento em regime de urgência.

Não podemos considerar toda a **estrutura da gerência de operações** como o cérebro da organização, porque não é nesse departamento que são tomadas as principais decisões de nível estratégico e de direcionamento geral do negócio. Contudo, é dele que sai a força motriz que mantém em funcionamento todas as atividades críticas de sustentação desse organismo chamado *organização empresarial*; portanto, o departamento de operações se assemelha mais à função da máquina cardíaca. O coração tem uma função muito parecida com as atribuições e a missão da gerência de operações na estrutura empresarial, pois a energia necessária para manter todas as atividades críticas de sustentação da vida humana em funcionamento, desde o cérebro até os pés, só pode ser distribuída para toda a estrutura muscular e para os demais órgãos vitais pelo trabalho do coração.

Da mesma maneira, se a **estrutura das instalações técnicas** operacionais que sustenta os processos críticos falhar, todas as funções da organização estarão seriamente ameaçadas. Podemos imaginar um cenário caótico provocado pela falta de energia elétrica na torre de controle e nas pistas de pouso de um aeroporto internacional ou, talvez, simplesmente pela falta de gás para alimentar as cozinhas de uma praça de alimentação de um centro comercial de grande porte, ou, ainda, pela falta de água para as instalações sanitárias de um grande *campus* universitário, ou, mais tragicamente, pela falha no suprimento de anestésicos para um grande centro cirúrgico. Entretanto, cenários caóticos como esses não são só imaginários e são mais diversificados que essa pequena amostra e muito mais comuns do que podemos aqui demonstrar.

A **gestão financeira** do negócio também pode ser comparada com o sistema respiratório do corpo humano, pois, sem o ar que respiramos, nenhum de nossos órgãos pode funcionar, assim como, sem recursos financeiros e orçamentos viabilizados e aprovados, nenhum departamento consegue operar e cumprir plenamente suas funções na estrutura empresarial, não sendo capaz de produzir os resultados necessários para a garantia da saúde de todo o sistema.

Nessa analogia, o setor financeiro atua como os pulmões da organização, captando o capital no meio externo, processando-o e distribuindo-o para os departamentos, para que seja consumido internamente durante as diversas atividades vitais da organização, cujos órgãos e músculos podem ser fortes e estar muito bem treinados, mas que, sem oxigênio, pouco ou quase nada podem fazer ou produzir. Portanto, as comuns e sempre perigosas ações ou planos de redução de custos operacionais devem ser muito bem avaliadas, a fim de evitar causar paralisia nas atividades críticas de sustentação operacional. É preciso ter cuidado, pois um remédio mal administrado pode também ser a causa da morte do organismo e representar uma forma de suicídio da gestão.

Esse tipo de analogia pode ser utilizado para designar um elemento essencial em um sistema, mas não deve existir a ideia de comparação de importância entre os departamentos. A analogia com o coração, que é visto como o órgão mais importante do corpo humano, nada tem a ver com qualquer ideia de maior ou menor relevância da gerência de operações na estrutura de uma organização. Todos os departamentos têm valor na sustentação do negócio, de tal modo que, quase sempre, a inexistência ou a simples ineficácia de um inviabiliza a conquista de objetivos estratégicos e a sobrevivência do todo.

Além disso, é da gerência de operações que provêm os movimentos e as ações com planos táticos e operacionais para o emprego de equipes e de todos os meios que mantêm em constante funcionamento a engrenagem da estrutura técnica operacional em condições de garantir a operacionalidade dos demais departamentos. Portanto, a gerência de operações é a bomba que sustenta todo o sistema em operação; é a máquina que está ligada 24 horas por dia e não para nem mesmo quando o último colaborador da indústria bate seu ponto para ir para casa descansar.

2.2 Processos críticos de sustentação operacional

Em virtude da grande experiência que tivemos o privilégio de viver, utilizaremos como exemplo a data da inauguração de um *shopping center*. Nesse estressante, mas feliz dia, tudo precisa estar rigorosamente em ordem para receber o público pela primeira vez. É uma data obviamente muito importante para qualquer empreendimento, e todos os detalhes são exaustivamente testados e repassados, mas, para que tudo corra bem e que o show não seja um verdadeiro e perigoso fiasco, é preciso que as atividades críticas estejam em pleno e correto funcionamento. Nesse dia, com a presença de autoridades, personalidades e convidados de toda espécie, a normalidade não é normal; tudo é especial e todas as operações estão sendo inauguradas e recebendo os clientes pela primeira vez, mas o que importa é que "inauguração é inauguração" e, em todos os casos, é apenas o teste final para os processos críticos. Encerrados esses testes festivos, a normalidade operacional deve ser estabelecida nos primeiros meses de operação e mantida por todos os anos que se seguirão na vida do empreendimento.

Um *shopping center* é um "organismo vivo e dinâmico", que se altera diversas vezes em um mesmo período. No entanto, sua condição de normalidade operacional pode e deve ser reconhecida, monitorada e controlada.

Assim, para a manutenção da normalidade operacional em um *shopping center* desde sua inauguração, é necessário que, diariamente, seja realizada uma infinidade de tarefas e de ações, em grande parte rotineiras, padronizadas e sistemáticas, que produzem e mantêm as condições de conforto, de bem-estar e de comodidade em operações de lojas e estacionamentos com a segurança necessária para a garantia dos fatores críticos de sucesso (FCS) do empreendimento. Essas condições dependem, portanto, de uma série de atividades realizadas por equipes multidisciplinares, diretamente envolvidas com as condições em que o *shopping* será diariamente apresentado ao público.

Um *shopping* não pode abrir as portas para o público enquanto a praça de alimentação não estiver perfeitamente arrumada, com mesas e cadeiras organizadas, alinhadas e impecavelmente limpas; os banheiros devem estar secos, cheirosos e abastecidos de água, papel higiênico, papel toalha e sabonete líquido; as lixeiras do *mall* devem estar vazias e posicionadas nos locais corretos; o ar-condicionado deve estar funcionando e a temperatura ambiente precisa respeitar os valores mais confortáveis definidos para a região; todas as obras e os serviços de manutenção nas áreas de circulação do público devem estar concluídos; o estacionamento precisa estar pronto e ser operacional; as lojas, os quiosques, os serviços e suas equipes também devem estar prontos para receber os clientes. Eletricista, bombeiro hidráulico, auxiliares de limpeza, recepcionistas, orientadores de público, caixas, operador de central de monitoramento de circuito fechado de televisão (CFTV), bombeiro civil, auxiliar de enfermagem, vigilantes, coordenadores e gerentes devem estar a postos no momento da abertura. Para isso, deve ser elaborado um procedimento de abertura do *shopping* que descreva o passo a passo, assim como um *checklist* a ser realizado sistematicamente todos os dias antes da abertura até o momento em que alguém passa a mensagem no rádio: "Podem abrir os portões e um bom serviço a todos!".

Aberto o *shopping* e garantidas as condições de normalidade operacional, o trabalho das equipes operacionais passa a ser focado na manutenção dessas condições até a passagem do serviço para a equipe que, com a mesma missão, assumirá o próximo turno de trabalho. Se o público produzir muito lixo e as lixeiras começarem a transbordar no *mall*, o serviço de limpeza estará falhando e a normalidade operacional estará quebrada, porque lixo esparramado pelo piso é uma condição anormal no cotidiano do *shopping*. O mesmo acontece com as demais condições de conforto, bem-estar, comodidade, oferta de produtos e serviços e segurança – se as equipes operacionais falharem, os efeitos serão rápidos e muito perceptíveis.

Dessa maneira, a condição de normalidade operacional depende da eficácia das *atividades críticas de sustentação operacional*, denominação adotada para definir as atividades que garantem as condições ideais para o bom andamento de todas as operações da organização.

Então, podemos dizer que os processos críticos operacionais sustentam a atividade-fim da organização, garantem sua normalidade operacional e são executados de acordo com planos táticos operacionais específicos, alinhados com a estratégia do negócio.

Alguns exemplos de processos críticos de sustentação operacional são segurança; manutenção predial, elétrica, hidráulica e de alvenaria, equipamentos e ar-condicionado; limpeza e conservação; resíduos; estacionamento; tecnologia da informação (TI); serviço de atendimento ao cliente (SAC); recepção; ambulatório médico; entre outros. No entanto, a existência ou não desses processos pode variar de acordo com cada contexto estratégico e operacional. Os elementos dessa lista são mais apropriados para as organizações abertas ao público, mas todas essas atividades podem ser necessárias em qualquer organização.

Não podemos excluir os processos da administração da lista de processos críticos de sustentação da atividade-fim. De um modo mais genérico, eles englobam: processos financeiros, de gestão de pessoas, de suprimentos e de logística, de gestão da imagem da organização, de segurança jurídica, de gestão de tecnologia da informação e outros que possam estar fora da área de controle da gerência de operações, mas que, nem por isso, deixam de ser críticos para a manutenção da normalidade operacional.

Segurança

Todas as atividades críticas podem e devem ser divididas internamente de acordo com sua condição de emprego operacional. No entanto, para a segurança, fazer uma divisão baseada apenas em seu emprego tático não é suficiente. Qualquer estudo de segurança, assim como uma análise de risco, que considere apenas o plano tático de segurança será um estudo limitado e superficial.

Para explicar melhor essa ideia, imagine que, para fazer uma busca de fatores de risco em uma empresa, o analista verifique todos os sistemas de segurança, seus meios técnicos ativos e passivos, seus procedimentos e a qualidade das equipes de vigilantes, de coordenadores, de operadores de central de CFTV e de bombeiros. O analista faz um minucioso estudo no plano tático de segurança – postos de serviço, horários, escalas, procedimentos operacionais, meios empregados e definição da missão de cada posto de serviço. Com grande empenho técnico e interesse profissional, essa análise pode ir até o detalhe dos processos de recrutamento, seleção e treinamento das equipes de segurança e, se estas forem terceirizadas, estende-se aos processos administrativos e operacionais, às estruturas e à idoneidade da contratada. Em cada item, a análise faz subdivisões e consegue visualizar qualquer fator de risco que possa estar escondido nas reentrâncias de toda a estrutura e dos processos do serviço de segurança.

Em um primeiro momento, parece que acabamos de descrever uma análise de risco completa, bem-feita e profunda sobre o sistema de segurança da organização: ledo engano – um erro ingênuo, mas ainda assim um engano. Imaginar que todos os fatores de risco das complexas estruturas empresariais podem ser identificados apenas nos serviços e nos processos de segurança pode ser um equívoco que venha a ter consequências muito mais tristes e graves do que uma vã análise pode imaginar. O serviço de segurança de uma organização é um dos componentes de todo o seu sistema de segurança; o que, em alguns casos, ainda é chamado de *setor de segurança patrimonial*, de *segurança* ou, ainda, em uma versão mais evoluída, de *gestão de risco* é apenas um dos diversos processos que integram o sistema de segurança empresarial.

Sob essa ótica, a segurança empresarial não depende apenas do serviço, dos processos e das equipes de segurança, mas de toda a estrutura empresarial em que seja possível surgir qualquer tipo de risco. Assim, a análise de risco, com certeza, identificará quase todos os fatores de risco dos processos do serviço de segurança, mas parará aí, e uma grande quantidade de problemas que ainda poderão provocar perdas e danos irreparáveis ficará sem ser identificada e tratada. Então, na estratégia de gestão de operações de segurança em uma organização, é imprescindível que sejam incluídos processos, instalações, sistemas e pessoas que, de alguma maneira, possam estar relacionados com algum impacto negativo sobre os objetivos do sistema de segurança. E isso inclui setores e instalações no contexto do ambiente externo, do qual, por vezes, também surgem graves ameaças aos objetivos táticos operacionais e aos objetivos estratégicos da organização.

2.3 Estrutura de um sistema de segurança

Apresentaremos, a seguir, uma ideia para a visualização de todos os processos que compõem o sistema de segurança empresarial. Nessa proposta, utilizada para organizar e facilitar processos de gestão de risco, é simplificada a estrutura empresarial, a qual é dividida, sob a ótica dos interesses do sistema de segurança, nos seguintes macrocomponentes (Figura 2.1):

Figura 2.1 – Macrocomponentes do sistema de segurança empresarial

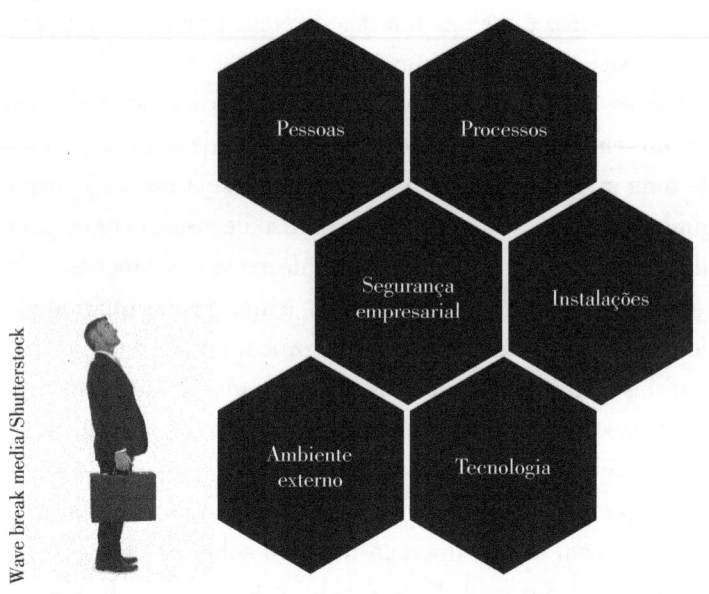

- Pessoas
- Processos
- Segurança empresarial
- Instalações
- Ambiente externo
- Tecnologia

Wave break media/Shutterstock

Antes de ser considerado um modelo de sistema de segurança, esse é um importante artifício de análise que facilita e organiza os trabalhos de identificação de fatores de risco e aumenta as chances de que a busca cubra todos os processos nos quais houver alguma probabilidade de surgir qualquer tipo de perigo. Assim, esse modelo tem o objetivo de compartimentar toda a estrutura da organização em macrocomponentes, de tal modo que qualquer fator de risco que se possa imaginar deverá estar dentro de um deles.

Com essa visão de gestão operacional de segurança, o gestor ou o analista de risco conseguem realizar uma varredura em toda a organização, analisando separadamente cada macrocomponente e identificando em que local pode haver riscos inerentes à gestão de pessoas; a todos os processos de gestão empresarial, operacionais, industriais e de segurança; a todas as instalações prediais e técnico-operacionais e aos meios técnicos disponíveis para os processos; a toda a tecnologia empregada nos processos de segurança, de TI, de segurança da informação e de sistemas de comunicações; e, finalmente, aos fatores do ambiente externo com potencial de impacto na segurança e na integridade do sistema. Essa relação de itens pode ser alterada de acordo com a realidade e o contexto de cada organização. Contudo, os itens de cada macrocomponente aqui apresentados, em geral, estão presentes em todo tipo de empresa, mas qualquer item adicionado estará relacionado às **pessoas**, aos **processos**, às **instalações**, à **tecnologia** ou ao **ambiente externo**.

Com esse formato, é possível verificar que a segurança de uma organização não reside somente em seu serviço de segurança, mas em toda a estrutura e em todos os processos do sistema por ele protegido. Por isso, sempre será um grande e perigoso erro relacionar todo e qualquer incidente apenas à eficiência do serviço de segurança, e esse é um comportamento ainda muito comum no meio empresarial. Mesmo quando fica evidente e inegável uma falha em um serviço ou em um processo de segurança, provavelmente será possível identificar um problema ocorrido em processos de outro setor da estrutura empresarial.

Em geral, a falha da segurança está na ponta da cadeia de eventos que produziram o incidente; assim, essa cadeia poderia ter sido estancada em vários momentos antes de chegar a hora de a segurança atuar e impor ao risco seu último obstáculo, seu derradeiro ponto de contenção, após o qual o perigo atinge o valor de 100% de probabilidade de concretização. Então, não pode ser considerado probabilidade, pois já é certeza, e restará apenas dar início a medidas de gestão de crise, de contenção de danos, de gestão de continuidade de negócio, de investigação de incidente, de recuperação de desastre e tantas outras que, embora eficazes e muito importantes, sempre serão obrigatoriamente indesejáveis.

A origem dos riscos

Muitos profissionais, principalmente aqueles com mais tempo de experiência em segurança, já tiveram de defender seus serviços de acusações que não lhes cabiam. Já tivemos de defender, por exemplo, uma equipe e mostrar que, se as ferramentas de precisão estavam desaparecendo do ferramental da fábrica, não era pelo motivo alegado em uma reunião de que "pela portaria passava até um trator sem que os guardas percebessem", mas sim porque não existia um controle de retirada, de uso e de devolução no ferramental que fosse integrado com um sistema de ordens de serviço, pois este também não existia. Retirar ferramentas de maior valor daquele setor não exigia nenhum controle e, como também não existia nenhum controle de devolução, então o único desafio era passar pela portaria principal.

Em geral, existe um "mito organizacional", ou um preconceito, de que a segurança é a única responsável por deter todos os delitos que ocorrem dentro da empresa. Parece que o público interno acredita que a portaria é equipada com super-homens dotados de visão de raio x e bola de cristal. Diante dessa ilusória confiança, acabam negligenciando a origem dos riscos em suas atribuições funcionais particulares e individuais, todas fora do alcance e da vista dos processos críticos de segurança propriamente ditos. Para corrigir esse tipo de equivocado e perigoso modelo, sempre defendemos que a segurança deve ser feita pelos usuários primários, na origem do bem a ser protegido, e os processos de utilização e de controle de equipamentos, de materiais de consumos, de bens e de valores em geral devem ser elaborados de modo a dificultar o furto e a utilização indevida.

A segurança de bens internos que podem ser subtraídos deve ser feita no sentido do centro das instalações para o perímetro, e nunca ao contrário, obviamente porque o perímetro é a última barreira de tudo o que for retirado de alguma fonte interna. A portaria é o perímetro, e deixar que lá sejam realizadas todas as medidas de segurança é um risco muito alto, porque, embora ela também tenha a função de impedir furtos, é a última barreira para esses delitos. Fazendo uma analogia com o futebol, colocar toda a responsabilidade da segurança empresarial no serviço de segurança seria como retirar todos os zagueiros e os laterais e deixar apenas o goleiro para evitar o gol do time adversário; por mais ágil que ele possa ser, sozinho nada poderá fazer contra todo o ataque do time rival.

O serviço de segurança de uma portaria pode surpreender um funcionário tentando furtar um equipamento cujo valor não passe de algumas dezenas ou centenas de reais, ao mesmo tempo que um funcionário da diretoria pode estar realizando uma fraude financeira de milhares ou até de milhões de dólares ou o gerente de logística e suprimentos pode estar recebendo as benesses do enriquecimento ilícito proveniente de vergonhosas propinas e onerando de maneira substancial os custos operacionais da empresa. Na verdade, o sistema de segurança precisa ser capaz de pegar qualquer um "com a mão na massa", prendê-lo e dar a ele o mesmo destino, independentemente de valores, pois, para a falta de ética e de moral, não existem limites preestabelecidos. A prevenção a todas as modalidades de crime contra a organização deve começar na origem dos riscos, sempre com várias medidas eficazes de controle, e será muito arriscado, aumentando consideravelmente as probabilidades de sucesso da intenção criminosa, se existir somente uma linha de defesa de todo o patrimônio protegido.

No entanto, convém lembrarmos que, mesmo que a principal responsabilidade sobre a segurança de pessoas, instalações, bens e valores seja de quem controla os processos que dão origem aos riscos, cabe ao gestor das operações de segurança orientar esses responsáveis sobre as melhores práticas de segurança em seus processos e colaborar com todos eles na identificação, na análise, na avaliação e no tratamento dos fatores de risco desde a sua origem.

2.4 Visão holística na gestão de operações de segurança organizacional

Para analisarmos alguns pontos importantes, relataremos uma experiência pessoal do autor do livro.

Exemplo prático

Assim que dei baixa das fileiras do Exército, em 1984, assumi a chefia de segurança de uma grande empresa de material bélico, na qual permaneci até 1996. Nos cursos de formação de oficiais do Exército, além de técnicas de emprego de táticas operacionais, o militar aprende a sempre buscar uma visão estratégica mais ampla das situações em que seu nível de comando estiver diretamente envolvido, e essa foi a minha formação na arte de comandar operações de combate. Assim, logo percebi que, no meio civil empresarial, predominava a visão mais restrita de interesses individuais, segundo a qual cada departamento defende unicamente os próprios interesses e o todo fica em segundo plano, o que era exemplificado por mentalidades como "eu quero mais é cumprir as metas da minha equipe" e tantas outras. Observei que não existiam orientações de gestão operacional com métodos e procedimentos padronizados e, até no mesmo departamento, as chefias atuavam focadas exclusivamente em seus objetivos.

Em meu primeiro mês na empresa, envolvi-me em um conflito de opiniões operacionais com meu gerente, que era o administrativo da fábrica e não aceitou minha postura de postergar a implantação de um controle de acesso de cerca de 100 meninos que entregavam marmitas no interior da fábrica. A entrega de marmitas no interior da área administrativa da fábrica já era autorizada há décadas para quase mil trabalhadores, que consumiam no refeitório a refeição que recebiam de casa, e não a comida da cozinha industrial que acabava de ser terceirizada. Ciente do risco e da ilegalidade da presença de crianças circulando no ambiente de uma grande metalúrgica, concordei plenamente com o fim dessa perigosa prática, mas solicitei um prazo para tomar providências e dar avisos, cautela importante para evitar surpresas desagradáveis.

No entanto, depois de muita discussão, prevaleceu o interesse da administração e me foi negado qualquer prazo com a ordem expressa e clara de que "a partir de amanhã, não queremos ver nenhum menino passando pela portaria". No dia seguinte, diante do acesso interrompido sem aviso prévio, tive de enfrentar uma revolta nos portões da fábrica: do lado de fora, os meninos ameaçavam invadir e, do lado de dentro, os famintos trabalhadores sinalizavam que poderiam iniciar uma quebradeira geral. A cena que se seguiu foi de cerca de 500 trabalhadores fazendo a refeição sentados no chão do entorno da portaria principal da empresa. É claro que o problema do acesso dos meninos precisava ser resolvido com urgência, mas qualquer medida nesse sentido deveria ser preparada com cautela para não produzir outros problemas de maior gravidade.

A visão da empresa em situações como essa era dar prioridade para eliminar um problema que realmente precisava ser resolvido sem produzir outro pior e com impacto mais grave sobre os objetivos estratégicos do negócio. Com muita dificuldade para conter alguns ânimos mais exaltados, eu e minha equipe conseguimos controlar a situação e, além da imagem dos trabalhadores almoçando na rua, não houve outras consequências, mas é claro que estivemos na iminência de graves problemas de revolta violenta com presença de imprensa, polícia, bombeiros, sindicato, Ministério do Trabalho e Vigilância Sanitária. Pelo receio dessas consequências e com base em minha então recente formação militar, tentei, sem sucesso, negociar o uso de uma tática operacional de proteção dos perigos que poderiam atingir, de forma mais abrangente, a estratégia da gestão daquele grande negócio.

Em outra situação, constatei que o alcance da visão holística do gestor de um sistema de segurança deve ir muito além dos limites dos postos de vigilância e do controle de acesso na portaria da empresa. Essa experiência envolve um relatório sobre uma ronda noturna: nas instalações administrativas da fábrica, ao longo da madrugada, encontrei acesso livre em todas as salas da administração e das gerências das unidades fabris. A limpeza desses espaços era realizada durante a madrugada e, sendo terceirizada, não havia nenhum supervisor orgânico acompanhando a operação. Na sala da secretária da diretoria, encontrei um arquivo de pastas totalmente aberto no qual havia uma pasta suspensa com uma grande etiqueta com a atraente inscrição: "Documentos confidenciais".

Ainda sendo um funcionário novo, desconhecido, com apenas uma semana na empresa, circulei sem a identificação funcional e tive acesso livre a todas as instalações administrativas e industriais da empresa. Fui até o centro de processamento de dados (CPD), onde ficavam os principais servidores e computadores da empresa, e lá, sem qualquer identificação, fui premiado com uma aula sobre o fascinante funcionamento do setor e de todos os principais procedimentos, até mesmo os de segurança da informação. Entretanto, quando tentei saber que resultado teria surtido meu relatório, obtive a resposta de que deveria me preocupar mais com a postura dos guardas patrimoniais e com a apresentação de seus uniformes do que ficar procurando problemas em outros departamentos.

Felizmente, a gestão estratégica empresarial evoluiu muito no Brasil durante as últimas décadas e parece já reconhecer a importância estratégica da gestão operacional dos processos críticos que sustentam as atividades-fim em todo tipo de organização. A alta gestão de qualquer ramo empresarial, público ou privado, já elabora planejamentos estratégicos com visão de objetivos mais abrangentes e com a confiança de que os planos táticos operacionais serão planejados já alinhados com os objetivos estratégicos do negócio. Para isso, essas organizações estão buscando profissionais qualificados para conduzir a execução dos processos críticos do nível tático, atendendo a essa demanda estratégica.

Portanto, para os objetivos da qualificação do gestor de operações de segurança, é importante compreender que os processos de segurança merecem destaque nessa relação, visto que apresentam profunda influência na garantia da continuidade operacional de todos os demais processos críticos da organização.

Assim, a necessidade de que o gestor de operações de segurança seja um especialista nos processos de segurança e um generalista nos demais processos críticos de sustentação operacional da organização já é uma realidade, o que o qualifica para alinhar a gestão das operações de segurança com a estratégia do negócio e contribuir de maneira decisiva para a manutenção da normalidade operacional de todos os demais processos críticos da organização. Por certo, não cometemos nenhum absurdo didático ao afirmar que os processos críticos de segurança são de alta motricidade, pois não há como negar que impactam todos os demais processos operacionais da organização.

O gestor de operações de segurança precisa estar qualificado para conquistar e ocupar definitivamente o lugar que lhe cabe na gestão estratégica da organização que assessora.

Quando defendemos que os gestores de operações de sistemas de segurança precisam ter uma visão ampla da relevância e do nível de responsabilidade de suas atribuições para os objetivos estratégicos da organização que assessoram, estamos sustentando que as organizações precisam entender essa necessidade e essa importância e incentivar os profissionais de gestão de risco a desenvolver a capacidade estratégica da visão holística. Isso os torna capazes de identificar, analisar e avaliar fatores de risco em todos os macrocomponentes de um sistema de segurança na estrutura empresarial, propiciando a eles o tratamento pertinente. Além disso, é essencial que a comunicação da abrangência da gestão de risco a toda a estrutura da organização venha do topo da hierarquia funcional, para que sejam evitados conflitos e desgastes e para que a efetividade dessa função possa produzir seus melhores resultados.

Para tanto – para que realmente evitem a concretização dos perigos –, os trabalhos de identificação, de análise e de avaliação de riscos precisam ser realizados em todos os departamentos e em todas as reentrâncias da estrutura organizacional. A necessidade desse nível de acesso e sua autorização devem estar muito bem entendidos por todos os gestores do nível tático operacional, assim como do nível estratégico.

A gestão estratégica, que está no topo da pirâmide organizacional, precisa perceber a real abrangência holística da gestão operacional de segurança, e não basta autorizá-la, pois também deve comunicar a toda a estrutura da organização a importância estratégica dessa tática operacional.

2.5 Tática operacional alinhada com a gestão estratégica do negócio

É sempre bom lembrar, especialmente os gestores de segurança mais novos, do inimaginavelmente baixo nível de segurança privada que já existiu em nosso país. Eles quase não acreditam que já fomos obrigados a dar treinamentos de tiro com apenas cinco cartuchos, atirando em pilhas de dormentes de madeira no fundo da fábrica para dar um mínimo tolerável de segurança no uso do armamento por um guarda patrimonial que nunca havia tocado em uma arma de fogo. Assim, sem nenhuma qualificação, lá pelos idos de 1984, era possível que um trabalhador fosse dormir como jardineiro desempregado e acordasse como guarda patrimonial "pronto" para o serviço.

Recentemente, tivemos o desprazer de conhecer um gerente de segurança de uma grande prestadora de serviço de vigilância que era o motorista da família do proprietário da empresa e passava os dias e as semanas conduzindo o luxuoso carro da esposa e dos filhos em seus afazeres e lazeres, enquanto as operações de segurança de toda a empresa estavam sob o comando e o controle de cada coordenador de turno. Por isso, nunca deixamos de destacar o quanto, como e por que conseguimos melhorar, e muito, o nível do serviço de segurança privada que se presta hoje no Brasil. Esse feliz processo começou com o advento da terceirização, que chegou para valer no país na segunda metade da década de 1980, apresentando benefícios ao mercado justamente pelos antigos serviços de guarda patrimonial.

O que se viu na sequência foi a mais salutar concorrência de mercado que se pôde testemunhar naquela década, e a primazia da qualidade que começou a nascer e a ser exigida pelos tomadores desse serviço já mostrava até onde poderia chegar a evolução. Some-se a isso a oportuna e igualmente benéfica interferência, um pouco mais tarde, da normatização e da fiscalização da Polícia Federal. Essa regulamentação, assim como a exigência de habilitação de vigilantes obtida em curso de formação credenciado, não poderia deixar de acontecer e mostrou-se essencial para essa evolução e para a melhoria contínua das atividades de segurança privada, além disso, o combate à clandestinidade e ao perigoso amadorismo, com a intervenção da Polícia Federal, produziu efeitos práticos, rápidos e eficazes. Já no início do século XXI, a chegada da tecnologia de segurança quase completou esse feliz quadro. Consideramos que ela "quase completou" porque não acreditamos que já estamos prontos e que não há mais o que melhorar; precisamos focar a formação dos gestores operacionais e incentivá-los a acreditar no potencial que têm para o setor de segurança privada e para suas carreiras se nelas investirem com qualificação de alto nível. Assim como o padrão de qualidade dos processos de segurança evoluiu, claramente como resultado da evolução da qualificação das equipes operacionais, especialmente dos vigilantes, também deve evoluir o nível de qualificação dos gestores de operações de segurança.

> Os gestores de operações de segurança precisam buscar, com urgência, a qualificação técnica de alto padrão, a fim de evitar que a segurança privada no Brasil não apresente o nível operacional com mais qualificação do que aqueles que decidem sobre seu emprego tático.

Ressaltamos que, além do curso obrigatório de formação de vigilante, já existem cursos de nível técnico, tecnológico, graduação e pós-graduação na área de segurança privada, além de um fantástico nível de qualidade de tecnologia de segurança e de ferramentas de gestão de risco. Há farto material de consulta, literatura e pesquisa, publicações, artigos, trabalhos acadêmicos e normas orientadoras, regulamentadoras e certificadoras de interesse da profissão. E estamos certos de que o próximo degrau a galgar é a conquista, em definitivo, da cadeira do gestor de operações de segurança na sala de reuniões no nível estratégico das organizações.

O gestor de operações de segurança precisa estar qualificado para conquistar e ocupar o lugar que lhe cabe na gestão estratégica da organização que assessora. E essa conquista passa, necessariamente, pela qualificação e pelo entendimento dos fundamentos dos processos de gestão estratégica, de gestão tática operacional e de gestão da execução dos processos críticos de sustentação da atividade-fim. Não podemos mais permitir que as organizações não tenham ciência da importância estratégica das operações de segurança e, com isso, não exijam esse nível de evolução dos gestores operacionais.

Também não é mais possível negar que o controle e a gestão administrativa das organizações estão, hoje, nas mãos de jovens executivos recém-formados nas mais modernas e conceituadas instituições de ensino de gestão empresarial do Brasil e do mundo. Não temos dúvidas de que esses jovens diretores esperam poder contar com a competência e com a visão holística das pessoas a quem confiarão seus sistemas de segurança empresarial. Na verdade, tecnicamente, eles poderão exigir o alinhamento das táticas operacionais com a estratégia de gestão de toda a organização.

Um excelente indicador dessa moderna visão da importância estratégica dos processos de segurança é o montante de recursos que esses executivos têm destinado para garantir a conquista dos objetivos da tática operacional de segurança. Há algumas décadas, obter autorização para instalar ou ampliar um CFTV era uma missão tática muito mais difícil do que é hoje, não porque atualmente esses equipamentos estão mais acessíveis, mas apenas porque antigamente os executivos não tinham ciência da importância estratégica da segurança do modo como a entendem nos dias atuais. Então, para conquistar mais esse ousado objetivo na evolução da qualidade da assessoria que prestamos, devemos avaliar e, se necessário, corrigir o rumo da qualificação dos gestores de operações de segurança. Precisamos saber em que ponto está nossa competência para atuar em todo o contexto estratégico das organizações – públicas ou privadas, industriais ou comerciais, abertas ao público ou de acesso restrito –, precisamos avaliar e mostrar ao mercado que somos indispensáveis e insubstituíveis na estrutura das tomadas de decisão estratégicas de qualquer tipo de organização por nós assessorada.

Para fixar a relevância dessa convocação, destacamos o peso daquilo que poderíamos chamar de *fluxo do processo de qualificação* de um gestor de operações de segurança, que começa com o entendimento dos conceitos de estratégia e de tática, suas diferenças e suas aplicações nos sistemas de segurança; passa pelo domínio dos fundamentos do planejamento estratégico empresarial, de seus objetivos estratégicos, de objetivos táticos operacionais e de seus FCS; segue pela visão da importância e da posição da função na estrutura de gestão e pela contínua atualização técnica específica de gestão de segurança; e termina com o desenvolvimento de visão holística e da competência de alinhar a execução dos planos táticos operacionais com a estratégia de todo o negócio. Assim, quando nos referimos à visão holística e ao alinhamento tático operacional com a estratégia de gestão, estamos destacando duas competências complementares na qualificação dos gestores do nível tático da estrutura empresarial, especialmente do gestor das operações de segurança.

A visão holística do gestor o conduz para um planejamento tático cujos objetivos estão alinhados aos objetivos estratégicos do negócio, como, por exemplo: a elaboração e a execução de um plano de treinaespecífico para relacionamento de equipes de segurança com pacientes, familiares e visitantes em um grande hospital, de acordo a política de atendimento de alto padrão da instituição; ou o planejamento e a implantação de um sistema de conde acesso em áreas restritas em um *campus* universitário de grande porte que atenda às necessidades estratégicas das atividades de ensino superior da escola; ou, ainda, a implantação de um programa de gestão de risco capaz de reduzir satisfatoas probabilidades de ocorrências com potencial de impacto sobre os objetivos estratégicos do negócio.

No caso da concretização de uma dessas baixas probabilidades, também fará gestão tática alinhada com a gestão estratégica do negócio o gestor que elaborar e treinar um plano operacional de gestão de crise e implantar um programa de gestão de continuidade de negócio, tudo com o objetivo tático operacional de reduzir o impacto do incidente e retomar a normalidade operacional dos processos críticos em um prazo tolerável para os objetivos estratégicos da organização. É claro que, a exemplo do detalhamento dos macrocomponentes de um sistema de segurança, poderíamos mencionar muitas outras condições de alinhamento tático operacional com a estratégia do negócio, porque isso depende bastante de cada contexto e de cada cenário. No entanto, algumas ações no sentido desse alinhamento são aplicáveis e até obrigatórias em qualquer contexto e em todos os cenários.

Por esse motivo, finalizamos os exemplos mencionando a implantação de planos e de programas de gestão de risco, de gestão de crise e de gestão de continuidade de negócio, pois são medidas de alto valor tático operacional e indispensáveis para a conquista dos objetivos estratégicos da instituição. Ficará mais clara a importância e a forma desse alinhamento se expusermos essas últimas afirmações da seguinte maneira:

» é estratégico o plano tático operacional de gestão de risco que reduz a valores aceitáveis as probabilidades de concretização de incidentes e de perdas;
» é estratégico o plano tático operacional de gestão de crise que reduz a níveis suportáveis o impacto do incidente;
» é estratégico o programa de continuidade de negócio que reduz para uma duração tolerável o tempo de interrupção dos processos críticos da organização.

No Capítulo 6, analisaremos com detalhes os processos de gestão de risco, de gestão de crise e de gestão de continuidade de negócio e suas interdependências.

Síntese

É da gerência de operações que advêm os movimentos com planos táticos e operacionais para o emprego das equipes que mantêm em constante funcionamento a engrenagem de toda a estrutura técnica operacional em condições de garantir a operacionalidade dos demais departamentos. Processos críticos operacionais sustentam a atividade-fim da organização, garantem sua normalidade operacional e são executados de acordo com planos táticos operacionais específicos, alinhados com a estratégia da empresa.

Cabe ao gestor das operações de segurança orientar os responsáveis pelos processos que dão origem aos riscos sobre as melhores práticas de segurança e colaborar com eles na identificação, na análise, na avaliação e no tratamento dos fatores de risco desde a sua origem. A gestão estratégica no topo da pirâmide organizacional precisa perceber a real abrangência holística da gestão operacional de segurança, e não basta autorizá-la, pois também deve comunicar a toda a estrutura da organização a importância estratégica dessa tática operacional.

O gestor de operações de segurança precisa estar qualificado para conquistar e ocupar definitivamente o lugar que lhe cabe na gestão estratégica da organização que assessora. Nesse sentido, deve mostrar ao mercado que já é indispensável na estrutura das tomadas de decisão estratégicas de qualquer tipo de organização.

Questões para revisão

1) Podemos dizer que os processos .... sustentam a atividade-fim da organização, garantem sua .... e são executados de acordo com planos táticos operacionais específicos e alinhados com a ....

   Assinale a alternativa que completa corretamente essa afirmativa:

   a. críticos operacionais – normalidade operacional – estratégia do negócio
   b. administrativos – normalidade estratégica – demanda
   c. empresariais – conquista profissional – concorrência
   d. de gestão – capacidade de prevenção – gestão de *marketing*
   e. estratégicos – capacidade de pronta resposta – gestão de segurança

2) Assinale a alternativa que apresenta macrocomponentes de um sistema de segurança de acordo com o modelo apresentado neste capítulo:

   a. Pessoas, processos, serviços, gestão e planejamento.
   b. Pessoas, processos, manutenção, comercial e suprimentos.
   c. Pessoas, processos, instalações, tecnologia e ambiente externo.
   d. Pessoas, jurídico, tecnologia, transporte, segurança e instalações.
   e. Ambiente externo, clientes, processos, tecnologia e pessoas.

3) Avalie as afirmativas a seguir e assinale V para as verdadeiras e F para as falsas.

( ) Processos críticos operacionais são aqueles que sustentam a atividade-fim da organização, garantem sua normalidade operacional e são executados de acordo com planos táticos operacionais específicos e alinhados com a estratégia do negócio.

( ) Para melhor analisar um sistema de segurança, é suficiente dividi-lo nos macrocomponentes *pessoas, processos, instalações* e *tecnologia*.

( ) Mesmo quando fica evidente e inegável uma falha no serviço ou em um processo de segurança, muito provavelmente é possível identificar alguma falha ocorrida mais cedo, em outro processo de outro setor da estrutura empresarial.

Agora, marque a alternativa que apresenta a sequência correta:

a. V, V, V.
b. V, F, F.
c. F, F, V.
d. F, V, F.
e. F, F, F.

4) Por que uma análise de risco, mesmo que detalhada e completa, realizada em todos os processos críticos de segurança e tendo identificado todos os fatores de risco dos processos da organização, pode ser considerada falha e insuficiente?

5) "A segurança de bens internos que podem ser subtraídos de uma instalação deve ser feita no sentido do centro das instalações para o perímetro, e nunca ao contrário." Qual é seu entendimento a respeito dessa afirmação?

Questão para reflexão

1) Avalie a importância, para um gestor, da visão holística e do senso de alinhamento tático com a estratégia do negócio para o reconhecimento da evolução de sua qualificação. Considere também o impacto dos resultados dos processos de segurança sobre a garantia da normalidade operacional de todos os demais processos da organização. É possível afirmar que algumas empresas já reconhecem a realidade e a relevância da qualificação dos atuais gestores de operações de segurança? Por quê?

Para saber mais

MEIRELES, N. R. **Gestão estratégica do sistema de segurança**: conceitos, teoria, processos e prática. São Paulo: Sicurezza, 2011.

O conteúdo dessa obra é específico e de extrema relevância para o entendimento do gestor de operações de segurança sobre a importância de sua qualificação e de sua visão holística para a gestão dos processos críticos de segurança na estrutura operacional, bem como para os processos de gestão de risco corporativo da organização que assessora.

III

Conteúdo do capítulo:

» Capacidade de antecipação e de pronta resposta.
» Riscos estratégicos.
» Fatores críticos de sucesso em operações de segurança.
» Objetivos da gestão de operações de segurança.
» Fatores de risco em *facilities*.

Após o estudo deste capítulo, você deverá ser capaz de:

1. aplicar os conceitos de capacidade de antecipação e de pronta resposta, de riscos estratégicos, de fatores críticos de sucesso em operações de segurança, de objetivos da gestão de segurança e de fatores de risco nos processos de *facilities*;
2. elaborar seu plano tático operacional alinhado com o planejamento estratégico da organização;

Tática operacional na gestão de segurança organizacional

3. conduzir processos críticos de segurança para conquistar seus objetivos táticos operacionais, garantindo a normalidade operacional em todos os demais processos da organização.

Para que o gestor do sistema de segurança concretize os objetivos de segurança, ele precisa deter, ao menos, os conhecimentos básicos de todos os processos da estrutura da organização e entender a importância de cada um deles. Esse nível de qualificação na gestão das operações de segurança é essencial, pois fatores de risco podem ser encontrados em todos os processos da organização, inclusive nos pertinentes à segurança e a todas as operações conhecidas como *facilities*.

Nesse contexto, com a missão de comandar e controlar os processos de segurança de modo a garantir a conquista dos objetivos de segurança da organização, esse gestor deve apresentar um bom nível de conhecimento sobre todos os demais processos. É fundamental, ainda, reconhecer os fatores críticos de sucesso (FCS) das operações de segurança e seus objetivos. Tal qualificação dependerá da capacidade de antecipação e da capacidade de pronta resposta de todo o sistema de segurança.

3.1 Capacidade de antecipação e capacidade de pronta resposta

Para alguém sem conhecimento técnico sobre operações de segurança, o objetivo desses procedimentos pode parecer restrito a proteger pessoas, instalações, bens e valores contra a violência e evitar problemas. Entretanto, com conceitos mais técnicos, podemos dizer que, para o cumprimento das metas dessa área, um sistema de segurança precisa apresentar duas características fundamentais para a efetividade de sua operacionalidade. Considerando o alto nível de responsabilidade que repousa sobre seus ombros, cada profissional que escolhe trabalhar em sistemas de segurança também precisa desenvolver estas duas características: capacidade de antecipação e capacidade de pronta resposta, que estão na base de todo o fundamento dos objetivos de segurança. Parece claro que o objetivo principal é não permitir que os problemas aconteçam, identificando-os ainda em formação e antes de produzirem efeitos danosos, mas, se atingirem esse ponto, que sejam tratados e resolvidos sempre no mais curto prazo possível.

Com isso, podemos definir a **capacidade de antecipação** como o potencial de um sistema de segurança em identificar uma cadeia de eventos que, se não for interrompida, culminará na concretização de um perigo com impacto negativo sobre os objetivos estratégicos estabelecidos.

A antecipação será tanto mais efetiva quanto mais precoce ela for; então, quanto antes, melhor.

Para tanto, é importante destacar que a capacidade de antecipação será tanto mais efetiva quanto mais precocemente for desenvolvida nas equipes operacionais; quanto antes qualificá-los, melhor.

Um sistema de segurança deve estar qualificado para se antecipar aos problemas, aos incidentes, aos acidentes, aos sinistros, às invasões, aos ataques e às agressões, identificando os eventos que os antecedem e que indicam que grandes perigos estão na iminência de concretização. Entretanto, quando isso não ocorre ou quando a antecipação não é suficiente para impedir o problema, há uma ameaça concretizada e uma crise operacional instalada, e o nível de impacto desta sobre os objetivos estratégicos do negócio dependerá da capacidade de pronta resposta do sistema de segurança.

Com isso, podemos definir a **capacidade de pronta resposta** como o potencial de um sistema de segurança em agir em tempo útil para obter uma redução satisfatória do impacto da concretização de um perigo e possibilitar o retorno à normalidade operacional em tempo tolerável.

> A pronta resposta será tanto mais efetiva quanto mais rápida ela for; então, quanto antes, melhor.

Para tanto, é importante destacar que a capacidade de pronta resposta será tanto mais efetiva quanto mais precocemente for treinada pelas equipes operacionais; quanto antes habilitá-los, melhor.

Assim fica fácil, tanto para leigos quanto para profissionais, entender que, conforme as corretas definições da missão de um sistema de segurança, existem atribuições específicas muito mais complexas e de extrema relevância para a garantia da proteção de tudo e de todos que possam estar sob a vigilância desse sistema.

Porém, ainda que todos sejam muito bem-vindos à leitura do conteúdo deste livro, ele foi pensado para agregar conhecimento aos profissionais de sistemas de segurança, especialmente gestores, já que o entendimento de toda essa complexidade é obrigatório, dele dependendo a capacidade de antecipação a problemas e a capacidade de pronta resposta a crises operacionais.

> A segurança efetiva estará **garantida** se e somente se o sistema de segurança for capaz de identificar uma cadeia de eventos ou uma sequência de indicadores que estejam no fluxo de um processo de materialização de um perigo, reduzindo a valores aceitáveis as probabilidades de concretização das ameaças.
>
> A segurança efetiva estará **reestabelecida** se e somente se o sistema de segurança for capaz de agir prontamente diante de uma crise operacional, com resposta imediata e precisa, reduzindo a valores suportáveis o impacto sobre os objetivos estratégicos do negócio.

Como complemento, entendemos *crise operacional* como a concretização de qualquer ameaça que tenha algum potencial de impacto negativo sobre a garantia da normalidade operacional, sobre os objetivos táticos operacionais, sobre os FCS e sobre os objetivos estratégicos do negócio. Na sequência, tendo em vista sua importância para os objetivos desta obra, aprofundaremos a análise sobre a capacidade de antecipação de um sistema de segurança.

Considerando isso, temos uma boa notícia e uma má notícia e, como somos profissionais de segurança e devemos nos interessar mais pelo que não está bem do que pelo que está em ordem, começaremos pela **má notícia**. Sentimos informar que incidentes, acidentes e sinistros que "surgem do nada" e acontecem sem nenhum aviso, embora sejam raros, existem. Ainda assim, na maioria desses poucos casos, uma análise posterior é capaz de mostrar que a situação poderia ter sido ao menos identificada antes do resultado final. Em geral, nesses raros eventos, a possibilidade de antecipação é mínima; no entanto, a capacidade de pronta resposta do sistema de segurança dela depende muito pouco, mas ainda assim depende, pois, quanto antes o aviso de um problema futuro chegar, melhor será seu enfrentamento. Isso porque não basta ser avisado em tempo sobre uma ameaça, é necessário estar qualificado e equipado para enfrentar sua concretização.

Então, existem problemas com poucas chances de antecipação, e é por causa dessa característica que o sistema precisa depender menos de antecipações para poder enfrentá-los adequadamente, mesmo quando eles acontecem sem aviso algum. Apenas como exemplo, diríamos que, ainda que uma quadrilha profissional surpreenda o sistema de segurança de um banco ou de uma grande joalheria, os bandidos provavelmente fizeram algum reconhecimento do alvo, talvez com fotos e vídeos ou com alguma atitude suspeita que poderia ter sido identificada. O mínimo monitoramento da criminalidade na região e das tendências desse tipo de delito com um estudo do histórico recente de assaltos a banco e joalheria e, até mesmo, a abertura de um canal com o serviço de inteligência da polícia poderiam ter sido implementados para aumentar a capacidade de antecipar um assalto profissional em andamento.

É claro que existem ameaças de difícil detecção, mas, ainda que um raio provoque um incêndio, uma bomba exploda em uma igreja, um caminhão desgovernado e sem freio invada um supermercado ou haja a repentina explosão de uma central de gás liquefeito de petróleo (GLP), sempre será possível encontrar algum indício de que esses sinistros poderiam ocorrer. Contudo, se um meteorito viajar bilhões de quilômetros pelo espaço sideral e colidir com o planeta Terra exatamente no telhado de sua empresa, sentimos muito, mas, com relação a isso, não há capacidade de antecipação que resista. Quanto aos demais sinistros, sempre poderemos, ainda que com mínimos indicativos, antecipá-los.

Reforçamos que a capacidade de antecipação será tanto mais efetiva quanto mais precoce for. No entanto, se o incidente for uma dessas ocorrências que não dão aviso, o mínimo de tempo que for possível antecipá-lo será importante para a qualidade e a efetividade da pronta resposta que o sistema de segurança dará.

Agora, vamos à **boa notícia**: a grande maioria das ameaças é de fácil detecção e apresenta muitos indicativos antes de acontecer. Quadrilhas profissionais são raras, assim como seus delitos de furto e roubo, mas meliantes amadores e oportunistas existem aos milhares e podem ser identificados com muito mais facilidade do que os criminosos profissionais, entretanto, não é só da ação desses agentes que surgem as ameaças. Condições de risco, até mesmo de alta gravidade, também podem ser criadas por procedimentos, processos, instalações ou equipamentos. Da mesma forma, em muitas outras condições de risco que são facilmente identificáveis e se denunciam, a iminência do perigo é potencializada com a falta de um bate-pneu, de um *guard rail* ou de uma mureta de concreto. Essas são condições que gritam e avisam que, em breve, um carro pode despencar do estacionamento elevado; o vão entre o guarda-corpo e a escada no terceiro piso do *shopping* avisa diariamente que por ele passa o corpinho de uma criança; o vigilante que manuseia o telefone celular no posto de serviço mostra que os caixas eletrônicos por ele desprotegidos estão prestes a ser saqueados; o hidrante obstruído, o "extintor cabide" e a tomada de energia sobrecarregada também avisam que um incêndio é iminente, assim como o cheiro de gás alerta sobre um vazamento e é o anúncio de uma explosão.

O perímetro vulnerável, a iluminação deficiente e a inexistência de procedimentos e de planos táticos operacionais são flagrantes condições que antecedem colossais derrotas da missão de um sistema de segurança. E poderíamos continuar pontuando uma infinidade de situações de risco que só não vemos porque não queremos ver ou porque não sabemos fazê-lo. Porém, insistimos: essas condições representam uma boa notícia, porque, com elas, a maioria das ameaças indica que está prestes a se concretizar. Portanto, basta estar atento, em tempo útil, e escutar esses avisos, atender a esses alertas e responder a esses alarmes.

Então, é imperdoável que, nessas gritantes condições, os sistemas de segurança não sejam capazes, por não estarem qualificados, de se antecipar e de impedir a concretização de perigos tão previsíveis. Uma face muito triste da profissão de analista de risco operacional é assessorar um cliente que acabou de passar por um trágico incidente, porque, em geral, quando os analistas de risco chegam na organização sinistrada, logo identificam a cadeia de eventos que produziu o lamentável resultado e constatam com facilidade com que aquilo poderia ter sido evitado. Nessas situações sempre fica a pergunta: "Por que não nos chamaram antes?". Já fizemos a gestão de crise de um grave incidente e, quando chegamos ao local, de imediato identificamos a causa do ocorrido e percebemos que se, em vez de nos pedirem para fazer a gestão da crise, tivessem demandado, uma semana antes, uma análise de risco, provavelmente a mesma condição teria sido identificada antes de ela materializar aquela alarmante ameaça.

Também é ruim verificar que, durante as perícias em sinistros e em ocorrências de segurança, não raro são identificados vários pontos ou pequenas situações de menor gravidade ocorridas mais cedo, para as quais não foi dada a devida atenção e faltou a competência denominada *senso de urgência*. Em geral, é quase certo que, nessas perícias, ao se pesquisarem as imagens no *backup* do circuito fechado de televisão (CFTV), em algum momento surja a pergunta: "Como não vimos isso?".

Enquanto redigíamos esses parágrafos, recebemos uma foto e a informação de um trágico acidente em que um carro despencou do estacionamento de um aeroporto e vitimou as duas mulheres que o ocupavam. Esse acontecimento comprova que é indiscutível a importância de providências efetivas e de esforços da gestão de operações de segurança no sentido de desenvolver, em todo o seu sistema, a capacidade de antecipação, especialmente nos processos das equipes de segurança. Como veremos mais adiante, até mesmo o *layout* dos postos de vigilância do plano tático operacional da segurança pode ser cuidadosamente analisado e definido com esse objetivo. Da mesma maneira, um bom projeto de tecnologia de segurança também pode ajudar, assim como bons programas de recrutamento, de seleção e de treinamento podem contribuir para a formação de equipes operacionais com maior capacidade de antecipação.

Portanto, se fosse possível existir um sistema de segurança capaz de identificar todos os indicadores de futuros problemas, poderíamos defini-lo como um sistema de segurança com 100% de capacidade de antecipação e, na organização por ele protegida, os sinistros seriam inexistentes. É irônico, mas é verdade que não tardaria alguém perguntar: "Para que tanta segurança se não temos problemas?". Essa pergunta mereceria a resposta óbvia: "Se não temos problemas, é porque temos tanta segurança". Embora provavelmente seja impossível antecipar 100% dos problemas, podemos supor que seja dever de um sistema de segurança ao menos tentar ou conseguir chegar o mais próximo dessa máxima segurança. E como fazer isso?

A capacidade de antecipação do sistema depende de vários fatores, mas os mais relevantes são, sem dúvida, o fator humano e a qualidade da ação de cada profissional em suas atribuições, pois são os elementos determinantes do nível de capacidade de antecipação de todo o sistema, porque até mesmo a tecnologia de segurança quase sempre precisa ser controlada, monitorada e atendida pelos operadores do sistema nesse caso, os profissionais de segurança.

Por exemplo, imagine um vigilante muito bem apresentado no *mall* do *shopping center*, com um uniforme bonito e impecável, uma postura elegante, sóbria e vigorosa, que inspira confiança a qualquer visitante e medo a qualquer meliante. Na praça de alimentação, uma mulher está se afastando da mesa na qual esqueceu a bolsa pendurada na cadeira bem à frente do vigilante, que não percebeu a situação tampouco viu o homem que sorrateiramente se levantou de outra mesa, aproximou-se e furtou a bolsa abandonada. Da mesma maneira, o "vigilante", agora já entre aspas, também não percebeu uma bola de sorvete derretendo no piso a poucos metros de seu posto e um senhor desatento caminhando na direção do piso melecado.

Quantas ameaças, até mais perigosas que essas, não terão se anunciado bem à frente de vigilantes como esse e seguiram seu curso de concretização até produzirem trágicos resultados? Concluímos essa nem um pouco exagerada ficção revelando que esse tipo de vigilante é chamado de *vigilante manequim*: bonito, simpático, bem apresentado, mas inerte e incompetente no emprego de técnicas operacionais de segurança. Só não dizemos que esse manequim também é cego porque fica a todo instante olhando para o relógio para saber quanto tempo falta para seu turno terminar. E o que dizer se o manequim estiver escalado para a central de monitoramento de CFTV ou se, por algum motivo, for promovido a coordenador de turno ou até, desastrosamente, a gestor de operações do sistema de segurança?

Com esse exemplo nada fictício, queremos deixar bem claro que a qualidade da execução dos processos de segurança, executados pelo componente humano, ainda é o principal elemento de que depende uma satisfatória capacidade de antecipação. Assim, para que um sistema de segurança consiga quase sempre se antecipar às ameaças, é vital que a gestão tenha um bom processo de recrutamento das equipes, que selecione os candidatos de acordo com um perfil adequado para a missão da função, que os treine constantemente e os qualifique para a qualidade desejada e monitore seus resultados. Se existem postos de segurança com a missão de garantir as integridades física e moral de pessoas, bem como de instalações, de bens e de valores, não será em qualquer modalidade de serviço de segurança – porque todas têm essa nobre missão – que existirá uma única vaga para o vigilante manequim.

Portanto, o primeiro e principal elemento que possibilita um nível satisfatório de capacidade de antecipação de um sistema de segurança é o elemento humano, com entendimento da missão e do comprometimento com seus sagrados objetivos. No entanto, não podemos depositar toda a responsabilidade da capacidade de antecipação sobre esse elemento, porque existem outros componentes que também devem colaborar para essa importante característica de um sistema de segurança. Não são raras as situações em que se observa um projeto arquitetônico priorizando a estética e o *design* em detrimento da segurança; uma simples guarita mal projetada ou mal instalada reduz a capacidade de antecipação do sistema, assim como uma lente inadequada em uma importante câmera do plano tático operacional.

A falta de processos estruturados e específicos para as operações de segurança e a carência de meios e de recursos técnicos para equipar o plano tático operacional representam perdas significativas para o potencial de identificação de fatores de risco na estrutura da organização. Ainda assim, sempre será possível encontrar o fator humano por trás de todos os demais componentes relacionados com a capacidade de antecipação de um sistema de segurança.

Por fim, ressaltamos que, para que o vigilante manequim não continue atuando e potencializando ameaças ao sistema de segurança, para que os riscos de projeto, de processo, de planos e de procedimentos e todos os fatores de risco sejam identificados, avaliados e tratados antes de as ameaças que eles representam se materializarem, a competência do gestor de operações de segurança precisa ser inquestionável. A supervisão qualificada é vital para qualquer sistema de segurança, porque um fator de risco só concretiza uma ameaça quando não é identificado e mitigado antes desse resultado.

> O carrinho com o bebê na porta da loja e a mãe distraída na vitrine formam o cenário que revela que o mais dolorido dos furtos está prestes a acontecer.

Riscos estratégicos

Riscos estratégicos são condições com potencial de impacto positivo ou negativo sobre a probabilidade de conquista dos objetivos estratégicos previstos no planejamento estratégico de uma organização. É importante destacar o conceito de *risco positivo*, que é uma condição que oferece uma oportunidade para potencializar a conquista dos objetivos do negócio, ou seja, refere-se a condições com alguma probabilidade de concretização que favorecem a conquista dos objetivos estratégicos.

Planejamento estratégico, objetivo estratégico, FCS e objetivo tático operacional formam a sequência de conceitos que interessa para as ações dos sistemas de gestão de operações de segurança. Estabelecer muito bem essa relação nas operações de qualquer organização e entender a dependência que existe entre eles é fundamental para a eficácia de planos operacionais e de planejamentos táticos e estratégicos. E será nessa relação de dependência – desde os processos da base da pirâmide organizacional, em seu nível operacional, até os processos do topo da pirâmide, em seu nível estratégico – que deverão ser identificadas algumas condições que podem impactar, de modo a potencializar (**risco positivo**) ou a inviabilizar (**risco negativo**) a conquista dos objetivos estratégicos do negócio. Essas condições recebem a designação *riscos estratégicos*. Entretanto, sob uma perspectiva mais operacional, podemos definir os riscos estratégicos como condições que podem impactar de maneira positiva, facilitando ou, de maneira negativa, dificultando a conquista dos objetivos táticos operacionais e a garantia dos FCS.

O conceito de risco positivo já é muito bem aceito entre os profissionais de gestão de risco e de segurança empresarial. Essa é uma questão muito fácil de ser entendida, basta compreender que sempre existirão condições que podem ou têm a probabilidade de provocar perdas, assim como outras que podem ou têm a probabilidade de produzir ganhos. O risco positivo é mais utilizado no dia a dia em expressões como "risco de vencer", "risco de ganhar" ou "risco de ficar rico". No entanto, para estudos sobre gestão de operações de segurança estratégia e tática, consideraremos somente o viés negativo do conceito de risco estratégico como a possibilidade de concretização de um perigo que impacte sobre os objetivos estratégicos do negócio. É interessante adicionar ao substantivo *risco* o adjetivo *estratégico*, porque essa qualidade determina o nível de atenção que esse tipo de risco merece, já que, ao impactar negativamente nos fatores e nas condições operacionais diretamente relacionadas com a garantia dos objetivos estratégicos, tornam-se estrategicamente importantes até mesmo para a sobrevivência do negócio.

Alguns podem imaginar que risco estratégico é todo risco que, se concretizado, provoca grandes perdas materiais e financeiras. Na verdade, esse entendimento não estaria totalmente errado, mas está bem incompleto, porque, para a exata avaliação do impacto da concretização de um perigo sobre o negócio, é fundamental que sejam considerados, além do impacto financeiro, o impacto sobre a imagem da organização sinistrada, as consequências de ordem legal e o impacto operacional com interrupções parciais ou totais, temporárias ou definitivas, nos processos críticos de sustentação operacional da organização. Portanto, um risco será estratégico dependendo de seu potencial de impacto sobre a imagem da organização, bem como os aspectos legal, operacional e financeiro. Esse potencial de impacto depende do contexto estratégico de cada organização, de modo que um incêndio, por exemplo, pode ter um impacto catastrófico para uma organização e um impacto moderado ou até leve para outra.

Para os interesses operacionais da gestão de risco, o mais importante é o entendimento da dinâmica dos riscos, que, se concretizados, podem impactar diretamente na garantia das atividades críticas de sustentação operacional e afetar negativamente as condições de conforto e de bem-estar, de comodidade, de lazer e de sensação de segurança de todas as pessoas envolvidas na operação. Cabe aos gestores de risco e a seus planos táticos operacionais a identificação desses riscos estratégicos, dos perigos deles diretamente dependentes, dos fatores de risco que os potencializam e da sequência de eventos que culminará em sua concretização. Para isso, os métodos de identificação, análise, avaliação e tratamento de risco são suas principais ferramentas e devem ser utilizados com precisão e oportunidade: precisão para identificar os fatores de risco com maior criticidade e potencial de influência na concretização do perigo; e oportunidade para estancar a cadeia de eventos antes que ela se finalize e produza seus perigosos efeitos.

Identificar, analisar, avaliar e tratar os riscos ou contingenciar o perigo consumado: somente assim os riscos estratégicos poderão ser controlados de modo a não produzirem efeitos e impactos negativos sobre os objetivos estratégicos do negócio.

3.2 Fatores críticos de sucesso em operações de segurança

Os FCS podem variar muito, dependendo do contexto estratégico de cada organização, e cada planejamento estratégico pode definir seus FCS para potencializar as conquistas de diferentes objetivos estratégicos. Como vimos, podem existir fatores obrigatórios na cadeia de suprimentos, na linha de produção, na distribuição e até no atendimento ao cliente nas organizações empresariais, mas é inegável que o fator segurança está presente em todas as áreas de atividade humana e não há como pretender sucesso em qualquer atividade lícita em que pessoas, instalações, bens e valores não estejam com sua integridade garantida.

É claro que, em se tratando de FCS, não há como dizer que esse ou aquele fator é mais importante, porque somente quando todos são garantidos está também garantida a conquista dos objetivos estratégicos da organização; mas a busca pelo bem-estar e pela sensação de segurança é natural e inerente à condição humana e, em qualquer organização ou ambiente em que humanos estejam em atividade, esse será um fator de extrema importância. As pessoas precisam estar seguras e sentir-se seguras onde quer que estejam. Então, a gestão de uma operação de segurança deve atuar para que todo o público envolvido com o sistema por ela administrado sinta-se seguro, ainda que não possa perceber a segurança efetiva que existe em seu proveito.

A questão, então, resume-se a como fazer isso, e a resposta é tão simples quanto óbvia e passa necessariamente pelo perfeito entendimento dos conceitos de segurança efetiva e de sensação de segurança. É óbvio que, para que as pessoas se sintam seguras quando estiverem aos cuidados de uma operação de segurança, todos os envolvidos nesse sistema, especialmente os agentes operacionais e os gestores, devem, de maneira consciente e espontânea, dedicar seus esforços para que as pessoas percebam o máximo possível da real segurança que existe para protegê-las. Isso significa que a missão da gestão de operações de segurança, além de prover segurança efetiva, é também propiciar que as pessoas sintam e percebam que estão seguras naquela organização. Entretanto, quando se trata de FCS, temos de considerar apenas a sensação de segurança que o público, interno e externo, percebe na organização, porque o todo da segurança efetiva é apenas o meio que a produz e nunca será possível dar conhecimento a esse público de todos os meios, sistemas e processos que proporcionam tal sensação de segurança.

Além disso, é pela sensação de segurança percebida que as pessoas natural e espontaneamente retribuem com produtividade, lealdade, satisfação, reconhecimento, simpatia, predileção e fidelidade. Portanto, a seguir, evidenciaremos o papel desse importante FCS, que é chamado de *sensação de segurança*.

Sensação de segurança

A sensação de segurança é um FCS que, embora dependa de fatores externos, como criminalidade e segurança pública, que podem se alterar radicalmente de região para região, até mesmo em uma mesma cidade, estará constantemente presente na memória da população e será sempre relacionado a fatores internos – caso as pessoas sejam questionadas sobre o que mais lhes provoca tal sensação. A comparação entre a sensação de insegurança, que hoje é muito provável em vias públicas, e a de segurança, que é comum no interior de instalações protegidas por sistemas de segurança, é automática e espontânea nas respostas do público em geral. Assim, é possível afirmar que a sensação de segurança depende de fatores externos e internos, porque, pela comparação, até instintiva e inconsciente, entre a percepção que as pessoas sentem na rua e a que sentem no interior das organizações protegidas, fica evidenciado o valor estratégico desse FCS operacional.

Assim, é inevitável que o público se lembre dos problemas de segurança pública nas ruas e que os compare com as condições de segurança que consegue perceber no interior de espaços privados, tanto naqueles abertos ao público quanto naqueles de acesso restrito aos colaboradores. Em virtude da facilidade e da velocidade de circulação de notícias relacionadas a crimes, tragédias e assuntos de segurança em geral, essa comparação é um fenômeno observado até mesmo em regiões com baixos índices de criminalidade. A notícia de um crime brutal ocorrido em uma região tida como violenta pode, no mesmo dia, alarmar pessoas em uma pacata cidade com baixíssimos índices de problemas de segurança no outro extremo do país.

O medo é contagiante e, ainda que estejam em segurança, as pessoas tendem a sentir sensação de insegurança por meio de notícias de atos distantes de violência. Então, é claro que se, de outra maneira, as ameaças forem muito próximas, as sensações de insegurança e de alarme, ampliadas pela eficácia da mídia, serão ainda maiores.

> O desejo da sensação de segurança pode até ser inconsciente, embora seja inegável, porque todas as pessoas sempre esperam estar bem e seguras, mas a percepção de insegurança e o medo que ela gera são conscientes e capazes de provocar as mais imprevisíveis reações diante de uma ameaça.

Nessa linha, não é difícil perceber a importância da atenção que deve ter um gestor de operações de segurança para o sentimento do público que trabalha ou se diverte sob a proteção de seu sistema de segurança. E essa deve ser uma atenção consciente e intencional, sempre na busca de indicadores que demonstrem qual é o nível de sensação de segurança percebido em função de tudo o que se concebe sobre segurança efetiva.

Se fosse possível utilizar algum aparelho para medir a sensação de segurança sentida por uma pessoa, seria muito interessante fazer uma medição comparativa entre locais abertos ao público, como ruas, praças, parques e praias. Em qualquer análise com esse interessante aparelho, a sensação de segurança medida no interior dos locais dotados de operações de segurança em sistemas estruturados teria os maiores valores e estaria entre as mais fortemente percebidas pelas pessoas avaliadas. Contudo, não há necessidade desse artifício de ficção científica para tal comparação; bastam os fatos da vida real e do cotidiano operacional e constataremos o mesmo resultado com os locais que operam sistemas de segurança estruturados, sempre figurando entre os mais seguros.

Com isso, não queremos dizer que a sensação de segurança é o FCS mais importante na decisão do público que escolhe entre este ou aquele local para exercer atividades de trabalho, de consumo e de lazer, mas talvez seja o mais impactante nessa escolha. No entanto, por maior que seja esse impacto, outros fatores também têm valor na decisão. Os planejamentos táticos e operacionais de um sistema de segurança devem ser elaborados, implantados e monitorados sempre visando aglutinar esforços, meios e recursos para produzir a *segurança efetiva*, que pode ser definida como todos os recursos, meios e processos empregados no sentido de, efetivamente, garantir o nível de segurança e de integridade de pessoas, instalações, bens e valores protegidos pelos sistemas operacionais.

Segurança efetiva é toda estrutura técnica, tecnológica, de recursos humanos e de processos que existe em virtude dos objetivos dos sistemas de segurança. Assim, em qualquer tipo de organização, mesmo naquelas que operam apenas com público interno, as pessoas não tomarão conhecimento de todos os detalhes do sistema que o protege; o público não consegue perceber todo o valor e o potencial da segurança efetiva. Se você está lendo este livro ou investindo em um curso técnico para se qualificar para gerir operações de segurança, também está produzindo segurança efetiva para o sistema que pretende gerenciar, mas seu público, provavelmente, não saberá que você concluiu um curso de gestão de operações de segurança e, ainda assim, terá tal sensação.

Para reforçar essa ideia, lembramos que o público consumidor em um hipermercado, por exemplo, pode até perceber que existem câmeras de vigilância na loja, mas não consegue ver o alto nível de qualidade das imagens que elas produzem nem o grau de qualificação técnica do operador de CFTV que as monitora em tempo real. Grande parte desse processo de segurança não pode e, em alguns casos, não deve ser percebida pelo público, que não toma conhecimento de todo o investimento destinado à estrutura, ao treinamento das equipes e à garantia de segurança efetiva. E o sentimento de segurança que fará com que ele se sinta bem e tranquilo dentro do sistema destinado à sua proteção dependerá da parcela que ele perceber da segurança efetiva.

Portanto, a sensação de segurança que as pessoas sentem em um lugar qualquer depende do quanto elas conseguem perceber da segurança efetiva que lá existe para ser empregada em benefício de seu bem-estar e de suas integridades física e moral. Assim, os planejamentos táticos e operacionais de um sistema de segurança devem ser elaborados, implantados e monitorados sempre no sentido de produzir a segurança efetiva, de modo que ela seja percebida pelas pessoas protegidas por esse sistema, gerando, assim, a imprescindível sensação de proteção, ou seja, aquilo que o público sente em virtude do quanto consegue ver de toda a estrutura que produz segurança efetiva.

Portanto, o FCS *sensação de segurança* depende do quanto se consegue mostrar ao público a segurança efetiva; mas, para mostrá-la, é preciso tê-la, pois não é possível passar uma segurança que não se tem, sob o risco de produzir uma falsa sensação. Para garantir esse FCS e desfrutar seu incrível potencial de bem-estar, então, antes, é preciso produzir e garantir a segurança efetiva. Como parâmetro para a adequação dessa fórmula, basta considerar que a segurança efetiva deverá sempre ser maior do que a sensação de segurança. Assim, a sensação percebida e seus efeitos sobre as decisões de frequentar este ou aquele local serão proporcionais ao valor da segurança efetiva produzida e mantida, mas o resultado dessa equação não será tão óbvio nem tão matemático como a fórmula: quanto maior for a segurança efetiva, maior será a sensação de segurança.

A essa equação é preciso adicionar uma variável relacionada com a capacidade de fazer o público sentir os efeitos da segurança efetiva ou, pelo menos, constatar seu potencial. O esforço deverá ser realizado com vistas a garantir a segurança efetiva, reduzindo os riscos operacionais para níveis toleráveis, ao mesmo tempo que é mostrada a maior parcela possível e autorizada dessa segurança para o público por ela protegido.

> Para terem sensação de segurança, as pessoas precisam notar segurança efetiva.

Reiteramos que é importante atentar-se para não produzir **falsa sensação de segurança**, mostrando uma segurança efetiva que não existe. Infelizmente, esse erro ético é verificado com frequência em todo tipo de organização. Não são raros, por exemplo, os postos de vigilância ocupados por vigilantes muito bem uniformizados, adequadamente equipados, com excelente postura e apresentação individual impecável, alguns até com aparência de "galã", outros intencionalmente escolhidos em academias de musculação e artes marciais e algumas vigilantes que parecem ter sido recrutadas em agências de modelos – todos sem a menor qualificação e formação técnica para o cumprimento da missão que, em geral, nem mesmo sabem qual é. Muitas vezes, esses "profissionais" não têm nem o curso de formação ou cursaram escolas do tipo "caça-níquel".

Já houve uma situação em uma organização, na qual circulavam mais de 20 mil pessoas diariamente, em que as caixas de hidrante eram impecavelmente limpas, com mangueiras perfeitamente aduchadas e esguichos brilhando e muito bem arrumados. Tudo estava perfeito, mas, ao abrir o hidrante em uma inspeção, só conseguimos um "sopro de vento" saindo pela mangueira. Essa é uma verdadeira produção de falsa sensação de segurança. As pessoas olham para uma equipe e para um sistema assim apresentado e facilmente se sentem seguras; olham para aquela linda vigilante feminina e sentem segurança, mas não imaginam o risco a que estão expostas suas a integridades física e moral, porque ela está apenas vestida de vigilante e cumpre a mesma finalidade que o manequim de cera exposto em uma vitrine.

Em uma situação particular, uma vigilante se irritou quando lhe foi dito que o manequim da vitrine estava mais atento do que ela, pois aquele "olhava" diretamente para um aparelho celular que havia sido esquecido na borda de um canteiro de plantas em frente à vitrine e a dois metros do posto de vigilância ocupado pela desatenta vigilante. Talvez o manequim tenha ficado estressado ao "ver" – sem poder "falar" nada – o cliente se afastar e deixar seu valioso pertence ao mesmo tempo que a equipe de segurança perdia uma excelente oportunidade de prestar um bom serviço ao distraído visitante.

> O vigilante pode estar muito bem posicionado, uniformizado e com excelente postura pessoal no posto de serviço, mas pode ter sido mal recrutado, mal selecionado e mal treinado, gerando baixa segurança efetiva e falsa sensação de segurança.
>
> A câmera do CFTV pode estar muito bem posicionada e perfeitamente visível ao público, mas pode estar inoperante ou mal monitorada, gerando baixa segurança efetiva e falsa sensação de segurança.

Portanto, o FCS sensação de segurança é diretamente relacionada a uma necessidade primária, biológica e fisiológica e representa uma demanda que envolve um desejo instintivo, espontâneo e natural de proteger as integridades física e moral inerentes à condição humana. Por esse motivo, tal sensação não deve ser falsa, mas sempre menor ou igual à segurança efetiva, mesmo que essa igualdade seja quase utópica.

Em todas as teorias das necessidades humanas, a segurança aparece como uma das primeiras a serem satisfeitas, embora existam propostas de hierarquia entre elas, como é o caso da **teoria de Maslow**. A hierarquia de Maslow indica que as necessidades humanas podem ser categorizadas em uma ordem em que uma necessidade é mais importante do que outras até que seja satisfeita; uma vez satisfeita, a necessidade mais importante seguinte se torna predominante. Maslow elaborou essa teoria utilizando a figura de uma pirâmide, que ficou conhecida como *Pirâmide de Maslow* ou *Pirâmide das Necessidades Humanas*, na qual essa hierarquia fica bem clara e a segurança aparece logo acima da base da pirâmide (Megginson; Mosley; Pietri Jr., 1986).

É interessante destacar que, para Maslow, quando satisfeitas as necessidades fisiológicas básicas para a sustentação da vida do indivíduo, a prioridade passa imediatamente para a garantia de satisfação da necessidade de segurança, em todas as formas. Assim, garantidas as condições básicas de sustentação da vida, a preocupação do indivíduo passaria a ser a eliminação de perigos e de ameaças à sua integridade. Dessa maneira, seria inútil uma satisfatória condição de segurança para uma pessoa que nem sequer consegue se alimentar; por outro lado, é possível que alguém esteja com a autoestima elevada ao mesmo tempo que está perigosamente ameaçado, em condições de insegurança e de perigo iminente (Megginson; Mosley; Pietri Jr., 1986).

Então, para uma melhor avaliação do peso do FCS sensação de segurança na decisão das pessoas quanto a frequentar um local, é preciso também ponderar a questão de sentimentos e de expectativas individuais, visto que cada indivíduo tem os próprios temores, as particulares preocupações e as mais íntimas fobias. Portanto, o FCS sensação de segurança tem efeito diferenciado sobre cada indivíduo, de acordo com sua particular realidade interna, mas, em se tratando do potencial de impacto na escolha dos locais de atividades de trabalho, de consumo e de lazer, em geral, esse efeito será positivo.

Para maior compreensão da relevância da sensação de segurança como FCS para os objetivos estratégicos de um negócio, ampliaremos seu conceito e incluiremos os efeitos de caráter emocional e de sentimento de alguém que frequenta um local em que consegue perceber a existência de segurança efetiva.

> *Sensação de segurança* é o sentimento de bem-estar e de tranquilidade do público protegido pelo sistema advindo da percepção de recursos, dos meios e dos processos existentes para garantir segurança e integridade.

E, para finalizar, destacamos que é possível considerar vários outros FCS em operações de segurança, mas não há como não entendermos que todos eles são componentes da segurança efetiva e resultam em sensação de segurança. Assim, a qualidade da tecnologia de segurança empregada é um FCS das operações de um sistema de segurança, bem como é a qualidade do recrutamento, da seleção e do treinamento das equipes que deverão utilizá-la no desempenho de suas funções operacionais. Então, qualquer FCS que se possa imaginar para as operações de segurança estará sempre diretamente relacionado com a garantia da segurança efetiva e com a conquista da sensação de segurança que sentem as pessoas cuja integridade e bem-estar dela tanto dependem.

3.3 Objetivos da gestão de operações de segurança

É claro que existem várias maneiras de definir objetivos para uma gestão operacional de segurança. Como vimos, não seria difícil elaborar uma extensa relação de objetivos óbvios para um sistema de segurança em uma organização e todos eles estariam diretamente relacionados à garantia das integridades física e moral de pessoas e da segurança de animais, instalações, bens e valores. Em última análise, é essa a notável missão de todos os profissionais envolvidos, direta ou indiretamente, com os objetivos de um sistema de segurança. Por esse motivo, destacamos uma frase de efeito por nós escrita há muitos anos:

> É nobre a missão de garantir o bem-estar e as integridades física e moral de pessoas e a segurança de animais, instalações, bens e valores; se assim não fosse, poderia ser delegada a profissionais sem qualificação e não necessitaria de nossa convocação.

Então, buscando caracterizar de maneira mais operacional o entendimento de missão, depois de mais de três décadas vivendo 24 horas por dia envolvidos com gestão de operações de segurança e depois de tantas perguntas respondidas (Por que fazer isso? Por que fazer aquilo? Por que fazer desse ou de outro modo?), entendemos que todos os objetivos imagináveis para a gestão de um sistema de segurança podem convergir para o objetivo de manutenção e de garantia da normalidade operacional da organização. Todos os planos táticos operacionais dos processos de segurança, com seus objetivos táticos operacionais, podem ser elaborados unicamente com o propósito de manter a **normalidade operacional** da organização, ou seja, a condição em que todos os processos da estrutura organizacional estão operando exatamente como requisita a atividade-fim, sendo essa a condição necessária e suficiente para a conquista dos objetivos estratégicos do negócio.

Se simplificarmos, a normalidade operacional é a condição em que tudo está operando exatamente como a atividade-fim demanda que opere. Ainda mais, a normalidade operacional é a condição em que tudo está exatamente como deveria estar. Acima de tudo, a normalidade operacional é a condição em que todos estão bem porque tudo está bem e em ordem, como deveria estar.

Se uma central de segurança faz uma checagem rotineira da situação dos postos de segurança, visualiza as imagens de todas as câmeras do CFTV e encontra tudo em perfeita ordem e no exato estado de normalidade desejada, podemos generalizar e concluir que tudo está bem e todos os objetivos da segurança estão, ao menos até aquele momento, garantidos. Nessa hipótese, supomos que o resultado observado corresponde à realidade operacional e que tudo e todos estão seguros, mas, na vida real, por serem realizadas de maneira superficial, muitas das famosas rondas "sierra alfa"* podem esconder perigos ocultos e encobertos, prontos para surpreender o sistema com trágicos efeitos.

---

* Linguagem técnica de profissionais de segurança que se refere às letras S e A de acordo com o "Código Q". SA é a sigla de "sem alteração".

Também é importante lembrarmos que um sistema de segurança não pode jamais relaxar a guarda só porque tudo, em dado momento, está em ordem. Segundo um dos fundamentos básicos de segurança patrimonial, em se tratando da salvaguarda de bens e de valores, quando tudo está em ordem e bem guardado, deve-se sempre supor que ao menos algum plano de ataque deve estar em andamento – o sistema que se julgar intransponível e acreditar que não está ocorrendo sequer um planejamento contra seus limites poderá ser surpreendido.

Por isso, é proibido ao gestor de risco "adormecer" em sua busca pela normalidade operacional da organização – é nela que deve focar os esforços e todos os recursos e meios da operação de segurança que está sob sua gestão.

Assim, é essencial a familiarização de todos os envolvidos com essa cobiçada condição de normalidade operacional na organização, porque, quando algo não estiver como deveria estar, a verificação dos motivos e das causas da anomalia deve der ser imediata e precisa. Como um exemplo clássico dessa afirmação, citamos a introdução obrigatória de um aditivo ao gás liquefeito de petróleo (GLP), o gás de cozinha, com o único objetivo de acusar vazamento com um odor inconfundível; assim, sempre que alguém sente cheiro de gás, sabe que algo está errado e deve existir algum vazamento perigoso.

Da mesma maneira, o sistema de segurança deve ter dispositivos e indicadores que acusem que algo não está como deveria estar, para que a gestão das operações de segurança identifique rápida e precisamente a causa do distúrbio e providencie a medida corretiva para reestabelecer a condição de normalidade operacional em um prazo tolerável. Então, quando algo está fora do normal, assim como em um vazamento de gás, também um gestor de operações de segurança deve identificar rápida e precisamente a causa do distúrbio e providenciar a medida corretiva, com vistas a retomar, em um prazo adequado, a normalidade operacional da organização.

Por sua vez, a gestão estratégica da organização deve reconhecer o trabalho e os resultados das equipes operacionais e administrativas e dar-lhes o justo crédito sobre a tranquilidade da cobiçada normalidade operacional. Quando o diretor superintendente circula pela organização e percebe que tudo está muito bem, precisa saber que são a essas equipes a quem deve agradecer; mas, acima de tudo, será de extrema valia e de potencial de motivação fazer com que todos os profissionais que colaboraram para esse resultado saibam que o superior lhes credita o sucesso e reconhece a qualidade de seu desempenho.

> Senhores diretores, não basta perceber que seu time cumpriu a missão; é de importância estratégica mostrar aos colaboradores o quanto do trabalho bem-feito de cada um os senhores foram capazes de ver e de agradecer.

É necessário que se entenda como "normalidade operacional" o andamento de todos os processos da organização conforme o desejado, sem transtornos, sem interrupções e sem criminosas violações. E é com esse entendimento que o gestor de uma operação de segurança deve estar em constante estado de atenção em busca de indesejadas interferências. O real estado de normalidade operacional é muito mais profundo do que pode parecer, porque, nas entranhas e nos meandros dos processos de produção, de administração e de suporte à atividade-fim da organização, pode estar ocorrendo algo que não deveria, com ameaças camufladas nas mais dissimuladas rugas de todos os níveis da estrutura organizacional.

Fica claro, então, que, quando vista de maneira mais superficial, parece fácil a tarefa de monitorar a normalidade operacional, mas se a entendermos em toda a sua complexidade e abrangência estrutural, veremos que ela não é nada simples e que necessita de profissionais qualificados e comprometidos com a realização de sua missão. Um sistema de segurança tem a responsabilidade tanto de não deixar sair pela portaria o auxiliar de produção que está furtando uma chave de fenda da empresa presa na perna quanto de descobrir e informar um milionário esquema de fraude realizado por um importante diretor da organização. A empresa não estará em sua normalidade operacional se tiver uma chave de fenda furtada, assim como não estará se tiver milhões de reais desviados de seus cofres.

> É na garantia da normalidade operacional da organização que reside o sucesso da gestão de uma operação de segurança, porque é dessa normalidade que depende a conquista dos objetivos estratégicos definidos no planejamento estratégico.

Insistimos que o gestor de uma operação de segurança não deve relaxar só porque a calmaria se instalou nas jornadas da organização por ele vigiada. A normalidade operacional é um objetivo que requer a busca constante pelos elos mais fracos da corrente, porque será na identificação das vulnerabilidades mais dissimuladas que serão evitados os maiores perigos. A permanente busca por fatores de risco, ainda que tudo esteja muito bem, é elemento preponderante para o sucesso da nobre missão das operações de um sistema de segurança. Além disso, todos os procedimentos estruturados, os planos de ação e os planejamentos de operações de segurança deverão ser realizados com o objetivo tático operacional de garantir a normalidade operacional, no sentido mais amplo, dentro da organização.

> Foi na calmaria, quando o navio desenvolvia sua maior velocidade, buscando o que era seu grande objetivo estratégico, que o vigia da torre do Titanic cochilou e não viu a tempo o perigo catastrófico que se avolumava bem à sua frente.

Na sequência, sugerimos alguns artifícios para o monitoramento da normalidade operacional e para a identificação de "marolas" nos processos operacionais que podem servir de indicadores de futuras turbulências.

3.4 *Facilities*: fatores de risco

O mercado de trabalho vem adotando o termo *facilities* para se referir a atividades que facilitam e colaboram para a manutenção da normalidade operacional das organizações e para a garantia das condições obrigatórias para a conquista de objetivos estratégicos. Por esse motivo, é justamente nos processos operacionais dessas *facilities* que podemos identificar as "marolas" que indicam futuras perturbações. Tendo em vista que a utilização desses processos pode variar de uma organização para outra, analisaremos, aqui, apenas aquelas que são mais comuns em qualquer ramo de atividade das organizações.

Antes de iniciarmos, vale esclarecer que essa análise será feita sob a perspectiva da gestão de operações de segurança e, como veremos, os resultados esperados dos processos críticos de segurança também dependem dos resultados dos processos de todas as *facilities*. Diante disso, é importante que exista sentimento de cooperação, de companheirismo e de camaradagem entre os gestores dos processos de *facilities*, devendo haver maturidade na equipe e entendimento de que todos os processos operacionais têm o mesmo objetivo geral. Somente assim será possível que o gestor de operações de segurança acompanhe os resultados operacionais das demais *facilities* sem invadir a autoridade dos colegas gestores de processos igualmente relevantes para a conquista dos objetivos estratégicos da organização. Esse sentimento de cooperação em mão dupla só será possível se for bem desenvolvida a maturidade dessa equipe de gestores operacionais.

Recepção

Toda organização precisa ter algum nível de controle de acesso, ainda que seja aberta ao público e destinada a receber o público externo. Em terminais de passageiros, igrejas ou até mesmo *shopping centers*, é óbvio que esse controle será limitado a alguns horários e mantido em tempo integral apenas nas áreas de acesso restrito a colaboradores e pessoas autorizadas. Nas organizações que não são abertas ao público externo, o controle de acesso precisa ser mais complexo e mais seletivo. Em uma área industrial, por exemplo, em geral, o acesso só é permitido para trabalhadores, prestadores de serviço, fornecedores e visitantes autorizados, devidamente identificados e acompanhados.

Então, quando nos referimos à importância do serviço de recepção de uma estrutura organizacional, não estamos mencionando apenas as funções de atendimento e de recepção de alto padrão. Para os objetivos da gestão de operações de segurança, é fundamental considerar também a identificação das pessoas que solicitam o acesso, seu tempo de permanência, o objetivo do acesso, as áreas internas às quais o acesso do solicitante será autorizado e a comunicação ao responsável pela área que será visitada, tudo com o objetivo de garantir o acesso controlado e sem riscos. Portanto, já nesses poucos itens do primeiro contato de um visitante, é possível a identificação de fatores de risco com potencial de perigo que ameaça a normalidade operacional da organização. Algum controle nesse sentido deve existir também nas organizações abertas ao público, e a fragmentação das áreas internas deve ser muito bem definida para facilitar o monitoramento desses acessos.

Nos grandes aeroportos, assim como em algumas rodoviárias, existem áreas totalmente abertas ao público e sem nenhum controle de acesso, áreas abertas apenas ao público que vai embarcar e áreas totalmente restritas às equipes operacionais dos terminais. Portanto, se alguém sem identificação estiver circulando no setor de bagagens do aeroporto, nos corredores técnicos de um *shopping center*, na linha de produção de uma fábrica ou no centro cirúrgico de um hospital, essa imagem, quando identificada, deve ser analisada criticamente pelo coordenador de segurança do turno para que as medidas corretivas sejam imediatas, antes que esse acesso indevido possa provocar algum grave problema de segurança.

Acessos indevidos não devem ser normais. Condomínios residenciais, quando bem orientados por um gestor de operações de segurança qualificado, também segmentam suas instalações e implantam sistemas de identificação e de autorização que impedem que um prestador de serviço circule livremente por todo o condomínio, por exemplo. Da mesma forma devem agir a gestão de operações de segurança em *shopping centers*, terminais de passageiros, instituições de ensino, hospitais, hotéis, clubes recreativos, cinemas, teatros, centros de eventos, arenas e estádios esportivos, igrejas, parques e em todas as organizações destinadas a receber o público externo. Até mesmo em uma linda praia totalmente aberta ao público, não são raros os apitos de guarda-vidas abordando alguém que invadiu uma área sinalizada com bandeiras vermelhas, cujo acesso, por risco de afogamento, é proibido. As organizações privadas têm limites definidos e normas internas que regem suas operações e regulam o convívio e a harmonia interna sempre no sentido de salvaguardar a integridade de pessoas, processos, instalações, bens e valores. São áreas privadas abertas ao público, no entanto, não são áreas públicas. Portanto, qualquer tipo de organização, aberta ou não ao público externo, precisa ter algum controle de acesso, e este é um importante indicador para a gestão de operações de segurança a respeito de necessárias intervenções no sistema. A existência de problemas e de falhas no processo de controle de acesso, além de potencializar diversos perigos, alguns de alto impacto, indica que o sistema de segurança da organização necessita de tratamento imediato.

Estacionamento

Áreas de estacionamento tornaram-se um importante fator de comodidade e de conforto para todas as pessoas envolvidas nas operações das organizações e, há algum tempo, vêm assumindo uma condição muito próxima de FCS. Essa condição já é uma realidade nas organizações destinadas a receber o público externo e, em algumas delas, as operações de sua atividade-fim podem até mesmo ser inviabilizadas se não existirem vagas para os carros de visitantes, clientes e colaboradores.

O estacionamento é mais uma das áreas de atenção e mais um dos muitos processos críticos que devem estar sob os constantes cuidados do gestor de operações de segurança, porque é um lugar repleto de graves perigos, tomado por áreas de sombra, especialmente quando está com alta ocupação, pois tem colunas, pé-direito baixo, dificuldade de iluminação ampla e trânsito intenso de pedestres, incluindo crianças e idosos, com partilhando as vias com os veículos, mesmo que bem sinalizadas. Ainda precisamos alertar que, no interior de cada veículo, também se escondem muitos fatores de risco, em geral em virtude da postura e do comportamento inseguro dos proprietários e condutores. Então, da mesma forma, é importante o monitoramento constante das condições de normalidade operacional. Uma simples lâmpada queimada, nesse local, há vários dias já é um indicativo de que algo não está bem e de que a devida atenção à segurança dos veículos e de seus ocupantes está sendo negligenciada. Ainda que os setores responsáveis por essa manutenção não tenham percebido de imediato o problema, não é admissível que o sistema de operações de segurança não constate, de pronto, que algumas vagas não estão adequadamente iluminadas.

Manutenção

Talvez fosse até desnecessário destacar a importância da manutenção como processo crítico para garantir o perfeito funcionamento de todas as engrenagens da estrutura organizacional e assegurar a operacionalidade dos demais processos da organização. No entanto, para efeito de gestão de operações de segurança, temos de analisá-lo com cuidado, porque, na visão do bom gestor de operações de segurança, é nesse processo que se encontram as principais garantias da condição de normalidade operacional, assim como é nos processos de manutenção predial, elétrica, hidráulica, de equipamentos de prevenção e de combate a incêndio e de tecnologia de segurança que reside a garantia do nível de segurança desejado em todos os demais processos da organização.

Exemplo prático

Como gerente de segurança, já tive de administrar uma rápida crise operacional ocorrida em uma sexta-feira entre as 20 e as 21 horas em um *shopping center* lotado, com 420 lojas. Houve um corte de energia na região do empreendimento, e o grupo gerador precisou de perigosos 50 minutos para entrar em operação e tirar o *shopping* da pobre iluminação das pequenas e insuficientes lanterninhas de emergência. Depois dos primeiros 5 minutos de blecaute, o público, envolto na escuridão, começou a imaginar que algum problema mais grave estava acontecendo e o pânico começou a se avolumar. Com mais 5 minutos, algumas lojas começaram a abaixar suas portas e crianças começaram a chorar. Com um pouco mais de tempo, o trânsito no estacionamento, iluminado apenas pelos faróis dos veículos, começou a ficar caótico com a cobrança e a liberação manual das cancelas. Até que o equipamento entrasse em operação, o sistema de segurança pouca coisa pôde fazer para reduzir o impacto dessa falha grotesca e inaceitável da manutenção elétrica do *shopping*. Mas tivemos de assumir a culpa pelo incidente, porque os bombeiros civis que a mim respondiam não estavam mantendo em dia e em ordem as fiscalizações sobre os testes obrigatórios de entrada do grupo gerador; estava míope minha visão holística.

Agora, imagine que tipo de crise operacional se instala quando ocorre um corte total no fornecimento de água para a produção, a administração ou as instalações sanitárias de uma organização aberta ao público. E se houver interrupção no fornecimento de gás para a cozinha de um refeitório industrial com milhares de refeições a serem preparadas para o almoço dos operários, que começaria em poucas horas? Com toda propriedade, podemos incluir no rol da visão holística do gestor de operações de segurança o monitoramento da normalidade operacional por meio do controle das condições técnicas de equipamentos, de qualificação profissional e de processos de manutenção.

> **Exemplo prático**
> Realizei uma análise de risco em um grande hotel, no qual o único profissional de manutenção era o famoso "faz tudo": um eletricista que não era eletricista, um bombeiro hidráulico que não era um bombeiro hidráulico e e um mestre de obras que não era mestre de obras. Contudo, foi possível observar que aquele era um excelente colaborador, comprometido com a manutenção, sempre solícito e interessado em resolver prontamente os problemas rotineiros, proativo e apaixonado pela organização, da qual conhecia todos os meandros e reentrâncias. Um profissional daqueles que empresa nenhuma pode abrir mão; mas ele não era eletricista, não era bombeiro hidráulico, não era mestre de obras e não tinha nenhuma qualificação técnica para os processos de manutenção geral. Então, não havia nenhum interruptor solto ou com mal contato, nenhuma torneira vazando e nenhuma pedra solta em todo o piso do hotel, mas havia uma subestação, uma central de ar-condicionado e um sistema de para-raios em péssimos estados de conservação e prestes a entrar em colapso total.
>
> Com base na matriz de risco produzida nesse trabalho, elaborei um plano de ação que, além de propor a imediata resolução dos graves fatores de risco encontrados nos sistemas que suportam a operação de um hotel, definia o aproveitamento daquele importante colaborador, providenciando

sua qualificação técnica e a contratação de uma assessoria profissional nas áreas dos processos críticos de manutenção. Nessa consultoria, consegui evitar, em tempo útil, que uma "bomba" explodisse no colo daquele voluntarioso rapaz que não fazia ideia de que o pavio dela era tão curto e não tinha olhos técnicos para ver que ele já estava aceso.

Limpeza e conservação

Por onde se escondem os fatores de risco dos processos de limpeza e de conservação? Embaixo do tapete é que não há de ser, porque é justamente nesse processo que nada pode ser feito às escondidas. Esse trabalho é tão importante e tão nobre que precisa ser visto por todos os envolvidos ou impactados por seus resultados. As pessoas gostam de lugares limpos, arrumados e em ordem, da mesma maneira que gostam de ver equipes se empenhando na limpeza, na arrumação e na ordenação de todo o espaço em que exercem suas atividades de trabalho, descanso ou lazer.

A somatória dos resultados das *facilities* é um ambiente ordenado, arrumado, saudável e disciplinado para a garantia da normalidade operacional em todos os processos críticos da organização. No entanto, acima da compulsão humana pela sensação de segurança e de bem-estar, precisamos tentar entender o impacto desse sentimento quando não é favorável e quando as condições de higiene, limpeza, arrumação e ordem estão muito aquém do esperado e do minimamente necessário. Entre as várias conclusões ou interpretações da teoria da janela quebrada, preferimos a mais simples e mais objetiva: um local em desordem tende a gerar mais desordem e, assim, podemos inferir que um local em ordem tende a gerar mais ordem.

Se, ao circular pela empresa, o gestor de operações de segurança encontrar uma lixeira transbordando no corredor das salas da administração, do mesmo jeito que a encontrou no dia anterior, deve entender que isso não é um problema de segurança? E se encontrar um banheiro com mau cheiro, um refeitório com mesas sujas ou uma cozinha com sinais de presença de insetos e de roedores? E se observar o sorvete derramado no piso do *shopping center* há 30 minutos? Deve tomar alguma atitude ou esperar que alguém do setor de limpeza perceba todos esses problemas e tome providências?

> Quando o sistema de segurança constata que a desordem tende a se tornar crônica nas instalações cuja integridade está aos cuidados de seus processos, deve agir prontamente no sentido de colaborar para que seja reestabelecida a ordem, porque desordem gera desordem, indisciplina, insegurança e, consequentemente, um ambiente de motivação para intenções delituosas.

O desenvolvimento da visão holística do gestor que estiver no comando de uma operação de segurança precisa acontecer de tal modo que perceba que pequenos problemas são indicadores de problemas maiores e de significativo impacto sobre os objetivos estratégicos do negócio. Só assim, com esse olhar mais abrangente, analisando a frequência das ocorrências menores e o tratamento que elas recebem, será possível avaliar o quão grave está sendo a deficiência nos processos e que tipo de incidente ou acidente de maior gravidade isso pode provocar. Não há como negar que é real a relação de casualidade entre desordem e delitos, porque desordem gera desordem e é pelas sombras dessa perigosa condição que as delituosas intenções se sentem mais seguras para, contra a segurança, investir as forças de suas ameaças. Tão óbvio quanto simples é saber que no descuido de quem deve vigiar é que preferem agir aqueles que precisam ser vigiados.

Teoria da janela quebrada

Todo gestor de operações de segurança deve conhecer a famosa **teoria da janela quebrada** e entender seu fundamento e suas conclusões. Trata-se de uma pesquisa de ciências sociais publicada na revista *The Atlantic*, em 1982, por dois cientistas da Universidade de Harvard, James Wilson e George Kelling. Essa publicação foi baseada em um experimento realizado em 1969 pelo psicólogo da Universidade de Stanford, Philip Zimbardo. Vamos direto para a conclusão do estudo e propomos que você faça uma pesquisa sobre essa teoria, porque estamos certos de que vai gostar de conhecer os detalhes do interessante experimento que demonstrou as conclusões dos autores. Então, no que interessa à gestão de operações de segurança, basta saber que uma das conclusões da teoria é de que há relação de causalidade entre desordem e criminalidade e entre a não repressão a pequenos delitos e a criminalidade violenta.

Na inteligência do experimento e em seu interessante resultado, é possível perceber que a ausência de ordem, de normas, de regras e de leis tende a levar o comportamento humano à indisciplina e ao desrespeito pelos códigos de convivência. A julgar pelo resultado observado nessa pesquisa de campo, fica claro que locais deteriorados e sujos demonstram falta de zelo e de cuidado e indicam que ninguém se importa com eles; portanto, estão livres para mais desordens, mais deterioração e delitos, que tendem a se agravar.

Administração

Os processos da administração das organizações exercem grande impacto sobre os processos críticos operacionais e deles também sofrem influência. É óbvia essa relação de interdependência, visto que os processos operacionais garantem as condições necessárias para que as funções da administração possam propiciar os meios e os recursos necessários para a operação de todos os processos da organização. Assim, fica muito claro que também merecem especial atenção do gestor de operações de segurança os processos de gestão administrativa, porque asseguram os recursos humanos, financeiros, técnicos e materiais para a manutenção dos processos operacionais, até mesmo os de segurança, principalmente porque garantem a segurança, a higiene, a saúde e o bem-estar de pessoas que frequentam o ambiente empresarial.

A falta de material de limpeza, de sabonete líquido ou de papel higiênico para os sanitários de um *campus* universitário, por exemplo, pode levar o público atingido a preocupantes níveis de descontentamento. Um baixo nível de qualidade de ingredientes e de higiene no preparo dos alimentos de um restaurante acadêmico ou industrial também tem o grande potencial de provocar graves crises e até revoltas internas. A má gestão administrativa em processos de suprimentos, de compras e de controle de qualidade tem alto nível de motricidade para a concretização desses tipos de incidentes, que, além de serem de alto nível de impacto negativo sobre os objetivos estratégicos da organização, não são raros. Por envolver condições delicadas de higiene, de conforto, de saúde, de alimentação, de segurança laboral e de necessidades básicas, em geral, ocorre com exacerbado nível de violência e de depredação das instalações envolvidas.

A insatisfação do público atendido por um sistema qualquer pode evoluir para níveis muito próximos, ou até além, do sentimento de indignação, e este sempre nasce já na iminência dos temidos e violentos atos de revolta. Então, sempre são graves os riscos que surgem da má gestão administrativa em qualquer modalidade de negócio e é importante identificar, analisar, avaliar e tratar os fatores que geram os riscos desses processos. Entre esses fatores de risco, é possível encontrar alguns relacionados a condições inadequadas de procedimentos e de sistemas de gestão, de estratégias e de planejamentos equivocados e até de incompetência por falta de qualificação, entre outras condições administrativas que podem estar produzindo a má gestão do negócio. Contudo, é por sua natureza burocrática, especialmente por envolver processos financeiros, que a gestão administrativa sofre ameaças dos tortuosos *modus operandi* das fraudes, que, não raro, provocam grandes perdas, com impactos negativos significativos sobre as condições de normalidade operacional em todos os processos críticos da organização, até mesmo nas operações de segurança.

Então, não é exagero dizer que, justamente nos processos que envolvem a segurança laboral, a higiene e a saúde, a alimentação, a integridade e o conforto e o bem-estar das pessoas, fraudes de qualquer espécie caracterizam-se como de extrema periculosidade. Quando a falta de ética profissional – mais conhecida como *propina* – resulta na aquisição de 50 sacos de feijão do tipo 3 pelo preço de feijão do tipo 1; na aquisição de 200 quilos de carne de última qualidade pelo valor de carne de primeira qualidade; na compra de equipamento de segurança de segunda linha como se fosse de altíssima qualidade, o que está em jogo não é o prejuízo financeiro, até porque já havia um valor disponível a ser gasto com esses suprimentos. A imoralidade do ato criminoso está no prejuízo da qualidade do alimento ofertado ao consumidor final e na segurança de quem confia na falsa qualidade de um equipamento. Não é difícil imaginar o nível de risco envolvido durante uma epidemia de intoxicação alimentar em um restaurante industrial, por exemplo, se os trabalhadores souberem que houve alguma fraude na aquisição do alimento estragado.

Quem já testemunhou um assustador protesto com talheres sendo lançados contra mesas e bandejas atiradas ao chão sabe a que estamos me referindo. Não são raras as situações de revolta em canteiros de obras com alojamentos e refeitórios ardendo em chamas iniciadas pelos próprios usuários que não suportam os desmandos e os descuidos da gestão que deveria garantir seu bem-estar e sua segurança. Não só os efeitos operacionais mas também todos os tipos de falhas nos processos da administração das fraudes podem ser muito graves, e os perigosos efeitos podem atingir diretamente os processos críticos operacionais e inviabilizar a conquista dos objetivos táticos operacionais e dos próprios objetivos estratégicos do negócio. E, ainda pior, podem produzir vítimas em todos os níveis de gravidade quando se reduz a segurança de pessoas e se compromete a integridade de instalações e equipamentos.

Convém mencionar que falhas e fraudes nos processos administrativos podem ser identificadas em todos os níveis da estrutura organizacional, desde o operacional até a alta gestão estratégica. Contudo, se considerarmos apenas os delitos, o prejuízo material parece ser proporcional ao nível do infrator na estrutura da organização, ao passo que a imoralidade é a mesma para todos os casos. O atestado médico falso, o furto de 100 folhas de sulfite para completar a lista de material escolar dos filhos da secretária, assim como canetas e tubos de cola não se comparam ao montante desviado por um diretor em negociatas e corrupção de toda espécie, ainda que todos esses atos sejam igualmente imorais.

Parece ser lógico deduzir que o impacto dos delitos cometidos nos processos administrativos sobre os objetivos estratégicos do negócio também é proporcional ao nível do processo na estrutura da gestão empresarial e não depende dos fatores de moralidade e de ética envolvidos no ato em si. Assim, para concluirmos, o gestor de operações de segurança deve estar qualificado para identificar, analisar e propor tratamento a fatores de risco nos processos administrativos tanto no âmbito operacional quanto nos processos da alta gestão da organização. Entretanto, o sistema de segurança jamais poderá ser capacitado para identificar apenas os delitos menores da estrutura de gestão administrativa da organização, deixando de evitar os mais altos níveis de impacto das falhas e das fraudes na administração do negócio.

Prevenção e combate a incêndios

O gestor de operações de segurança da organização deve dedicar especial atenção aos processos de prevenção e de combate a incêndios, porque sua negligência tem grande potencial de riscos de altíssimo impacto sobre o negócio, podendo acarretar consequências catastróficas e massivas. A concretização dos perigos envolvidos com os processos de prevenção e combate a incêndios tem grandes chances de provocar perdas materiais e produção de vítimas graves e até fatais. Falhas na prevenção de incêndios; desabamentos; inundações; vazamentos de gás, líquido inflamável e material tóxico; explosões; acidentes estruturais; acidentes pessoais com queda de estruturas móveis e objetos suspensos; sinistros em escadas, elevadores e guardas-corpo; acidentes com eletricidade: são exemplos de ocorrências trágicas que tendem a produzir vítimas graves e prejuízos materiais de grande monta. Até mesmo agentes externos, como fenômenos naturais, precisam estar muito bem contemplados nesses processos.

Um sistema de proteção de descarga atmosférica sem os cuidados adequados ou uma subestação, assim como um único transformador, se estiverem sem manutenção adequada, podem provocar acidentes de altíssimo impacto sobre os objetivos operacionais e estratégicos da organização. Salientamos que o gestor de operações de segurança deve estar ciente de que, além da prevenção e do combate a incêndios, a equipe de bombeiros, que deve ser especializada, tem a missão de realizar vistorias técnicas de segurança em instalações prediais, elétricas, hidráulicas, de armazenamento e distribuição de líquidos inflamáveis, de gás combustível e de material tóxico ou contaminante e identificar, analisar e tratar fatores de risco que possam potencializar perigos de alto impacto. E, quando um sinistro acontece, é da pronta resposta dessa equipe e da efetividade de seu socorro que depende a segurança, a integridade das pessoas e das instalações atingidas, assim como o nível de impacto sobre o negócio e a capacidade de retomada da normalidade operacional em prazo tolerável.

Em uma análise de risco realizada em um *campus* universitário, foi constatado que não havia nenhum bombeiro civil em suas equipes e a função era "exercida" pelo único técnico em segurança do trabalho. Nessa instituição, quase a totalidade dos extintores de incêndio estava carregada, em dia e em ordem, mas, no primeiro teste da rede de hidrantes, só saiu ar pelo bico da mangueira; em outro hidrante, havia uma mangueira podre e com detritos de ratos dentro do armário. Também foram encontradas rachaduras em paredes que ainda não haviam sido observadas pelo sistema de segurança, mas alguns usuários do prédio já estavam preocupados com aquelas aparentes falhas estruturais havia muito tempo. E não havia evidências de formação ou de treinamento de brigada de incêndio entre funcionários e professores.

A função dessa equipe é muito mais abrangente do que a simples gestão da recarga dos extintores de incêndio pois, quando qualificada tecnicamente para tal, ela pode ser responsável pelo salvamento de vidas com o primeiro atendimento em emergências médicas de qualquer tipo. Assim, os fatores de risco que a gestão das operações de segurança, atuando na gestão de risco, pode identificar no desempenho das equipes responsáveis por esse importante processo são inúmeros e de altíssimo potencial de impacto sobre os objetivos estratégicos da organização. É essencial analisar, avaliar, comunicar e tratar tais fatores pronta e adequadamente.

Segurança

Nas estruturas dos processos de segurança, poderão ser encontrados muitos fatores de risco, alguns com alto potencial de produzir perigos, impactando os objetivos estratégicos do negócio. São os processos críticos de sustentação da normalidade operacional da organização que estarão sob o comando direto do gestor de operações de segurança. Cada etapa dos processos de segurança deve ser de total conhecimento de seu gestor e estar sob seu controle. É claro que não será ele o executor dos procedimentos, mas será quem os planeja e avalia os resultados.

É função primordial do gestor do sistema de segurança fazer a análise crítica de todos os processos e efetivar as correções que considerar necessárias. Para isso, é preciso que entenda o contexto estratégico da organização e o cenário operacional no qual deverão ser executados os processos de segurança. É importante que, antes de iniciar uma análise sobre os próprios processos, o gestor da estrutura de segurança esteja certo de que conhece muito bem a organização, seu planejamento e seus objetivos estratégicos, porque não há como realizar um plano tático operacional alinhado com a estratégia do negócio se ele não a conhecer – trata-se da visão holística do gestor de operações de segurança.

Equipe operacional de segurança

Por meio da competência de visão holística, é preciso analisar quais são as diferentes funções e os respectivos perfis profissionais e efetivos necessários para que o setor cumpra a missão de acordo com o planejamento estratégico da organização. Deve-se definir que tipo e qual nível de qualificação cada função exige e avaliar a atual equipe sob esses padrões. A pergunta a ser feita nessa ocasião pode ser: "Meu sistema contempla as funções certas e essas funções estão ocupadas pelas pessoas adequadas?".

Serão graves os fatores de risco se um sistema de segurança estiver com a equipe mal dimensionada e, provavelmente, serão averiguadas situações estranhas, como pessoas certas nas funções erradas, pessoas erradas nas funções certas ou pessoas erradas nas funções erradas. Para prover segurança em determinado ponto, será necessário um vigilante armado, um vigilante desarmado ou apenas um orientador? Existe a necessidade de haver um vigilante ou orientador bilíngue em determinado horário? O atendente da recepção precisa ser bilíngue? Que grau de escolaridade é necessário para o contexto operacional? Quais são os postos que estão sujeitos à legislação de segurança privada da Polícia Federal? Que nível de qualificação exigir de supervisores, coordenadores ou inspetores?

É fundamental determinar o perfil do vigilante, do supervisor, do operador de central de monitoramento e de todas as funções da equipe; verificar se existe, no planejamento de recursos humanos, uma descrição de cargo para cada função dos processos de segurança; como é o processo de recrutamento de candidatos; como é a seleção dos convocados; como são a integração e o treinamento inicial dos selecionados; e se existe a necessidade de treinamentos específicos para algumas das diferentes funções. Há processos de avaliação de desempenho e políticas de reconhecimento, de premiação e a possibilidade de crescimento na carreira na estrutura da segurança?

Assim, o gestor de uma operação de segurança, conhecendo o contexto estratégico da organização, deve planejar, dimensionar e estruturar as equipes dos processos de segurança de modo a manter o alinhamento do planejamento tático operacional com os objetivos estratégicos definidos no planejamento estratégico do negócio. Esse é um trabalho obrigatório e contínuo de monitoramento, de análise crítica e de melhoria.

Tecnologia de segurança

Quando se trata de gestão de sistema de segurança eletrônica, precisamos compartimentá-lo para que seja possível assinalar a finalidade de cada equipamento. Da mesma maneira que ocorre com o recurso humano da equipe operacional, cada sistema precisa ser empregado na condição em que pode ser mais bem aproveitado: o equipamento correto para a aplicação no dimensionamento preciso. E não é difícil ver que essa segmentação deve começar na segurança perimetral, passar pelas divisões e pelos controles internos e chegar até os procedimentos de segurança das áreas mais restritas.

Outra interessante tática de segurança operacional é a estruturação do sistema com a visualização de linhas de defesa, também conhecidas como *círculos concêntricos*, que definem setores de segurança a partir do perímetro, detectando a origem dos riscos até indicar os pontos de maior risco agregado.

Entretanto, para efeito de tecnologia de segurança, o gestor precisa planejar como serão empregados esses recursos em cada condição da segmentação das linhas de defesa. Ao considerar o perímetro das instalações como primeira linha de defesa, quantas outras linhas de defesas físicas e eletrônicas pode-se ter, por exemplo, até a porta dos apartamentos a partir da última linha de defesa de um condomínio residencial? Quantas linhas de defesa são possíveis entre o perímetro e a caixa-forte de uma transportadora de valores?

Não é difícil encontrar situações em que, superados os obstáculos do perímetro, a próxima barreira será o dispositivo que protege o ponto de maior valor para o invasor. No caso do condomínio residencial, entre o perímetro e a porta, a partir de onde se espera que as famílias estejam totalmente protegidas e seguras, sempre existe alguma possibilidade de emprego de barreiras que impeçam, dificultem ou, pelo menos, denunciem o avanço de um pretenso agressor. Da mesma maneira ocorre em todo tipo de instalação operacional de qualquer ramo da atividade empresarial. Portanto, o gestor de um sistema de segurança deve ter essa visão e saber elaborar o plano tático operacional com a utilização adequada e suficiente da tecnologia de segurança de que puder dispor.

O valor desses equipamentos é imprescindível para o cumprimento dos objetivos da segurança e para identificar o quanto agregam à segurança de pessoas, instalações, bens e valores. Nessa condição, não podem deixar de ser previstos no plano tático operacional para compor quantas barreiras e linhas de defesa forem necessárias. E cabe ao gestor especificar, dimensionar e decidir sobre a aplicação tática de cada equipamento de acordo com os objetivos táticos operacionais que pretende atingir; tecnologia, sistemas, *hardwares*, *softwares*, equipamentos e assessórios – tudo deve ser precisamente adequado à necessidade da segurança. Então, é imperdoável que um gestor de operações de segurança não saiba utilizar esses recursos tecnológicos ou os utilize de maneira inadequada.

No entanto, em algumas instalações, ainda está ausente a tecnologia de segurança, pois todo seu avanço é visto como um custo financeiro muito alto e desnecessário, ainda que essa já não seja a realidade do mercado. Em alguns casos, há uma imensa miopia da gestão estratégica, que não consegue constatar a vantajosa relação custo-benefício na utilização de segurança eletrônica. Evidencia-se, também, a necessidade da ação de negociação e de convencimento, especializada e qualificada, com vistas a mostrar, por meio de uma linguagem mais simpática aos executivos que decidem sobre o dinheiro, que essa tecnologia viabiliza os processos críticos das organizações – expor com números e cifras o quanto é vantajosa a relação custo-benefício dos investimentos em tecnologia de segurança.

Nesse sentido, é importante utilizar um método ou uma conta que seja capaz de revelar ao executivo a diferença entre o valor da perda esperada caso o sinistro se concretize e o valor do investimento necessário para reduzir a probabilidade disso a percentuais toleráveis. É claro que o resultado deve ser favorável, de modo que demonstre que a perda esperada será muito maior do que o investimento solicitado. No entanto, quando o risco representar grave ameaça à integridade das pessoas, o valor a ser mensurado é o do impacto que terá o perigo consumado e a produção de vítimas graves sobre a imagem da organização em virtude da sensação de insegurança que as pessoas terão dentro de suas instalações. Entretanto, acima de tudo, o que deve prevalecer é a consciência moral da organização sobre o valor da integridade e da vida das pessoas que confiaram em seu sistema de segurança.

Cabe, ainda, uma última observação sobre tecnologia de segurança: a existência do que denominamos *trinômio homem, tecnologia e procedimentos*. Já ouvimos um gestor de segurança dizendo que sonhava com o dia em que os vigilantes não fossem mais necessários e todo o sistema de segurança fosse automatizado. Embora haja certo avanço que é muito bem-vindo – na efetividade e na amplitude de ação da segurança eletrônica, até reduzindo em algumas condições a necessidade de efetivos humanos – permanece e talvez sempre exista a necessidade do elemento humano operando a tecnologia, pois é evidente que os dois se complementam.

A segurança das pessoas e de seus bens sempre foi responsabilidade dos próprios seres humanos. Mesmo quando, já na história dos primeiros grupos humanos, começou-se a utilizar outros elementos, como os cães, houve um ganho no nível de segurança, sem nunca sair do comando e do controle humano. Na verdade, nunca delegamos nossa própria segurança a outrem e não será agora que o faremos, especialmente se esse outrem for um equipamento que estará inevitavelmente sob nosso controle. Precisamos dessa tecnologia para melhorar nossa segurança, e ainda são inúmeras as situações operacionais em que a tecnologia precisa da intervenção dos profissionais de segurança ao mesmo tempo que os ajuda, avisa e protege. Contudo, para compor o trinômio, há o terceiro elemento. Os procedimentos estruturados completam o sistema, definindo para as equipes operacionais como utilizar os recursos disponíveis com o maior aproveitamento possível.

Será somente pela capacidade de intuição, de discernimento, de adaptação, de flexibilidade e de experiência prática operacional – que só o fator humano apresenta – que poderão ser elaborados os procedimentos adequados e suficientes para o cumprimento da missão de cada processo de segurança.

Para encerrar, destacamos os pilares do planejamento estratégico empresarial. Merireles (2011) afirma que o sistema de segurança deve:
» contribuir para o alcance da **visão**;
» estar alinhado com a **missão** da empresa, além de ter a sua missão;
» buscar minimizar os riscos – **abrangência**;
» observar os **princípios** e os **valores** da empresa.

Por fim, lembramos que a tática operacional na gestão de segurança organizacional, desde que todos os processos críticos estejam focados na manutenção da normalidade operacional e na garantia da integridade de pessoas, animais, meio ambiente, instalações, bens e valores, estará alinhada com os objetivos estratégicos da organização que protege.

Síntese

Capacidade de antecipação é o potencial de um sistema de segurança para identificar uma cadeia de eventos que, se não for interrompida, culminará na concretização de um perigo com impacto negativo sobre os objetivos estratégicos do negócio.

Capacidade de pronta resposta é o potencial de um sistema de segurança para agir em tempo útil e obter uma redução satisfatória do impacto da concretização de um perigo e possibilitar o retorno à normalidade operacional em tempo tolerável.

Riscos estratégicos são condições com potencial de impacto positivo ou negativo sobre a probabilidade de conquista dos objetivos estratégicos previstos no planejamento estratégico de uma organização.

A missão da gestão de operações de segurança, além de prover segurança efetiva, é propiciar que as pessoas sintam que estão seguras naquela organização. Para ter sensação de segurança, precisam notar segurança efetiva. A sensação de segurança é o sentimento de bem-estar e de tranquilidade do público protegido pelo sistema advindo da percepção de recursos, meios e processos existentes para garantir segurança e integridade.

Assegurando a normalidade operacional da organização, é possível alcançar o sucesso da gestão de uma operação de segurança, porque é dessa normalidade que depende a conquista dos objetivos estratégicos definidos no planejamento estratégico.

Questões para revisão

1) Segurança efetiva são todos os ...., empregados no sentido de, efetivamente, garantir o .... e a integridade de pessoas, instalações, bens e valores, protegidos pelos ....
Assinale a alternativa que completa corretamente essa afirmativa:
   a. equipamentos – conforto – gestores de segurança
   b. processos administrativos – conforto – seguranças
   c. recursos, meios e processos – nível de segurança – sistemas operacionais
   d. controles – nível de segurança – órgãos de segurança pública
   e. treinamentos – nível de segurança – vigilantes

2) Trata-se do sentimento de bem-estar e da tranquilidade do público protegido pelo sistema em virtude da percepção de recursos, meios e processos existentes para garantir segurança e integridade. Esse conceito refere-se à:
   a. capacidade de antecipação.
   b. segurança efetiva.
   c. observação de segurança.
   d. sensação de segurança.
   e. capacidade de pronta resposta.

3) Analise as afirmativas a seguir.
   I. Somente as condições que têm potencial de impacto negativo sobre a probabilidade de conquista dos objetivos estratégicos de uma organização podem ser denominadas *riscos estratégicos*.
   II. Sensação de segurança é o sentimento de bem-estar e a tranquilidade do público protegido pelo sistema advindo da percepção de recursos, meios e processos existentes para garantir segurança e integridade.
   III. Uma das conclusões da teoria da janela quebrada é que locais deteriorados e sujos demonstram falta de zelo e de cuidado e indicam que ninguém se importa com eles e, portanto, estão livres para mais desordens, para mais deterioração e para delitos, que tendem a se agravar.

   Estão corretas:
   a. as afirmativas I e II.
   b. todas as afirmativas.
   c. apenas a afirmativa I.
   d. apenas a afirmativa II.
   e. as afirmativas II e III.

4) Defina capacidade de antecipação de um sistema de segurança.

5) Defina capacidade de pronta resposta de um sistema de segurança.

Questão para reflexão

1) O gestor de operações de segurança deve conhecer a teoria da janela quebrada e entender suas conclusões: há relação de causalidade entre desordem e criminalidade e entre a não repressão a pequenos delitos e a criminalidade violenta; a ausência de ordem, de normas, de regras e de lei conduz o comportamento humano à indisciplina e ao desrespeito aos códigos de convivência. Com base na lógica dessa teoria, avalie como suas conclusões podem ser úteis e até aplicadas sob a perspectiva da moderna gestão de operações de segurança.

Para saber mais

MEIRELES, N. R. **Gestão estratégica do sistema de segurança, conceitos, teoria, processos e prática**. São Paulo: Sicurezza, 2011.

A leitura dessa obra é imprescindível para o entendimento do gestor de operações de segurança sobre a importância do alinhamento de sua visão holística e dos objetivos táticos operacionais de segurança com a gestão estratégica da organização que assessora. A compreensão das conclusões da teoria da janela quebrada é fundamental para o desenvolvimento da capacidade de antecipação de um sistema de segurança empresarial.

IV

Conteúdo do capítulo:

- » Procedimentos estruturados.
- » Controle de acesso.
- » Segurança de perímetro.
- » Segurança interna.
- » Segurança de operações externas.

Após o estudo deste capítulo, você deverá ser capaz de:

1. elaborar procedimentos estruturados precisos para que suas equipes operacionais executem, conforme o esperado, os processos de controle de acesso, de segurança de perímetro, de segurança interna, bem como os processos de segurança das operações externas da organização.

Processos críticos de segurança

A função de gestor de operações de segurança é muito complexa e, se considerarmos que seu objetivo maior é a garantia do bem-estar e da integridade de pessoas, animais, meio ambiente, instalações, bens e valores, podemos afirmar que ela sempre estará envolvida com um alto nível de responsabilidade. Além disso, essa complexidade amplia-se de acordo com a dificuldade dos processos de segurança e dos demais processos operacionais, bem como do porte de toda a estrutura da organização.

Dessa forma, para gerir um sistema de segurança, é essencial elaborar o planejamento de seus processos críticos com uma estrutura organizada por áreas de atuação, de tal modo que exerça controle sobre todas as fontes de risco em todos os processos da organização. Com essa formatação, o gestor das operações de segurança terá uma visão fragmentada das fontes de risco, reduzindo as dificuldades de controle em relação à complexidade de todo o sistema, bem como facilitando o monitoramento da eficácia dos processos de segurança.

4.1 Procedimentos estruturados

Antes de analisar os processos críticos de segurança propriamente ditos, é importante tratar dos procedimentos estruturados, visto que é por meio deles, de normas e de manuais de operações que o desdobramento de todas as operações de segurança deve ser ordenado, sempre seguindo instruções específicas para a execução de cada tarefa. Não podemos falar em processos de segurança se, para suas execuções, não existirem procedimentos estruturados para definir, pelo menos, o que deve ser feito, quem deve fazê-lo, quando, como e onde.

Nesse caso, a segurança seria feita de acordo com o rumo natural dos eventos, o que é bastante preocupante, porque, com esse formato, que é muito comum, o sistema apenas aguarda os eventos, faz gestão de incertezas e tenta reagir com prontidão e precisão quando é surpreendido. É como deixar algo acontecer "para ver no que vai dar" e, então, decidir o que fazer e esperar que o sistema seja capaz de enfrentar as surpresas com eficácia e sem maiores problemas. Essa tática, quase suicida, conta com a "sorte" justamente na nobre missão de garantir a integridade e o bem-estar de pessoas, animais, instalações, bens e valores. E nos referimos não apenas a ocorrências de ameaças, de incidentes e de sinistros, mas também a processos operacionais normais e rotineiros, como controle de acesso, segurança de perímetro, rondas, segurança interna e operação de sistemas de segurança eletrônica.

Além disso, para esses processos críticos de segurança, mesmo quando dentro da normalidade operacional, devem existir procedimentos estruturados, porque será a partir dessa condição que serão reduzidas drasticamente as probabilidades de concretização de ameaças, de incidentes e de sinistros. Os procedimentos estruturados facilitam a elaboração do plano tático operacional, pois são seus elementos básicos, aqueles que definem os requisitos operacionais de cada processo crítico. Definir e conquistar os objetivos táticos operacionais fica mais fácil, assim como asseguram-se os fatores críticos de sucesso (FCS) do negócio mediante a utilização de procedimentos estruturados com instruções claras e objetivas. Por exemplo, se não existirem procedimentos estruturados para o processo crítico de segurança de controle de acesso, os detalhes de horários de autorização de acesso a um tipo de solicitante, em determinada área restrita, pode não estar claramente definido e acessos necessários podem ser negados ou acessos não desejados podem ser permitidos.

Assim, em todos os processos operacionais, os procedimentos estruturados definirão e padronizarão os requisitos para que a execução operacional aconteça alinhada com os objetivos estratégicos do negócio. Ademais, existe um grave e comum problema em serviços de segurança que só pode ser evitado com a implantação de procedimentos estruturados, padronizando a execução dos processos críticos operacionais. Em geral, por serem responsáveis por prover segurança para os demais processos da organização, os serviços de segurança precisam ser contínuos, muitas vezes com postos de serviço durante 24 horas em todos os dias do ano. Essa característica exige, em virtude da legislação trabalhista e até pela necessidade natural de folgas e de descanso, que sejam empregadas equipes e que estas se revezem no mesmo posto de serviço com as mesmas atribuições.

Com isso, o que se observa na prática e com preocupante frequência é que cada equipe ou cada profissional adota procedimentos próprios em seus turnos de trabalho de acordo com seus entendimentos e suas preferências de como executar esse ou aquele processo. Porém, o público atingido, especialmente o interno, é o mesmo todos os dias e pode perceber que não existe padronização. Esse incômodo operacional produz desconfiança e descrédito na qualidade do serviço de segurança e pode gerar conflitos operacionais, uma vez que obriga o público interno a se adaptar ao que cada equipe adota. Também uma intenção delituosa pode aproveitar-se ao perceber, por exemplo, que, com determinada equipe de segurança, o controle de acesso a uma área restrita ou o processo de revista de volumes na saída de uma área específica é menos rigoroso ou até inexistente.

Essa falta de padronização em virtude da ausência de procedimentos estruturados pode contribuir para um aumento nas concretizações de ameaças. É inquestionável que a carência de procedimentos estruturados é um fator de risco com alta motricidade, visto que abriga e potencializa fatores de risco diversos, o que pode levar os índices de frequência de problemas e de ocorrências a valores inaceitáveis, revelando a ineficiência dos processos críticos de segurança. Como já dissemos, a única ação capaz de evitar esse fator de risco e, consequentemente, a falta de credibilidade no serviço de segurança da organização é a implantação de procedimentos estruturados e padronizados para a execução dos processos críticos operacionais.

> Processos críticos operacionais sustentam a atividade-fim da organização, garantem sua normalidade operacional e são executados de acordo com planos táticos operacionais específicos e alinhados com a estratégia do negócio.

Cabe ressaltar que, quase sempre, procedimentos, regimentos, manuais, diretrizes, ordens e normas não são bem-vindos entre o público que beneficiam ou protegem. De modo geral, as pessoas não gostam de normas e de regulamentos e, ainda que eles existam em prol de sua segurança, preferem a comodidade e o conforto se as normas conflitarem com esses desejos. Por exemplo, há condôminos residenciais que preferem receber entregas na porta de casa a recebê-la em segurança na portaria; há clientes que preferem correr o risco de presenciar um assalto com armamento pesado a passar pelo incômodo da porta giratória do banco; e há adultos que não gostam de usar o cinto de segurança no carro e o evitam. São fatos culturais presentes não só em empresas, mas em toda a sociedade, e há de se esperar sempre alguma resistência na implantação de novas normas ou novos procedimentos de segurança. Portanto, para reduzir esse impacto e eliminar essa resistência, todo procedimento de segurança deve ser justificado, em modo e em intensidade perante o público que atinge, por meio de inquestionável redução ou eliminação de um ou de mais riscos.

Não há dúvida de que, quando o público atingido por um novo procedimento de segurança consegue perceber sua importância para todos, fica mais fácil sua aceitação e sua assimilação, e fracas tornam-se as resistências à implantação no sistema de proteção. É como ministrar um remédio amargo na hora certa e na dose necessária e suficiente para curar ou evitar uma perigosa e fatal moléstia.

Comodidade *versus* segurança
O cuidado básico que recomendamos para quem vai elaborar e implantar um procedimento de segurança é que observe se a exigência que está criando está relacionada com a redução de algum fator de risco, de alguma ameaça ou de algum perigo e se essa justificativa está bem explícita para os usuários do sistema. Sob a ótica da gestão de operações de segurança, procedimentos, normas, diretrizes, regulamentos e até leis se justificam por si só, mas não é sempre assim para o público leigo e, sem o entendimento técnico necessário para concordar espontaneamente com os processos de segurança e com seus procedimentos, essas pessoas acabam por preferir a comodidade em detrimento de segurança.

Exemplos de descuido com a segurança em favor de comodidade, semelhantes àqueles que já mencionamos, são muito mais comuns do que podemos imaginar, mas há outros ainda piores, em que, por motivos banais e injustificáveis, procedimentos e sistemas de segurança são preteridos e impedidos de serem implantados. Certa vez, em um condomínio residencial, a instalação de câmeras no interior dos elevadores não foi autorizada na assembleia de condôminos sob a alegação de que tirariam a privacidade dos usuários, que preferiram ficar sem a segurança das imagens para manter uma "privacidade" bastante questionável. Essas são aspirações da vida prática moderna, que, em geral, contrapõem-se aos objetivos da segurança, e os termos *privacidade, praticidade, agilidade, funcionalidade, comodidade*, entre outros, são usados com frequência como argumentos conflitantes para a não adoção de um procedimento de segurança essencial para a garantia da integridade de pessoas, instalações, bens e valores.

Ainda que, em alguns casos, um procedimento de segurança possa ser conflitante com certas comodidades das pessoas que protege, na medida em que demonstra claramente a importância de sua aplicação para a segurança e o bem-estar dessas pessoas, fatalmente elas o aceitarão e, com o passar do tempo, não conseguirão mais viver sem ele.

Dito isso, vamos ao estudo dos processos críticos operacionais de segurança. Um excelente recurso didático para facilitar o estudo detalhado desses processos é separá-los em quatro grupos, de modo a cobrir todas as atribuições e as funções do serviço de segurança. O fracionamento desses processos é contínuo e deve estar muito bem definido até os níveis mais operacionais na execução de cada tarefa específica, como veremos a seguir. Entretanto, é preciso lembrar que os processos de segurança são apenas um dos itens do macroprocesso "processos" na estrutura de um sistema de segurança empresarial.

4.2 Controle de acesso

A visualização desse processo crítico de segurança fica mais simples se, sob a perspectiva de gestão operacional, ele for separado em dois principais grupos de atenção: **pessoas** e **veículos**. Isso parece bastante óbvio no âmbito operacional se os procedimentos padronizados para esses processos contemplarem ações que controlem o acesso de pessoas e tudo que elas podem portar e o acesso de veículos e tudo que eles podem transportar, até mesmo pessoas e animais. Embora o termo *acesso* tenha como definição o ato de entrar, de entrada ou de ingresso de algo ou de alguém em algum lugar, é preciso esclarecer que, no processo crítico de segurança controle de acesso, também devem ser incluídos procedimentos estruturados de controle de saída, de tudo que necessite passar pelas instalações e pelos sistemas que esse processo utiliza.

Assim, o processo crítico de segurança controle de acesso tem atribuições de controle de tudo que entra e de tudo que sai de suas instalações; em última análise, de tudo e de todos que precisam ter a entrada ou a saída controladas pelo sistema de segurança de uma organização.

A exceção a essa regra é o tráfego de conhecimento, de dados e de informações, que consegue fugir dessa dependência. No entanto, nesse caso, para os acessos e, principalmente, para as saídas, existem outros meios de tecnologia da informação para controle. Métodos, meios e ferramentas utilizados nos processos de segurança da informação protegem bens não físicos, intangíveis, quase sempre de alto valor estratégico. Por essa perigosa particularidade, são estudados em uma disciplina à parte, e seus planos táticos defensivos são executados fora das variáveis físicas de tempo e de espaço, existindo apenas no ambiente virtual das organizações.

Não obstante, para efeito de controle de acesso físico, ainda é uma boa ideia elaborar procedimentos estruturados para controles completos de acesso de pessoas e de veículos.

Os procedimentos de controle de acesso específicos para veículos devem definir como serão realizadas as vistorias de segurança, as vistorias internas, quando necessárias, as condições da identificação do veículo, do material transportado e de todos os ocupantes, bem como os requisitos de acesso dessas pessoas. Já quanto ao acesso de pessoas, basta definir quem tem acesso, quando tem acesso, aonde tem acesso e com o que pode ter acesso: O solicitante tem acesso autorizado? Está autorizado para o horário em que solicita o acesso? Está autorizado para acessar a instalação que solicita? Está autorizado a acessá-la com o que está portando?

Note que não mencionamos por que a pessoa tem acesso. Essa questão não está incluída no processo de controle de acesso porque não é nesse ponto que a autorização é concedida, e o motivo do acesso é relevante apenas para a autoridade que o autoriza. Portanto, existe um grande equívoco quando alguém reclama que a segurança autorizou ou não algum acesso.

A ação da segurança apenas cumpre os procedimentos obrigatórios para o processo de controle de acesso de alguém ou de algo já autorizado por uma autoridade que necessita desse acesso. Essa autorização é concedida de acordo com procedimentos, normas e até dispositivos legais a que a organização se submete. Por exemplo, um motorista de caminhão de entrega de matéria-prima para produção de uma fábrica está autorizado a entrar com o veículo – não pela segurança, mas pela autoridade do setor de suprimentos que solicitou a entrega. No entanto, se esse motorista estiver em visível estado de embriaguez, seu acesso não será permitido, pois essa condição é contrária à legislação federal; assim, o impedimento não foi da segurança que não autorizou o acesso, mas das condições de acesso que não estavam conforme previa a autorização.

O contrato de trabalho autoriza o trabalhador a acessar sua empresa diariamente, mas se ele tentar acessar fora de seu horário de trabalho ou, por exemplo, tentar passar pela portaria da fábrica sem camisa ou descalço, certamente seu acesso não será permitido, porque, nessas condições, ele não está autorizado. Nesse caso, o processo crítico de controle de acesso apenas cumpriu sua função de checar se o acesso estava sendo solicitado de acordo com as condições autorizadas.

Outra observação a ser feita sobre o processo crítico de controle de acesso é a questão do **desvio de função**, que prejudica a missão do processo de controle de acesso e é um fator de risco de alta motricidade, já que potencializa a concretização de riscos com alto nível de impacto sobre o negócio; porém, é frequente e comum em serviços de portaria e de controle de acesso. Por motivos óbvios de tática operacional, os pontos de controle de acesso são como gargalos do fluxo de tudo o que se movimenta e circula pelo interior e pelo perímetro da instalação protegida. Nesses locais e nessa condição acontece o primeiro contato com o solicitante do acesso, e tais locais – por vezes, uma simples guarita de fibra de vidro – assumem também a condição de sala de espera, de ponto de monitoramentos diversos, de levantamento de dados estatísticos, de pesquisa, de recebimento e de entrega de materiais, de recepção, de acompanhamento a visitantes, de telefonia, de custódia de objetos e de documentos, de guarda de achados e perdidos, de medição, de pesagem, de conferência de mercadorias, de avaliação, de fiscalização, de comunicação, de informação, de caixa de correspondência e, até mesmo, de transmissão de recados.

Certa vez, um envelope foi deixado na portaria de uma organização para ser entregue para alguém que iria buscá-lo, mas continha um talão de cheques furtado no vestiário dos funcionários da empresa. Muitas vezes, chaves de residências e envelopes com documentos ou dinheiro são deixados aos cuidados dos porteiros de condomínios residenciais, os quais sequer podem conferi-los ao recebê-los.

Os demais processos de segurança, inclusive, interferem no processo de controle de acesso, e não são raras as situações em que o porteiro faz rondas internas e de perímetro sem habilitação para tal. Talvez sejam óbvios os motivos pelos quais consideramos essas práticas como desvio de função e, principalmente, como um fator de risco de alta motricidade. Convém lembrar que, além do processo de controle de acesso, é essencial que sejam elaborados e implantados procedimentos estruturados para o controle de circulação interna e para o controle de saída das instalações da organização. Assim, o sistema se completa com procedimentos estruturados para controlar tudo e todos que entram, que circulam e que saem dos limites das instalações que pretende proteger.

Quando o processo de controle de acesso emprega **tecnologia eletrônica**, os procedimentos estruturados devem regular sua utilização, e os recursos tecnológicos empregados definem o nível de segurança desse processo. Há uma classificação que estabelece quatro níveis de segurança dos processos de controle de acesso de acordo com o tipo de tecnologia que emprega:

» **Nível 1**: o dispositivo de controle de acesso autoriza o acesso apenas mediante o uso de algo que o solicitante possui, como uma chave, um controle remoto ou um cartão magnético.

» **Nível 2:** o acesso é liberado mediante algo que o solicitante sabe, como um segredo, uma informação ou uma senha.

» **Nível 3:** o acesso é liberado mediante algo que o solicitante é, como um técnicas de verificação de biometria.
» **Nível 4:** o acesso é liberado mediante a combinação redundante de dois ou de mais dos recursos dos níveis anteriores, como um cartão e uma biometria ou um cartão, uma senha e uma biometria.

Para mostrar a importância da redundância, relatamos a seguinte situação: em uma instalação de segurança máxima, aconteceu uma violenta invasão com a utilização de um grande efetivo de bandidos. Com uso de armamento pesado de grosso calibre, eles progrediram no interior do local, derrubando todas as barreiras eletrônicas em direção ao valor que buscavam. Após superarem toda a tecnologia eletrônica de controle de acesso em uma compartimentação interna com diversas barreiras físicas, não conseguiram abrir a última porta de acesso ao alvo, porque ali existiam dois bons e velhos ferrolhos que trancavam a porta. Com a chegada do reforço policial, a quadrilha empreendeu fuga sem lograr êxito no intento delituoso somente porque o último dispositivo de segurança, um simples par de ferrolhos, resistiu.

4.3 Segurança de perímetro

Sob a ótica da prevenção de ameaças, no sentido de identificar seus pontos de maior vulnerabilidade, a função dos sistemas de segurança perimetral é somente uma: impedir a transposição não autorizada, nos dois sentidos, dos limites físicos da organização protegida. Assim, podemos concentrar todas as atenções da análise de risco na busca por pontos onde invasões ou saídas não autorizadas estejam facilitadas.

> O valor de um sistema defensivo se mede por seu ponto mais fraco.

Essa frase é um dos princípios básicos da disciplina de Operações de Combate do Curso de Formação de Oficiais de Infantaria do Exército Brasileiro e ensina aos cadetes que, em uma operação defensiva com a tropa, o comandante deve conhecer muito bem seu ponto mais fraco, porque esse é o valor de sua capacidade defensiva. Da mesma maneira, em segurança física de instalações, os pontos mais fracos do perímetro devem ser identificados pelo gestor desse sistema de defesa. No entanto, não basta identificar as fraquezas, é preciso implantar ações para reduzi-las e até para eliminá-las.

Outra analogia desse importante conceito de tática de sistema de defesa é feita com a figura de uma corrente com um dos elos enfraquecido: o valor da resistência da corrente é igual ao valor da resistência de seu elo mais fraco. Em uma concepção operacional, é simples perceber que, para impedir as invasões ou as saídas não autorizadas pelo perímetro de uma instalação de qualquer natureza e porte, basta identificar os pontos em que isso é possível ou mais fácil e reforçá-los para reduzir ou eliminar as vulnerabilidades.

Assim, para essa avaliação, recomendamos começar verificando se existe um meio físico que define o perímetro e se ele já pode ser considerado como a primeira barreira de segurança. Uma cerca de arame farpado com quatro fios impede a passagem até de um boi, mas não impede a passagem de uma criança. É necessário averiguar qual é o nível de resistência dessa primeira barreira, caso ela exista: É uma cerca de arame, uma cerca viva, um alambrado com tela de arame, uma mureta, um muro ou uma muralha? De que material é feita e qual é sua robustez? Existe reforço de barreira eletrônica?

Passa-se, então, a procurar pontos fracos, como desníveis de terreno, pontos de escalada, falhas e pontos danificados ou fragilizados. Na sequência, verifica-se quanto do perímetro pode ser vigiado em tempo real e se existem "áreas de sombra" em que essa vigilância não é possível. É claro que essa análise deve considerar também o período noturno e as condições de iluminação.

Para completar a avaliação do nível de segurança do perímetro, é importante examinar as condições das instalações da vizinhança e do entorno e se, de alguma maneira, elas podem representar algum risco ao perímetro. Somente depois dessas primeiras avaliações é possível começar a planejar ações corretivas, de reforço, de obras, de iluminação e de emprego de dispositivos mecânicos e eletrônicos de contenção, de detecção e de alarme, de rondas, de monitoramento de imagens, de posto de vigilância e de reação. É válido salientar, ainda, que o gestor de segurança deve cuidar da integridade de todo o perímetro, mas o agressor só precisa descobrir e se preocupar em atacar apenas o ponto mais fraco; por isso, faremos algumas considerações sobre esses dispositivos de segurança perimetral.

Iluminação

A iluminação tem dois objetivos: aumentar o risco para o agressor, eliminando as áreas de sombras e diminuindo a motivação para a invasão ou para a saída, e facilitar a vigilância humana ou eletrônica sobre a área iluminada. Então, para um bom projeto de iluminação de segurança de perímetro, basta atender a esses dois objetivos. Alguns sistemas de iluminação de perímetro têm seus potentes faróis apontados no sentido de fora para dentro, justamente na direção das câmeras de monitoramento, que não conseguem compensar o excesso de luz direta, o que também acontece com o olho humano tentando ver alguma coisa do lado de fora – os holofotes não podem iluminar o interior para quem o vê de fora e cegar quem tenta olhar de dentro para fora, inclusive as câmeras.

A iluminação acionada por sensores de movimento, além de proporcionar economia de custos de energia elétrica, pode ser uma desagradável surpresa para o invasor que planejou a ação passando por uma área que julgava não ter iluminação. Porém, esse dispositivo deve ser integrado com outro que alerte que a iluminação foi acionada. Já vimos refletores acionados por sensores de movimento que não estavam integrados com nenhum sistema de detecção, alarme ou circuito fechado de televisão (CFTV) e sem vigilância humana. Como alertamos ao cliente, o sistema estava apenas auxiliando o invasor, que provavelmente agradeceria a providência da empresa em benefício de sua segurança, instalando uma iluminação especialmente para quando ele pulasse o muro, o que evitaria que se ferisse no escuro.

Obstáculos de contenção
Obstáculos de contenção têm o objetivo de impedir a invasão de duas maneiras: pela dificuldade de transposição, como uma muralha de 20 metros de altura, e pelo potencial de produzir danos físicos ao pretenso invasor, como uma concertina com grampos cortantes, uma cerca eletrônica com choques **não letais**, grades de ferro com as pontas afiadas de lança e, até mesmo, os antigos cacos de vidro. Note que destacamos "não letais" porque qualquer um desses dispositivos destinados a ferir o invasor pode provocar sua morte em condições imprevisíveis. Além disso, há a trágica possibilidade de que a vítima fatal que foi ferida pelo dispositivo

instalado no perímetro do sistema de segurança não fosse um agressor, e essa invasão não representasse nenhuma ameaça ao sistema, como uma criança que, ao tentar pegar uma bola caída no interior do perímetro, foi gravemente ferida na ponta da lança ou pela queda que sofreu quando recebeu o choque da cerca elétrica.

De qualquer forma, delinquente ou não, agressor ou não, se alguém for ferido ou morrer no sistema de defesa, as consequências legais poderão ser graves – o risco de implicações desastrosas sempre está presente no emprego de dispositivos de segurança com algum potencial de letalidade. Seja como for, há de se avaliar, de acordo com cada contexto operacional, o risco desses dispositivos de contenção no perímetro, examinando tanto a invasão quanto a saída não autorizada.

Detecção e alarme
Dispositivos de detecção e alarme, mais conhecidos como *barreiras eletrônicas*, têm somente duas funções: detectar tentativas de violação do perímetro e acionar alarmes imediatos que avisem o sistema de segurança sobre o evento. Seu maior problema era a incidência de alarmes falsos, especialmente em áreas externas, como quase sempre é o caso da segurança de perímetro. Entretanto, a evolução da tecnologia já resolveu de maneira satisfatória essas dificuldades.

O que interessa saber é que é crucial que esses sistemas sejam monitorados e que o elemento humano possa reagir de acordo com os planos táticos operacionais quando a tecnologia detectar e alarmar uma violação de perímetro. Ainda há alguns sistemas sem monitoramento, apenas com um sensor que aciona uma sirene sem receber nenhuma resposta humana. Dependendo da condição operacional de um sistema com essa configuração, servirá apenas para causar desconforto sonoro ao invasor e aos vizinhos, que, em geral, limitam-se a reclamar do barulho e preferem não se envolver com a provável invasão, nem mesmo com uma simples ligação para o 190.

Rondas físicas e de circuito fechado de televisão

No âmbito operacional de segurança, *ronda* é o ato de percorrer as instalações protegidas para se certificar de que tudo está como deveria estar. É comum que essa verificação seja realizada fisicamente, por um ou por mais profissionais de segurança, que percorrem as instalações e os locais a serem verificados, mas pode ser realizada eletronicamente, com a verificação de imagens de câmeras nos pontos que necessitam de ronda. A qualidade da ronda de CFTV depende da tecnologia empregada, do planejamento tático operacional e da cobertura das imagens sobre as áreas a serem verificadas. O tipo de lente, a capacidade de *zoom*, a movimentação e a posição das câmeras são fatores que interferem nessa qualidade.

A ronda de CFTV pode ser feita com mais frequência e mais rapidez e, por não demandar o deslocamento nem a presença física do vigilante, pode ser realizada sem ser percebida por quem está na área observada, inclusive o invasor. Além disso, na ronda realizada pelo CFTV, não existem riscos à integridade do vigilante, como na ronda física. Contudo, nesse tipo de ronda, deve haver um operador para as câmeras, pois não é recomendada qualquer automação nessa modalidade. É fundamental que o operador verifique e analise todos os detalhes das imagens em tempo real.

Essas rondas, especialmente a física, devem evitar a rotina com horários fixos e roteiros na mesma sequência. É notório que até criminosos amadores e oportunistas observam a repetição de horários e de roteiros de rondas de segurança. Então, é prudente que a ronda física seja feita com o acompanhamento da ronda de CFTV, de modo que homem e tecnologia se complementem, principalmente se a situação a ser verificada in loco apresentar algum risco ao profissional de segurança.

Monitoramento de imagens de perímetro
Para efeito de segurança de perímetro, o que interessa no CFTV é o monitoramento de imagens em tempo real, tanto na operação de monitoramento em situação de normalidade quanto durante uma ocorrência anormal. Nas duas condições, a segurança do perímetro será mais efetiva se um operador estiver operando as câmeras e observando cada detalhe das imagens em tempo real. Com essa observação, o operador do CFTV pode orientar ações corretivas imediatas e ajudar a intervenção humana durante uma ação de contenção a uma violação de perímetro em andamento.

Imagens que estejam sendo geradas sem nenhum operador as observando em tempo real estão no "piloto automático", sendo apenas gravadas no sistema. Embora esse recurso também tenha sua relevância para averiguações futuras, o que realmente interessa em segurança de perímetro é que ele não seja violado de fora para dentro nem de dentro para fora. Para contribuir com esse objetivo, é importante que o perímetro seja monitorado em tempo real. Assim, esta é a principal funcionalidade do CFTV na segurança de perímetro: manter a observação em tempo real sobre os setores de perímetro com maior probabilidade de violação.

Posto de vigilância e reação
A utilização de posto de vigilância com a presença física de um profissional de segurança percorrendo um setor do perímetro é um importante elemento de reforço de sistema de segurança, porque tanto a capacidade de antecipação quanto a capacidade de pronta resposta estarão garantidas na segurança do

perímetro se essa função for exercida com a qualificação e a qualidade necessárias. Qualquer posto de vigilância ocupado por um vigilante devidamente qualificado e que trabalhe com qualidade tem mais chances de garantir a segurança e a integridade do bem protegido.

Muito melhor e mais efetiva será essa segurança se ao elemento humano forem agregados recursos tecnológicos de detecção, de alarme, de iluminação, de monitoramento de imagens e de comunicação. O objetivo de um posto de vigilância, também no perímetro, é se antecipar a uma violação, identificando uma tentativa e reagindo prontamente caso a violação seja consumada, com vistas a reduzir os efeitos sobre a segurança dos bens a serem protegidos pela estrutura do perímetro. Além disso, a presença de um profissional de segurança qualificado e bem equipado, por seu caráter operacional ostensivo, exerce a função passiva de desestimular a tentativa de transposição não autorizada do perímetro.

Contudo, é justamente sobre as funções ativas de antecipação e de reação a tentativas de violação de perímetro que devemos focar os interesses do estudo de segurança de perímetro, visto que será da prontidão e da qualidade que dependerão os níveis dos efeitos e dos impactos sobre a segurança de tudo e de todos a quem deve proteger. Entretanto, ainda precisamos lembrar que vigilante qualificado é aquele com formação técnica adequada e suficiente para o exercício da profissão, podendo chegar ao ponto de ser específica para determinada condição de serviço de vigilância. É óbvio que, nesses casos, a qualificação pede treinamento específico e curso de formação de vigilante. Ainda, trabalhar com qualidade significa ter entendimento claro e consciente da importância da missão do posto de serviço e se comprometer com seu cumprimento, atuando de acordo com o que se espera no plano tático operacional.

Somente o profissional qualificado está habilitado para decidir sobre o modo e a dose exata e precisa da reação a ser empregada no caso de uma tentativa ou de uma violação consumada de perímetro; só esse profissional está apto a antecipar-se e evitar uma violação do perímetro e, caso não seja possível evitá-la, reagir prontamente à invasão. Isso é fundamental para um posto de vigilância de perímetro, porque a possibilidade de contato com alguém que tenta evadir ou invadir é muito grande, visto que, em última análise, é para isso que o posto existe e, se considerarmos que a necessidade de implantação de um posto de vigilância de perímetro só se justifica por seu potencial de violação, não há como negar que probabilidades de contato com agentes de violação do perímetro existirão e nem sempre serão baixas.

Quando afirmamos que é nas funções ativas de antecipação e de reação a uma tentativa de violação de perímetro que se devem concentrar as atenções, significa que o gestor de operações de segurança precisa conhecer o potencial de contato com um agente infrator no posto de vigilância que está implantando. E, mais ainda, o gestor de segurança precisa saber "quem" é esse infrator e que nível de periculosidade ele apresenta, pois só assim poderá dar a devida qualificação e os meios adequados para que o vigilante de perímetro aja conforme o padrão que dele se espera. Esse é um processo decisório que necessita de uma cuidadosa e certeira análise do contexto operacional que envolve as condições e a tática operacional a ser definida para o posto de serviço de vigilância.

Armamento letal
Para justificar a implantação de um posto de vigilância de perímetro armado com armamento letal, três fatores congruentes devem ser considerados: a segurança do vigilante que ocupará

o posto e que deverá ser o fator determinante e prioritário na decisão; o grau de periculosidade do entorno e dos prováveis agentes de violação do perímetro e com qual nível de agressividade essa violação pode ser tentada; e o valor da recompensa que o invasor busca e a força da motivação que ela produz na intenção do delinquente. Esses três fatores juntos autorizam ou proíbem o uso de armamento letal na segurança do perímetro.

Nesse contexto, a única finalidade da arma letal é defensiva, para proteger o vigilante quando ele sofrer algum tipo de ameaça igualmente letal. Entretanto, o que se observa na prática é que, quase sempre, em virtude da inexistência de análises do nível de periculosidade do perímetro, a decisão acaba sendo pelo uso da arma de fogo; na dúvida, sempre se opta pela arma. Contudo, assumem-se, assim, o risco de seu uso sem a devida justificativa operacional e o perigo de um disparo contra um alvo que não representa uma violação que o justifique, porque, diante de uma ameaça que ainda não se revelou inofensiva, o disparo certeiro sempre poderá ser uma opção.

Imagine que, em uma análise de risco, identificou-se a probabilidade de invasão do perímetro pela alta frequência de resgates de bola de futebol vindas de um campo vizinho e pela alta incidência de queda de pipas no interior do perímetro. No entanto, a análise técnica do contexto dos ambientes interno e externo e do entorno revelou que seria mínima, quase nula, a probabilidade de invasão diurna ou noturna com intenção de furto ou de qualquer outro tipo de ameaça a pessoas, instalações, bens e valores protegidos pelo perímetro. Em cenários operacionais como esse, o risco de um disparo contra um alvo inofensivo será conscientemente assumido se, a despeito do que indicou a análise de risco, a decisão for pelo uso de armamento letal.

> **Exemplo prático**
> Em uma madrugada, na função de oficial de dia, fui acordado porque o guarda da guarita do paiol de munições do quartel havia efetuado dois disparos de fuzil automático leve (FAL) na direção de homens que ainda estavam escondidos, ou talvez baleados, atrás de um tufo de bambu próximo ao perímetro. Para resumir o caso, em poucos minutos encontrei os dois rapazes, felizmente ambos ilesos, porque o recruta acreditava que havia acertado os tiros de 7,62 em pelo menos um deles. Ao procurar um local discreto para namorar, sem se dar conta, os dois transpuseram o primeiro perímetro do quartel, que era apenas uma cerca de arame que ficava a 30 metros do grande muro do paiol. Quando se aproximaram, segundo seus próprios relatos, foram alertados para se afastarem, mas um deles não obedeceu a advertência do infante e correu na direção da guarita, quando o fuzil abriu fogo na direção dos dois.

Até mesmo quando o emprego de arma letal é justificado e a arma é utilizada por pessoal qualificado e habilitado para portá-la em serviço, algum invasor inofensivo pode ser alvejado e fatalmente ferido. Para evitar invasões com intenções delituosas, o objetivo dessa decisão deve continuar sendo enfático na finalidade única da garantia da segurança do vigilante. Assim, nenhum gestor de segurança deve colocar um revólver no coldre de um vigilante e autorizá-lo a atirar contra qualquer pessoa que tente pular o muro.

Imagine, agora, uma situação em que um operário ladrão, ao tentar passar uma caixa de telefones celulares pelo perímetro da fábrica em que trabalha, é alvejado nas costas e morto pelo vigilante. Pense também em uma situação em que o vigilante atira e mata o ladrão desarmado que tentava invadir o perímetro para roubar celulares no centro de distribuição. Não somos especialistas criminalistas, mas não temos dúvida de que, em ambos os casos, o dano provocado pelos disparos certeiros do vigilante foi muito maior do que o prejuízo do furto concretizado. Não queremos dizer que o vigilante deve simplesmente permitir que o furto se concretize, mas que o sistema de segurança deve estar qualificado e estruturado para evitar essas ocorrências sem o emprego de armamento letal contra um ladrão em fuga. Um sistema de segurança deve ser capaz de impedir essas ameaças a seu perímetro sem a necessidade de atirar contra os agentes ou de matá-los, porém mantendo a capacidade de garantir a segurança e a integridade do vigilante.

> Quando você aponta um revólver municiado para uma pessoa e intencionalmente aperta o gatilho, só é possível crer que você pretende matá-la e ponto final.

A finalidade do uso de armamento letal reside apenas em garantir ao vigilante o direito de defesa, utilizando força pelo menos igual àquela que ameaçar sua vida. Por esse motivo, quando julgar necessário o uso de amamento letal em postos de vigilância, o gestor de operações de segurança deve deixar bem claro que a finalidade única de qualquer disparo deve ser a preservação da integridade e da vida do vigilante que o efetuou ou de outras pessoas que estejam sob a mesma ameaça. Portanto, o gestor de segurança não deve esquecer que, em segurança de perímetro, para evitar invasão de um agente externo ou evasão de um agente interno, ambos não autorizados, o vigilante deve estar habilitado, qualificado e muito bem instruído para agir apenas na medida estritamente necessária e justificável, especialmente se, para sua própria segurança, estiver portando armamento letal.

Armamento não letal

Defendemos que o uso de armamento não letal deve ser feito somente na mesma condição em que seria justificado o uso do armamento letal. Entendemos como temerária a orientação de que o uso de armas não letais é indicado para situações de menor gravidade e ainda há quem argumente que é essa a finalidade desses equipamentos. Se o vigilante no perímetro não está autorizado a alvejar um menino com a arma letal porque este está pulando o muro para resgatar uma pipa, então ele também não deve estar autorizado a alvejar o menino com uma arma não letal. Entretanto, se um manifestante violento invadir o perímetro com intuito de atear fogo no prédio onde muitas pessoas estão trabalhando, o vigilante deve estar autorizado a alvejá-lo com qualquer um dos dois tipos de arma. Talvez o exemplo do menino buscando a pipa pode ser exagerado, mas que exemplo não seria exagero? Qual seria o limite para a utilização da arma não letal e qual nível de ameaça deveria justificá-la?

É claro que reconhecemos a importância e a eficácia da arma não letal e somos a favor de seu uso, porque sua principal finalidade é evitar graves riscos aos quais as armas letais nos expõem quando seu uso é inevitável; mas não há como não ver que sua utilização precisa ser tão criteriosa e cuidadosa quanto a da arma letal. Se assim não for, preferimos a utilização da arma letal, porque, com o revólver calibre 38, o vigilante não vai atirar no menino que só quer brincar com uma pipa. Então, se o vigilante estiver orientado para usar a pistola de choque somente em situações em que usaria um revólver, ele não a usará contra o menino, mas com o potente choque não letal ele neutralizará a grave ameaça do manifestante incendiário.

Ressaltamos que existe um nível de risco de letalidade nas armas não letais, também denominadas *armas intermediárias* ou *menos letais*, e até já constatamos casos em que uma simples intenção de contenção resultou na morte da pessoa abordada. Se olharmos essa questão sob a ótica das diversas instruções de uso progressivo da força, fica mais evidente ainda a necessidade do entendimento de que a finalidade do emprego de armas não letais não deve ser a contenção das situações de menor gravidade. Portanto, insistimos que o uso de armamento não letal deve ser feito somente na mesma condição em que seria justificado o uso do armamento letal.

Guarita

Independentemente do tipo de construção – alvenaria, madeira ou fibra, com 2 ou 20 m² –, o que realmente interessa para efeito de plano tático operacional é que o gestor de segurança que decidirá o uso de uma guarita esteja ciente de que ela:

» deve ser utilizada apenas como apoio operacional ao posto de vigilância;
» não deve ser usada como posto fixo quando o posto não for fixo;
» oferece campo de visão limitado sobre o perímetro;
» é um ponto estático facilmente observado e aproximado pelo agressor;
» não é dormitório, não é sala de TV e não é *lan house*.

Sintetizamos o uso de guaritas com uma afirmação simples e direta: guarita não é lugar de vigilante. É interessante analisar a segurança de perímetro separadamente, já que é uma missão de segurança de instalações muito mais complexa do que pode parecer e, principalmente, porque muitos profissionais de segurança, vigilantes e gestores não percebem quantos detalhes operacionais existem na função de impedir violações de perímetro.

4.4 Segurança interna

O processo crítico de segurança interna de uma organização é composto pelo conjunto de procedimentos estruturados, de planos táticos operacionais, de meios, de ações e de cultura de segurança que existem com o objetivo de garantir a integridade de pessoas, animais, instalações, bens e valores dentro de seus limites físicos. Já mencionamos que a segurança de uma organização não está somente em seu serviço de segurança, mas em toda a estrutura e em todos os processos do sistema por ele protegido, porque, mesmo quando uma falha em um processo de segurança fica evidente, provavelmente é possível identificar alguma imperfeição ocorrida mais cedo, no processo de outro setor da estrutura empresarial. A falha da segurança quase sempre está na ponta da cadeia de eventos que produziu o incidente.

É justamente na segurança interna que se aplicam esses conceitos, porque todas as pessoas que, por qualquer motivo, tenham acesso autorizado à organização estarão, de uma maneira ou de outra, interagindo no ambiente interno e sujeitas às necessidades da segurança, a seus procedimentos e a suas diretrizes. Por exemplo, um prestador de serviço autorizado a entrar com seu veículo em um condomínio residencial é obrigado a respeitar o limite de velocidade para garantir a segurança de crianças que brincam pelas ruas internas; o visitante de um enfermo no hospital, por motivos óbvios, é proibido de fumar nos corredores; o colaborador sabe que precisa zelar pelo equipamento e pelas ferramentas da empresa em que trabalha para que não se deteriorem, não se percam, não se extraviem e não sejam subtraídas.

Então, também são responsáveis pela segurança interna todas as pessoas que acessam as instalações da organização, especialmente aquelas que o fazem diariamente. Para entender melhor essa reponsabilidade geral, abordaremos os processos de segurança interna de maneira fragmentada, assim como é feito para compreender toda a estrutura de um sistema de segurança empresarial, separando-a em macrocomponentes e usando o mesmo recurso didático para a gestão e o planejamento tático operacional no emprego dos processos críticos de segurança. Tanto para métodos de análise de risco quanto para elaboração de plano tático operacional, para análise crítica e para intervenções com medidas corretivas, podemos separar o processo crítico de segurança interna em: linhas de defesa, circulação interna, pontos sensíveis e cultura de segurança.

Linhas de defesa

Linhas de defesa são meios físicos ou eletrônicos que, usados separadamente ou combinados, oferecem obstáculos para uma progressão não autorizada do exterior para o interior ou do interior para o exterior das instalações protegidas. Assim, se imaginarmos uma invasão, a primeira linha de defesa é o perímetro externo e a última é a barreira mais próxima do objetivo final da proteção. O nível de segurança interna também depende da quantidade e da distribuição tática das linhas de defesa entre a primeira e a última linha de defesa das instalações tanto no sentido de quem tenta entrar quanto no sentido de quem tenta sair.

Da mesma maneira, será tanto mais difícil a progressão na direção do ponto interno que está sendo ameaçado quantas forem as linhas de defesa que precisarem ser superadas pelo pretenso agressor. Círculos concêntricos são a analogia mais comumente adotada com as linhas de defesa (Figura 4.1), porque é necessário transpor uma linha para se chegar até a próxima. Na prática, o plano tático de segurança também deve ser estruturado de modo que uma linha de defesa só possa ser ameaçada se as anteriores já tiverem sido vencidas.

Figura 4.1 – Linhas de defesa de um sistema de segurança

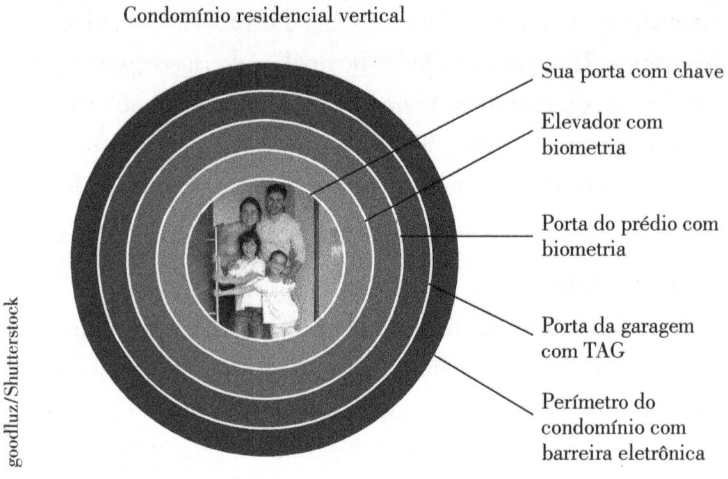

Condomínio residencial vertical

- Sua porta com chave
- Elevador com biometria
- Porta do prédio com biometria
- Porta da garagem com TAG
- Perímetro do condomínio com barreira eletrônica

goodluz/Shutterstock

O plano tático de segurança física de instalações deve fazer com que seja impossível atingir uma linha de defesa sem a transposição das anteriores. Assim, um invasor até poderá conseguir transpor uma linha de defesa, mas o sistema deverá ser montado de tal modo que seja impossível desbordá-la. *Transpor* é ultrapassar a linha de defesa atacando-a e superando-a com alguma ação agressiva, e *desbordar* é passar passivamente pela linha de defesa sem a necessidade de transpô-la com emprego de força. Em geral, essa fragilidade ocorre quando existem brechas nas linhas de defesa e, se existem, serão encontradas.

A Figura 4.1 demonstra uma sugestão de cinco linhas de defesa em um sistema de segurança de um condomínio residencial vertical. É claro que essa é uma sugestão genérica, porque os projetos de engenharia e *layout* de instalações são muito diferenciados e, para cada condição, deverá ser pensada uma solução diferente na aplicação de linhas de defesa. Podemos citar o caso de um prédio que, além da porta do elevador com acesso por biometria, contava com um acesso controlado ao *hall* do elevador com sensor de aproximação, e o elevador só dava acesso ao apartamento mediante a digitação de uma senha – só aí já se somaram mais três linhas de defesa nesse sistema de segurança interna.

O plano tático operacional de segurança é que vai definir, com base em uma boa análise de risco, quantas linhas de defesa serão necessárias, quais serão elas, onde e por que serão instaladas e como serão equipadas e operadas. Para isso, desde o perímetro, as linhas de defesa poderão ser estruturadas com todos os tipos de recursos materiais, técnicos e tecnológicos com os objetivos táticos de detecção, alarme, contenção e gravação de imagens. Essa tática operacional de segurança com linhas de defesa é aplicável a qualquer tipo de instalação e seu *design* depende não só do *layout* das instalações mas também de todo o contexto operacional da organização.

Circulação interna: fragmentação

Se considerarmos que quase todos os processos operacionais das organizações ocorrem dentro dos limites físicos de suas instalações, é possível constatar que é no interior de seu perímetro que quase todos os riscos serão encontrados – quase todos os processos operacionais e quase todos os riscos, porque podem existir operações empresariais em que essa razão não é exatamente assim e pode haver partes importantes dos processos operacionais executadas fora das instalações. Há contextos operacionais em que essa relação até se inverte e uma pequena estrutura de gestão controla uma grande operação externa.

Embora também existam riscos importantes em operações externas, o que interessa para o entendimento dos detalhes do processo crítico de segurança denominado *segurança interna* são as estruturas organizacionais internas, visto que é nelas que a circulação interna pode apresentar inúmeros e importantes fatores de risco nos processos operacionais. Quando encontramos uma condição em que, ao passar pelo primeiro e único controle de acesso, o visitante tem acesso a todas as instalações, identificamos um fator de risco de alta motricidade chamado de *falta de fragmentação*: significa que não existem restrições à circulação interna e que o acesso é permitido a todas as áreas internas após a liberação do único controle de acesso.

Podemos mencionar uma análise de risco realizada em uma obra civil de grande porte em uma área extensa com várias áreas e frentes de trabalho, todas com alto nível de risco de acidentes graves sem limites ou restrições, nem mesmo para qualquer veículo que tivesse sido autorizado a passar pela portaria. Assim, ainda na madrugada, o padeiro que ia diariamente entregar pães para 4 mil refeições, se quisesse, podia circular livremente por toda aquela imensa construção civil pesada. Nem mesmo para a mesa do engenheiro gerente-geral da obra havia um controle de acesso, e qualquer pessoa, interna ou externa, conseguia se sentar sem nenhum anúncio ou licença na cadeira bem na frente do "*big boss*" e interromper o trabalho de alta gestão.

Como dissemos, esse é um fator de risco de alta motricidade, porque dificulta e até impossibilita qualquer controle sobre tudo e sobre todos que circulam entre as instalações, o que potencializa a concretização de diversos perigos e ameaças contra pessoas, instalações, patrimônio e processos críticos da organização. Nessa condição, não é exagero imaginar que um ladrão que tenha conseguido transpor o perímetro sem ser percebido possa, sem ser importunado, fazer um longo e inocente passeio pelo interior da empresa e, com calma, escolher onde e o que furtar. E isso sem mencionar riscos muito mais graves que, dependendo de contextos econômicos, sociais e políticos, envolvam a organização e podem não ser nenhum exagero, como vandalismo, sabotagem, depredação, arrastão, protesto violento, ocupação, terrorismo e agressões ao público interno.

Então, a sensibilidade tática operacional do gestor de operações de segurança precisa ser suficiente para identificar a real necessidade de fragmentação interna, sua formatação e sua abrangência, seus procedimentos e seus meios. É claro que a necessidade de fragmentação das áreas de circulação interna é diretamente proporcional ao tamanho e à complexidade das instalações, entretanto, a facilidade de circulação interna indevida, com seus riscos, é inversamente proporcional ao tamanho e à complexidade da fragmentação das áreas internas das instalações. Quanto maiores e mais complexas forem as instalações, maior será a necessidade de fragmentação interna; e quanto maior for a fragmentação interna, menor será a facilidade de circulação indevida.

Algumas operações de alto risco agregado podem fugir a essa regra, mas são casos isolados, em que a concentração de bens de alto valor requer áreas reduzidas para operações pouco complexas, mas demandam alto nível de segurança e de segmentação e restrição de circulação interna em pouco espaço físico. É o caso, por exemplo, de instituições financeiras com pequenas áreas de processamento de grandes volumes de numerário. Já fizemos análise de risco em instalações de tesouraria e caixa-forte em que a circulação pelo interior do único prédio só era possível ao passar por várias portas blindadas consecutivas com vários componentes de segurança eletrônica, biometria, monitoramento de CFTV e procedimentos de justificativa da circulação até para o gerente-geral da operação.

Contudo, nessas poucas exceções à regra, a importância da segmentação também é uma realidade dos processos críticos de segurança. Em geral, não há a necessidade de uma portaria para cada prédio, porém, há de se considerar a complexidade das operações internas caso a caso, sempre sendo recomendável algum tipo controle de autorização para circulação e acesso a cada setor. E, nessa complexidade, pode ser considerado apenas o nível de risco de algum processo interno. Assim, uma operação de alto risco pode ter o acesso a suas instalações e circulação com alto nível de restrição, permanente ou temporária.

Também pode haver condições operacionais em que as restrições de acesso e de circulação sejam temporárias e durem apenas pelo tempo em que existirem os riscos que as justificam. No entanto, essa oscilação de restrição pode gerar confusão na rotina da circulação interna, por isso deve ser realizada, quando necessário, de modo que não restem dúvidas sobre seus horários e sua duração. O objetivo da restrição temporária não é confundir a circulação interna, mas reduzir o impacto da operação que a justificou no cotidiano dos demais processos operacionais da organização e, ao mesmo tempo, garantir o nível de segurança desejado.

> Todo procedimento de segurança deve se justificar em modo e em intensidade perante o público que atinge por meio de inquestionável redução ou eliminação de um ou mais riscos.

Portanto, o plano tático operacional de segurança deve contemplar controles de circulação interna e definir procedimentos estruturados para que qualquer circulação indevida possa, de pronto, ser identificada. Para isso, faz-se necessária a fragmentação das instalações internas, e a limitação de circulação interna deve abranger até mesmo o público interno, que terá acesso e circulação autorizados somente nas áreas necessárias para suas atividades funcionais, de descanso, de refeição, de lazer e de saúde.

Em uma análise de risco em um *shopping center*, encontramos uma funcionária terceirizada da empresa de limpeza descansando após o almoço, sentada sobre um pedaço de papelão na antessala da subestação de energia elétrica. Quando a questionamos sobre o local escolhido, ela disse que não gostava do tulmuto dos colegas no ambiente para o intervalo das refeições e preferia aquela salinha silenciosa, no fundo de um longo corredor técnico e sem ninguém para incomodar seu descanso. Em outro *shopping*, tomamos conhecimento de que, antes da nossa visita, haviam encontrado uma corrente que teria sido arremessada na direção do barramento do trafo em uma provável e felizmente fracassada ação de sabotagem.

O controle do acesso e da circulação pelas áreas fragmentadas pode ser realizado por meios simples, como a exigência do uso de crachás e a utilização de cores específicas identificando as áreas autorizadas, ou por meios mais sofisticados de tecnologia de segurança, com sistemas de identificação, detecção, alarme e monitoramento em tempo real de imagens de CFTV. Rondas internas, postos fixos de vigilância e portarias internas também ajudam no controle de circulação. Outro meio muito eficaz nesse controle é a manutenção e a operação de um bom claviculário, estruturado para controle total do acesso às chaves das áreas de acesso restrito que devem permanecer fechadas e liberadas somente para profissionais autorizados em horários determinados.

Em um condomínio residencial de grande porte, com cinco torres tipo "arranha-céu" e quase 600 apartamentos, onde não havia separações físicas internas entre as edificações, implantamos um sistema de identificação com crachá de plástico colorido, diferenciando as áreas autorizadas para a circulação de prestadores de serviço desacompanhados. Essa circulação era monitorada pelo operador de CFTV em tempo real, pelos vigilantes rondantes e pelos próprios moradores, que receberam as informações necessárias para esse fim. Assim, se, após prestar um serviço autorizado em um apartamento, um eletricista fosse visto circulando em alguma área não autorizada para a cor de seu crachá, por exemplo, a segurança deveria ser avisada.

Todos esses meios mais simples de controle de circulação interna podem ser utilizados em grandes áreas sem fragmentação ou meios de separação física. Nessa condição, a livre circulação interna não tem obstáculos físicos, mas ainda assim não precisa ser totalmente liberada e deve ser controlada. Essas táticas operacionais e de monitoramento em tempo real por um sistema híbrido de vigilância e de fiscalização presencial podem ser compostas por rondas, postos físicos e colaboradores auxiliados por meios eletrônicos de detecção, de alarme e de monitoramento em tempo real das imagens do CFTV.

Pontos sensíveis

Em áreas com fragmentação e em instalações em que existam atividades de maior risco agregado, os pontos sensíveis devem ser mapeados e seus riscos devem ser analisados. Esse estudo deve definir se haverá a necessidade de separação física com postos de controle, como portões, porteiros, portarias internas e emprego de alguma tecnologia de controle de acesso. Em alguns *layouts*, essas instalações de maior risco acabam necessitando de um perímetro físico próprio dentro do perímetro da organização, que também pode receber um sistema de segurança específico. Da mesma maneira, as instalações internas desses locais podem ser equipadas com sistemas próprios de segurança eletrônica e com a sofisticação e os recursos que o nível de risco necessitar.

Os procedimentos estruturados para esses pontos também devem definir as condições obrigatórias que autorizam os acessos ao interior das áreas restritas. O nível de risco gerado por essas atividades pode exigir, além do controle de acesso, que a circulação interna em ambientes restritos seja controlada e monitorada. Nesses casos, deve-se ter o cuidado de que cada ponto de controle se justifique pela inquestionável necessidade de redução do risco agregado, que só com essas medidas de controle de acesso e de circulação interna poderá ser mitigado satisfatoriamente.

Cultura de segurança

Com relação aos processos críticos de segurança, resta apenas complementar com uma questão denominada *origem dos riscos*. Precisamos relembrar que a importância de desenvolver e cultivar uma cultura organizacional de que a responsabilidade sobre os resultados esperados da segurança de uma organização não está somente no seu serviço de segurança, mas em toda a estrutura com seus macrocomponentes e em todos os processos do sistema por ele protegido. Pois bem, essa questão da origem dos riscos tem relação direta com a cultura de segurança em uma organização. E é justamente por esse motivo que a cultura de segurança é tão importante para o sucesso dos processos críticos de segurança interna. Como já definimos, o processo crítico de segurança interna de uma organização é composto pelo conjunto de procedimentos estruturados, de planos táticos operacionais, de meios, de ações e de cultura de segurança que existem com o objetivo de garantir a integridade de pessoas, animais, instalações, bens e valores dentro de seus limites físicos.

Nesse entendimento, a cultura de segurança é um componente tão importante quanto os demais, mas merece destaque porque, sem ela, os outros componentes e todo o processo crítico de segurança interna não alcançarão a efetividade necessária para a conquista de seus objetivos. Sem cultura de segurança desenvolvida, os processos críticos de segurança precisam ser executados no modo coercitivo, gerando o contrassenso dos conflitos e climas de descrédito e de animosidade em toda a estrutura de segurança, que só existe em razão da mais necessária de todas as causas: o bem-estar e as integridades física e moral de todos os envolvidos.

> Enquanto o público beneficiado por um processo de segurança não assumir espontaneamente o bem-estar que dele recebe, toda a estrutura de segurança estará "enxugando gelo", na inútil tentativa de reduzir as frias ameaças à integridade de todos os envolvidos.

Assim, a consolidação da cultura de segurança é essencial para que todos os envolvidos assumam que a estrutura, os procedimentos e os processos de segurança interna só existem com vistas a assegurar seu bem-estar e suas integridades física e moral. Também como um traço relevante dessa cultura de segurança, deve ser conquistado o consenso de que todos são responsáveis pela segurança de todos e que cada pessoa que passa pelo controle de acesso, ainda que seja um visitante eventual, também tem deveres e obrigações para contribuir com a segurança de todos e de tudo.

Além disso, é primordial que a alta direção comunique a atribuição da responsabilidade de visão e de gestão holística do gestor de operações de segurança em toda a estrutura da organização. É óbvio o motivo dessa necessidade, pois sem ela será muito mais reduzido o campo de visão e será restrito o acesso do sistema de segurança às condições com que são operacionalizados os processos críticos da organização. Esse importante posicionamento do alto da pirâmide organizacional evita conflitos e desgastes nas relações internas com indesejáveis impactos no desempenho geral. Entretanto, há de se ter cautela e sensibilidade nessas intervenções nos demais processos, a fim de demonstrar total respeito pela posição do colega de ficar bem claro o sentido de colaboração e de busca do objetivo comum.

Da parte do gestor de segurança, é desejável que este esclareça que espera reciprocidade e que não existe nenhum constrangimento, mas sim agradecimento, caso os demais gestores informem sobre fatores de risco que observem na estrutura da segurança. Nesse cenário, o gestor das operações de segurança não deve esquecer que todos os processos da organização devem estar integrados, até mesmo os que comanda, e que devem ser estruturados de modo a prover a segurança necessária sem impactar negativamente a operação dos demais processos críticos da organização. Assim, o plano de segurança interna, com suas linhas de defesa, precisa ser elaborado, por exemplo, de modo a não impactar negativamente na operacionalidade dos processos da organização, ao mesmo tempo que garante o nível de segurança necessário para que seus objetivos sejam atingidos. Fazendo uso da expressão popular, lembramos que "ninguém disse que seria fácil", e é exatamente por situações como essa que afirmamos que comandar sistemas complexos de segurança não é uma função que pode ser exercida por profissionais sem a devida qualificação.

Monitoramento com tecnologia de segurança

Já não há, nos dias de hoje, fatores importantes que justifi quem o não emprego da tecnologia de segurança, mesmo nos sistemas com menor complexidade. Fatores como tecnologia não muito bem desenvolvida e com baixa eficácia ou custo elevado do equipamento e da operação já não existem e vai longe o tempo em que o emprego dessas soluções ainda apresentava limitações importantes de qualidade. Equipamentos com arquiteturas eletrônicas não muito sofisticadas e menos complexas são acessíveis, e a maioria dos problemas técnicos foi superada. Cabe destacar que estamos nos referindo a equipamento de primeira linha, e o gestor de operações de segurança deve ter cuidado na especificação técnica para a aquisição do aparato de tecnologia de segurança. Então, em geral, não se justifica um sistema de segurança sem a utilização de algum reforço de tecnologia, com emprego de aparato técnico eletrônico de qualidade e com alto potencial de eficácia para a conquista dos objetivos táticos operacionais de qualquer operação de segurança, tornando-se difícil imaginar um sistema em que nenhum desses recursos tecnológicos seja aplicável.

Se considerarmos a relação entre custo e perda esperada, a viabilidade do emprego de tecnologia de segurança está mais favorável porque os custos reduziram, mas as ameaças do mercado, assim como as do contexto de segurança nos ambientes externo e interno, na melhor das hipóteses, mantiveram-se e, em hipóteses não tão otimistas, aumentaram assustadoramente – dependendo das peculiaridades de cada organização. Recentemente, ao levar um calçado para reparo em uma pequena sapataria, notamos um "sistema" com dois sensores de presença protegendo um monte de sapatos usados, a maioria sem o devido par, em um ambiente de cerca de 20 m²; até o pequeníssimo empresário, com o uso de tecnologia de segurança em operações de baixo nível de risco, está dificultando a vida dos criminosos e contribuindo para a redução dos índices de delitos.

Assim, por meio de constatações como essa, afirmamos que não há como conceber, nos dias de hoje, um sistema de segurança sem a utilização de algum reforço de tecnologia de segurança, e a obrigatoriedade desses sistemas é tão mais evidente quanto maior for a complexidade da operação e quanto maior for a perda esperada no caso da concretização dos riscos. Portanto, o apetite das organizações para investimentos em tecnologia de segurança pode ser consideravelmente reforçado se os gestores de operações de segurança souberem demonstrar o imenso resultado positivo da relação entre as variáveis probabilidade de concretização dos riscos, perda esperada e investimento necessário em tecnologia de segurança para evitá-la.

Está à disposição uma infinidade de poderosos recursos tecnológicos, como barreiras eletrônicas, sistemas de obstáculo e de contenção de tentativa de invasão, sistema de detecção e de alarme, sistemas de iluminação, drones com imagens em tempo real, sistemas de controle de acesso com registro total de eventos e relatórios detalhados, sistemas de biometria com sofisticados recursos de identificação, sistemas de controle de circulação interna, sistemas com fechaduras randômicas temporizadas e remotamente operadas, sistemas de prevenção e de alarme de incêndio e de detecção de vazamento de gás, sistemas de proteção de mercadorias, equipamentos, bens e valores, sistemas de monitoramento e rastreamento via satélite, sistemas de posicionamento global (GPS), sistemas de comunicações via radiofrequência e telefonia e todos os sistemas de monitoramento em tempo real de imagens e de gravação para análise e pesquisa de eventos. Lembramos, ainda, que é fundamental a pesquisa constante para a busca e o conhecimento das novidades tecnológicas, visando garantir a melhoria contínua do sistema de segurança, visto que é notória a rapidez com que novos e interessantes recursos técnicos são desenvolvidos nesses equipamentos.

Outro fator de extrema importância para reforçar a viabilidade do emprego de tecnologia de segurança é o inegável fato de que, com o emprego desse aparato tecnológico, o plano tático operacional de segurança pode reforçar todos os processos de controle de acesso, de segurança de perímetro, de segurança interna e de segurança de operações externas. Entretanto, não podemos esquecer que o **elemento principal**, em qualquer sistema de segurança, sempre será o **humano**, pois será, em última análise, sob seu comando e a seu serviço que estará a tecnologia de segurança. Nesse sentido, alertamos para que um sistema de segurança seja composto pelo trinômio homem–tecnologia–procedimentos.

Ainda não existe um sistema de CFTV com inteligência artificial capaz de fazer monitoramento de imagens em tempo real e diferenciar uma simples atitude suspeita de um possível agressor próximo a um ambiente de caixas eletrônicos, da mesma forma que podem facilmente fazer a sensibilidade, a atenção, a memória e a experiência de um bom operador humano de CFTV ou de um vigilante atento que esteja no local. Contudo, esse mesmo sistema é capaz de armazenar todas as imagens do pretenso agressor e disponibilizá-las ao gestor de segurança para que este as utilize de acordo com os procedimentos estruturados para análise do real nível da ameaça.

Também recomendamos que o *backup* de imagens do CFTV não seja utilizado apenas para a pesquisa de imagens de incidentes e de ocorrências, mas que sejam criados procedimentos de análises rotineiras de imagens para avaliações e identificações de fatores de risco que poderão ser encontrados nesses arquivos. Todo sistema de CFTV tem duas funções básicas: (1) monitoramento de imagens em tempo real e (2) gravação e arquivamento das imagens de todas as câmeras. Na prática, o que se observa é a subutilização dessa segunda função, e as imagens são deixadas no disco rígido do DVR até que sejam automaticamente apagadas ou abandonadas na "nuvem" sem que tenham sido analisadas. Em geral, essa função fica como no "piloto automático" e, diariamente, são perdidas informações vitais para os objetivos da segurança. É claro que é impraticável, especialmente em sistemas mais complexos, avaliar todas as imagens, mas, com procedimentos estruturados bem definidos, é possível analisar rotineira e seletivamente câmeras, horários ou atividades de pontos críticos conhecidos e com algum potencial de risco.

Durante uma análise de risco em uma central de monitoramento de CFTV de uma grande empresa, que tinha um posto bancário ao lado da portaria principal, observamos que, no momento em que um carro-forte chegou para abastecer os caixas eletrônicos, o operador não deu a devida atenção para as imagens que estavam em um pequeno quadro em uma tela bem à sua frente. Também não houve comunicado da portaria para a central sobre a operação de valores em andamento, e o operador do CFTV sequer percebeu a presença do carro-forte. Ficou bem claro, nessa situação, que a rotina, na verdade, era a desatenção para com aquela perigosa operação, e suas imagens eram tratadas da mesma forma como as das operações de risco mínimo. Se alguém ousasse, com fins criminosos, filmar com um celular aquela operação no caixa eletrônico, essa evidência de um futuro ataque, além de não ter sido vista em tempo real, ficaria perdida no DVR até não ser mais útil, após a ocorrência do assalto.

Ainda que a atitude suspeita não tenha sido vista em tempo real, o sistema oferecia uma chance para que alguém, analisando as imagens gravadas, concluísse que um assalto poderia estar sendo engendrado. Então, as funções de gravação e de arquivamento de imagens do CFTV podem e devem ser mais bem aproveitadas e servir para a essencial atividade de análise de risco, ampliando a capacidade de antecipação das operações de segurança.

> Existe uma infinidade de informações, tanto de interesse tático operacional para a segurança quanto de interesse estratégico para a gestão do negócio, que não são analisadas e se perdem para sempre depois de um rápido período em que ficam disponíveis em DVRs do CFTV.

Outro alerta fundamental é relacionado à segurança das informações operacionais que se encontram nos sistemas de armazenamento de arquivos eletrônicos e à importância de procedimentos estruturados para o controle de acesso aos arquivos. Quase todos esses sistemas oferecem recursos de acessos identificados com senhas individuais, que devem ser cadastradas apenas para operadores autorizados, de modo que, se a imagem de uma ocorrência feita por uma das câmeras do sistema aparecer no telejornal local, o usuário que fez essa cópia poderá ser identificado.

Houve uma situação em que uma criança sofreu um grave acidente às 15h em um hipermercado, e as imagens do CFTV foram veiculadas em um telejornal local no fim da mesma tarde.

Algumas emissoras costumam comprar imagens que consideram relevantes para seus objetivos de audiência: o valor monetário dessas imagens será mais alto quanto mais graves forem os fatos retratados. Assim, se não existe um nível de controle de acesso a essas imagens, a segurança das informações fica seriamente comprometida, e o conteúdo pode facilmente ser copiado, comercializado e até utilizado para planejamentos em ações delituosas. Além disso, há a possibilidade de que cópias sejam produzidas por outras câmeras, especialmente as de telefones celulares, que podem registrar imagens diretamente dos monitores da central de CFTV – essas são imagens sobre as quais o sistema de segurança tem a obrigação de garantir o sigilo total, e deve ser criado algum controle que seja capaz de reduzir esse risco.

Ainda com relação às funções do CFTV, a identificação facial já é uma realidade nesses sistemas e vem sendo utilizada, com bons resultados, em controle de acesso e até em locais abertos ao público. São inúmeras as possibilidades de evolução na tecnologia de identificação de pessoas. Outra observação diz respeito à posição do painel do sistema de alarme de incêndio. É assustador que, em alguns sistemas de segurança, esse equipamento pareça não ter a menor serventia; já o encontramos instalado embaixo de escadas com vassouras e panos de chão, atrás de armários e com o sinal sonoro desativado. Talvez fosse até dispensável qualquer outro comentário sobre isso, mas acrescentamos apenas que o painel de alarme de incêndio deve estar sempre instalado dentro da central de segurança, em uma posição que garanta seu monitoramento 24 horas por um operador humano.

Prevenção de perdas

Prevenção de perdas é uma expressão tão óbvia para qualquer profissional de gestão de operações de segurança que até mesmo os leigos no ofício da prevenção e da proteção são capazes de entender seu conceito, que se refere à ideia de segurança de instalações, de bens e de valores. Diante dessa concepção, bastaria lembrar que, inclusive quando protege pessoas, o sistema de segurança está realizando prevenção de perdas e, nesse caso, a perda evitada será a do bem maior, cuja integridade deve ser garantida por qualquer sistema de segurança: a vida humana. No entanto, em virtude da incrível diversidade de ramos da atividade empresarial, são comuns aplicações diferenciadas dos processos críticos de segurança para algumas atividades específicas, com denominações próprias e estruturas também diferenciadas.

Em operações de segurança, a expressão *prevenção de perdas* (ou *loss prevention*) vem sendo utilizada para definir os processos de segurança que têm objetivos táticos de garantir a integridade de bens ativos em toda a cadeia logística das atividades empresariais, especialmente no setor varejista. São seus bens tangíveis, suas instalações, seus equipamentos e os respectivos meios físicos de produção e comercialização que estão sob a permanente proteção de estruturas e processos de segurança, com vistas a evitar danos ou perdas. Também estão protegidos por essas técnicas os estoques de matéria-prima, o produto acabado e as mercadorias a serem comercializadas e vendidas ao consumidor final.

Para a maioria dessas organizações, as perdas na cadeia logística têm alto potencial de impacto sobre a conquista dos objetivos estratégicos do negócio, e suas operações de segurança necessitam de estrutura, recursos tecnológicos, equipes e processos específicos para reduzir esse risco. Setores como a indústria de bens de consumo e o comércio varejista especializaram-se nesse segmento de operações de segurança e desenvolveram técnicas eficazes para prevenção e redução de suas perdas. Portanto, a prevenção de perdas é composta por procedimentos e ações que aparecem em todos os processos críticos de segurança (procedimentos estruturados, controle de acesso, segurança de perímetro, segurança interna, segurança de operações externas).

Os gestores de operações de segurança, especialmente aqueles que atuam no setor varejista, devem aprofundar-se no conhecimento e na aplicação das melhores práticas e técnicas de prevenção de perdas. Para contribuir, apresentamos, a seguir, uma sugestão de um modelo de visualização fragmentada para busca por fatores de risco em prevenção de perdas, tendo como base os macrocomponentes de um sistema de segurança. Os itens inseridos nesse modelo são comuns a qualquer tipo de organização, mas alguns deles – como perdas operacionais, quebra operacional, frente de caixa, gestão de estoque, exposição, gestão de perecíveis, tecnologia de logística e infraestrutura pública – são mais impactantes nas operações de varejo. Nesses itens, as perdas são tão significativas que chegam a comprometer os objetivos estratégicos do negócio. Por essa razão, esses empreendimentos comerciais têm realizado pesados investimentos na qualificação e na estruturação de seus sistemas de prevenção de perda.

Figura 4.2 – Macrocomponentes do sistema de segurança de prevenção de perdas

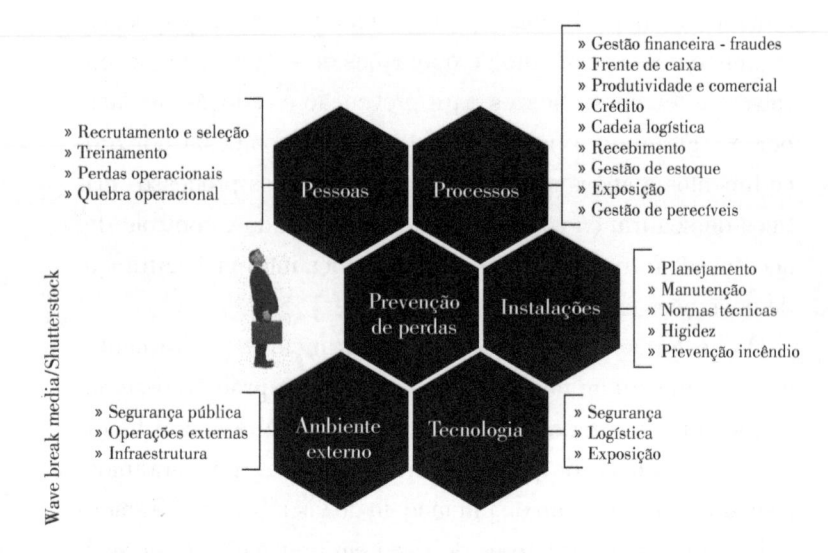

- Recrutamento e seleção
- Treinamento
- Perdas operacionais
- Quebra operacional

Pessoas

Processos
- Gestão financeira - fraudes
- Frente de caixa
- Produtividade e comercial
- Crédito
- Cadeia logística
- Recebimento
- Gestão de estoque
- Exposição
- Gestão de perecíveis

Prevenção de perdas

Instalações
- Planejamento
- Manutenção
- Normas técnicas
- Higidez
- Prevenção incêndio

- Segurança pública
- Operações externas
- Infraestrutura

Ambiente externo

Tecnologia
- Segurança
- Logística
- Exposição

Wave break media/Shutterstock

Apenas como exemplo, veja que o gestor de prevenção de perdas precisa ser capaz de detectar fatores de risco nos processos de recrutamento e seleção e de treinamento das equipes operacionais da empresa, visando aprimorá-los e reduzir as perdas operacionais em todas as etapas da cadeia logística, mitigando as quebras operacionais (danos a instalações, equipamentos e mercadorias, além de furtos) nessas etapas. Esse modelo de visualização fragmentada dentro dos macrocomponentes de um sistema de segurança permite inserir fatores de risco de acordo com o contexto operacional de cada operação de segurança privada. Assim, para cada organização que necessite dos processos de prevenção de perdas, essa configuração poderá conter elementos específicos e particulares. Não obstante, para qualquer contexto operacional, a *prevenção de perdas* é o conjunto de procedimentos, técnicas e métodos destinados a reduzir o potencial de perdas e danos nos ativos fixo e circulante da organização.

4.5 Segurança de operações externas

Quando abordamos a questão das estruturas de segurança interna, salientamos que há operações empresariais em que a razão entre os processos internos e externos mostra que pode haver partes importantes dos processos operacionais executadas fora de suas instalações e a maior parte das atividades fora dos limites físicos da organização, ou seja, dependendo do contexto operacional, uma pequena estrutura de gestão pode administrar e controlar uma grande operação externa. Alguns ramos empresariais são essencialmente de atividades externas, mas parece óbvio que o setor em que essa característica é mais notória seja o setor de transportes em todas as modalidades, tanto de passageiros quanto de cargas. Até mesmo os conhecidos carros-fortes transportam uma carga, se não a mais valiosa de todas, por certo a mais cobiçada pela ação criminosa.

Com isso, os processos críticos de segurança em operações de transporte de carga apresentaram um avanço surpreendente nos últimos 30 anos. O crime, nem sempre "organizado" e nem sempre "profissional", começou a atacar as linhas de suprimento e de distribuição de mercadorias de maior valor agregado, provocando uma salutar reação dos sistemas de segurança para o desenvolvimento de recursos, de tecnologia, de procedimentos e de qualificação das equipes operacionais envolvidas com o transporte e com a segurança dessas operações. As cargas mais visadas, como medicamentos, eletroeletrônicos, material de informática, produtos de alto giro, algumas matérias-primas e o próprio dinheiro em espécie, passaram a ser protegidas por aparatos de equipamentos e sistemas de altíssima tecnologia, até com serviços de escolta fortemente armada. Procedimentos e processos de controle remoto dessas operações foram criados e melhorados continuamente, sistemas de serviço de inteligência empresarial de segurança passaram a operar em colaboração e com troca de informações com os setores de segurança do Estado, em uma perfeita demonstração de estruturação, organização e profissionalização do setor de segurança privada no assessoramento técnico empresarial, com vistas a garantir um nível de segurança satisfatório para essas operações.

As expressões *crime organizado* e *bandido profissional* não deveriam ser usadas, porque quem deve ser organizado e profissional são aqueles que trabalham com segurança, que estão do lado da lei e da ordem; profissional organizado é sinal de qualidade e de virtude e só deve ser associado a atividades benéficas. A segurança das operações em ambientes externos, incertos e hostis já melhorou tanto que, vez ou outra, quando analisamos tecnicamente os contextos operacionais que ainda ameaçam as empresas, temos a impressão de que tudo o que era possível fazer já foi feito para limitar e dificultar a ação criminosa sobre pessoas, bens, mercadorias e valores que circulam pelas estradas deste país. Entretanto, a verdade é que, assim como fazem os bandidos, sempre planejando novas formas de ameaças, os profissionais que estão do lado da lei, da ordem e do progresso também precisam manter-se em busca de novos dispositivos e procedimentos de segurança para ampliar sua qualificação e garantir a integridade de todos e de tudo o que as transportadoras deslocam.

Quando se pensa em operações empresariais externas, observa-se que a grande maioria é relacionada com alguma forma de transporte, contudo, existem outras modalidades de atividades externas, como prestadoras de serviços de manutenção, de limpeza e de conservação em vias públicas, serviços de instalação e de manutenção em infraestrutura pública e privada, serviços de fiscalização, de medição, de pesquisa, de atendimento e de resgate médico, operações comerciais itinerantes e até serviços públicos de segurança. Da mesma maneira, atuam em áreas abertas, sem limites físicos, as empresas prestadoras de serviço de segurança privada com vigilantes de carro-forte e de segurança pessoal privada.

Todas essas operações devem aplicar medidas de gestão de risco de ordem tática de identificação, de análise e de avaliação de riscos e de contextos operacionais e suas ameaças; deve-se proceder ao estudo e à elaboração de cenários em verdadeiras operações de inteligência corporativa, para a produção de sólidas informações que fundamentem o planejamento de roteiros, de distribuição fracionada, de horários, de meios de transporte, emprego de tecnologia de segurança remota de monitoramento, de rastreamento e de comunicação, além de acompanhamento por escolta armada, de apoio policial, bem como de treinamento e qualificação das equipes envolvidas. E não há como negar que essas medidas produziram maior nível de segurança para operações externas, embora o contexto da segurança pública e da criminalidade ainda seja bastante desfavorável.

Vale, aqui, reforçar esse conteúdo com uma observação prática: certa vez, uma dupla de eletricistas de alta tensão estava trabalhando – os dois subiram em um poste e abandonaram o caminhão com todo o equipamento, totalmente aberto, a cerca de 50 metros de distância. A curiosidade profissional nos fez alterar o curso da caminhada para observar pela porta que o veículo estava à disposição de larápios, inclusive com a chave no contato de ignição. A probabilidade de furto do caminhão de uma concessionária de energia elétrica provavelmente seja baixa, mas isso não justifica o descuido, pois poderia acontecer o furto da caixa de ferramentas e do telefone celular que estavam por ali.

> Para a gestão de operações de segurança empresarial, o ambiente externo é repleto de incertezas que podem evoluir para ameaças, as quais, em um instante, progridem para a certeza do perigo consumado.

Se o ambiente externo é hostil às operações, é preciso buscar qualificação, meios técnicos operacionais e informações para enfrentar as ameaças com competência, organização, profissionalismo e a força que o crime merece. Diante da impossibilidade de reduzir as operações nesse ambiente ameaçador, é necessário minimizar as incertezas que ele pretende impor à segurança operacional e jamais trabalhar "no escuro" e fazer "voos cegos", sem informações, porque a operação não merece tamanha desatenção.

Para encerrar este capítulo, reiteramos algumas observações. Se você julgar que estão faltando detalhes técnicos sobre os sistemas e as medidas que mencionamos ou que deixamos de tratar de algo, lembre-se de que advertimos que isso poderia acontecer, pois acreditamos que, quando se publica um trabalho sobre sistemas de segurança, deve-se ter a devida cautela de não expor detalhes sobre equipamentos, tecnologias, procedimentos e outras informações que, de alguma maneira, possam dar alguma vantagem a ações criminosas. Mesmo na elaboração de uma obra didática, há de se preservar o sigilo de detalhes operacionais, que, se expostos ao público, podem resultar em riscos às organizações desse setor.

Síntese

Definir e conquistar os objetivos táticos operacionais fica mais fácil, assim como asseguram-se os FCS do negócio mediante a utilização de procedimentos estruturados com instruções claras e objetivas. Controle de acesso é o processo crítico de segurança que tem atribuições para controlar tudo que entra e tudo que sai das instalações da organização, tudo que as pessoas portam e tudo que veículos transportam.

Segurança perimetral é o processo crítico de segurança que tem a função de impedir a transposição não autorizada dos limites físicos da organização protegida. Nesse processo, deve-se concentrar todas as atenções da análise de risco na busca por pontos em que as invasões ou as saídas não autorizadas estejam facilitadas, já que o valor de um sistema defensivo se mede por seu ponto mais fraco.

Segurança interna é o processo crítico de segurança composto pelo conjunto de procedimentos estruturados, planos táticos operacionais, meios, ações e cultura de segurança, que têm como objetivo garantir a integridade de pessoas, animais, instalações, bens e valores dentro de seus limites físicos. Se o ambiente externo é hostil às operações, é necessário buscar qualificação, meios técnicos operacionais e informações para enfrentar as ameaças com competência, organização, profissionalismo e a força que os agentes do crime merecem.

Se não for possível reduzir as operações no ambiente externo, deve-se minimizar as incertezas que ele pretende impor à segurança operacional e jamais trabalhar "no escuro" e fazer "voos cegos", sem informações, porque a operação não merece tamanha desatenção.

Questões para revisão

1) É inquestionável que a ausência de .... é um fator de risco com ...., visto que abriga e potencializa fatores de risco diversos, o que pode levar os índices de frequência de problemas e de ocorrências a valores inaceitáveis, revelando a ineficiência dos ....

    Assinale a alternativa que completa corretamente essa afirmativa:
    a. gestão operacional – alto impacto – gestores de segurança
    b. processos administrativos – baixa motricidade – seguranças
    c. recursos, meios e processos – potencial de fatalidades – planos estratégicos
    d. planos estratégicos – alta motricidade – órgãos de segurança pública
    e. procedimentos estruturados – alta motricidade – processos críticos de segurança

2) Analise as afirmativas a seguir e assinale a alternativa correta:
    a. Comodidade e segurança nunca são conflitantes.
    b. O controle de acesso deve monitorar somente o que entra na organização.
    c. O valor de um sistema defensivo se mede pelo seu ponto mais forte.

d. O fator de risco de alta motricidade denominado *falta de fragmentação* revela que não existem restrições à circulação interna e que o acesso é permitido a todas as áreas internas após a liberação do único controle de acesso.

e. Todo sistema de CFTV tem duas funções básicas: monitoramento de imagens em tempo real e gravação das imagens de todas as câmeras; para as operações de segurança, a gravação de imagens para pesquisa é a função mais importante desse equipamento.

3) Analise as afirmativas a seguir e marque V para as verdadeiras e F para as falsas.

( ) Todo procedimento de segurança deve justificar-se em modo e intensidade perante o público que atinge mediante inquestionável redução ou eliminação de um ou de mais riscos.

( ) Linhas de defesa são meios físicos ou eletrônicos que, usados separadamente ou em conjunto, oferecem obstáculo para uma progressão não autorizada nos dois sentidos: do exterior para o interior ou do interior para o exterior das instalações protegidas.

( ) Se o ambiente externo é hostil à logística de uma organização empresarial, não há o que sua gestão de operações de segurança possa fazer para reduzir o nível de incerteza na segurança das operações externas.

Agora, assinale a alternativa que apresenta a sequência correta:

a. V, F, F.
b. F, F, V.
c. V, V, V.
d. V, V, F.
e. V, V, F.

4) Para a gestão de operações de segurança, qual é a importância da elaboração de procedimentos estruturados para a execução dos processos críticos?

5) Quais são os quatro principais processos críticos de segurança?

Questão para reflexão

1) Para um profissional de segurança, é interessante desenvolver o hábito de imaginar como são estruturados os processos críticos de segurança de toda e qualquer nova instalação que venha a conhecer, como um condomínio residencial, um *shopping center* ou outro tipo de organização, além de imaginar como é a disposição das linhas de defesa na segurança interna dessa instalação. Isso é importante para a formação técnica do gestor de operações de segurança. Faça uma visita a uma instalação desse tipo e descreva os pontos mencionados concernentes à organização escolhida.

Para saber mais

MEIRELES, N. R. **Processos e métodos em**: prevenção de perdas e segurança empresarial. São Paulo: Sicurezza, 2010.

A obra do professor Nino Meireles apresenta conteúdo repleto de táticas operacionais de segurança diretamente relacionadas com os processos críticos de segurança. Para a qualificação do gestor de operações de segurança em qualquer tipo de organização, a leitura dessa obra será muito proveitosa, principalmente no contexto operacional dos processos de prevenção de perdas, com seus riscos, desde o início do processo logístico até o consumidor final, em especial no comércio varejista.

V

Conteúdos do capítulo:

» Planejamento estratégico do sistema de segurança.
» Plano tático operacional.
» Recrutamento e seleção de equipes segurança.
» Treinamento e desenvolvimento de equipes de segurança.
» Segurança da informação.

Após o estudo deste capítulo, você deverá ser capaz de:

1. reconhecer a importância de uma estratégia mais abrangente para a gestão das operações de segurança, com base na elaboração de um plano tático operacional, executado com objetivos específicos para os processos críticos de segurança;
2. aplicar os fundamentos básicos dos processos de segurança da informação.

Estratégia em operações de segurança

Retornando aos conceitos de estratégia e tática, também no nível tático é necessária a elaboração de uma estratégia mais abrangente para processos mais complexos como a gestão das operações de segurança, bem como a elaboração de um plano tático operacional que determine objetivos, metas e meios dos processos críticos de segurança e dos processos de recrutamento e seleção e treinamento de equipes operacionais.

Para adentrar no tema estratégia em operações de segurança, cabe relembrar alguns conceitos, começando pela interessante definição de Carl von Clauzewitz: "A tática lida com a forma da batalha individual, enquanto a estratégia lida com o seu uso" (citado por Oetinger; Bassford; Ghyczy, 2002, p. 109). Se tentarmos reescrever essa frase sob a ótica da gestão estratégica no contexto empresarial atual, podemos adaptá-la assim: "A tática operacional lida com os processos críticos e a estratégia usa seus resultados para conquistar os objetivos estratégicos do negócio". Clausewitz ainda esclarece: "A estratégia é o uso dos combates para atingir os objetivos da guerra; portanto, deve fornecer metas para toda a ação militar que corresponda às finalidades da guerra" (citado por Oetinger; Bassford; Ghyczy, 2002, p. 110).

> Se considerarmos o atual contexto empresarial, esta pode ser uma boa adaptação da definição: "Estratégia é o uso das operações para atingir os objetivos do negócio e deve fornecer metas para todos os processos críticos que correspondam aos objetivos estratégicos do negócio".

Então, o que interessa para a necessidade de qualificação de um gestor de operações de segurança é que estratégia e tática, na prática, são conceitos complementares e precisam estar alinhados. Esse é um fundamento que um gestor operacional não pode esquecer, especialmente quando estiver elaborando um plano tático operacional. A evolução do mercado, principalmente nos processos de gestão estratégica das organizações, exige essa postura dos gestores operacionais, porque, para se manterem competitivas no atual cenário, dinâmico, imprevisível e repleto de incertezas, não basta planejar uma estratégia, é preciso fornecer metas para os processos operacionais que correspondam aos objetivos estratégicos do negócio. E, quando metas são estabelecidas, elas devem monitoradas e cobradas.

Esse deve ser um processo **contínuo** e **analisado criticamente**, de modo que seja garantida a execução operacional conforme definida pela estratégia da alta gestão. Então, não basta definir a estratégia, é preciso garantir sua implementação. E mais, é preciso garantir essa implementação com todos os processos operacionais alinhados entre si e com os objetivos estratégicos abrangentes da organização. Justamente por isso, é de extrema importância a capacidade do gestor operacional de elaborar e conduzir a execução dos planos táticos dos processos operacionais que estiverem sob sua responsabilidade, de modo a atingir os objetivos que lhe foram designados pela estratégia da administração.

Eventualmente, alguns gestores de operações de segurança não conseguem perceber a relação entre a estratégia da organização por eles assessorada e a orientação tática que devem dar à estrutura de segurança cujo comando lhes é confiado. Da mesma maneira, também há gestores que não dominam os fundamentos mais elementares de planejamento estratégico empresarial. Assim, nesse desvio de desempenho de gestão, existe um fator de risco de alta motricidade: a falta de visão do gestor do sistema de segurança acerca do real valor estratégico de suas decisões de nível tático no contexto geral da organização.

Nessa condição, o gestor também não consegue perceber que os objetivos estratégicos da instituição que lhe confiou o comando dos processos de segurança têm estreita relação de dependência com os objetivos táticos operacionais não só dos processos de segurança mas também de todos os processos operacionais de sustentação do negócio.

Além dessa "miopia", alguns gestores ainda não se dão conta de que os resultados das operações de segurança impactam todos os processos operacionais e de gestão da organização. Portanto, mesmo que com as melhores intenções, acabam elaborando planejamentos e planos táticos com diretrizes orientadas apenas para o cumprimento das tarefas individuais de seus processos operacionais. Tão somente direcionados para os processos de segurança, falta-lhes a competência de visão holística e, como consequência, não percebem a abrangência dos efeitos dos processos de segurança.

> Os efeitos produzidos pelos resultados dos processos de segurança se alastram rapidamente pelos ambientes da organização e têm potencial de impacto em todos os demais processos operacionais.

Em razão dessa caraterística abrangente e estratégica, quase sempre os fatores de risco identificados nos processos de segurança são de **alta motricidade**. Relembrando que a motricidade de um fator de risco é o potencial que ele tem de influenciar o surgimento de outros fatores de risco e potencializar a concretização de perigos. Se os objetivos estratégicos definidos no planejamento estratégico da organização têm estreita relação de dependência com os objetivos táticos dos processos operacionais e se sobre estes impactam os resultados dos processos de segurança, será estratégico que o gestor de segurança tenha essa percepção e essa visão mais abrangente sobre o valor estratégico dos processos operacionais, pois, em última análise, e se assim realmente for a realidade da dinâmica da conquista dos objetivos estratégicos, na base dessa conjuntura está a garantia da integridade e do bem-estar de pessoas, instalações, bens e valores envolvidos.

Assim, para ser um bom gestor de sistemas de segurança não basta ser um bom e mero administrador de processos operacionais e se limitar a seu controle; é preciso ser capaz de conduzi-los de modo a garantir a normalidade operacional e a segurança de todas as operações da organização. Não basta planejar as operações dos processos de segurança, é necessário planejá-las alinhadas com toda a estrutura da organização. Para isso, é vital que o gestor seja ao menos um **generalista** nos demais processos operacionais da organização, sendo, ao mesmo tempo, um **especialista** em todos os aspectos dos processos de segurança. Conhecendo um pouco sobre cada processo e tudo sobre os processos de segurança, fica mais fácil garantir a segurança geral, abrangente e estratégica.

Parece ser esse o perfil do gestor de operações de segurança que o mercado espera consolidar em seus processos de seleção de talentos; e a organização que negligenciar o valor estratégico dos processos críticos de segurança e que se der por satisfeita se a ação de seu gestor for restrita à elaboração da escala de serviço e à gestão da disciplina e da apresentação dos uniformes das equipes operacionais de segurança terá dificuldades na conquista de seus objetivos estratégicos. O impacto dessa desatenção será sentido em todos os processos operacionais.

> Um bom serviço de segurança não é bom apenas porque cumpre rigorosamente horários e escalas de serviço, é disciplinado e ostenta um uniforme impecavelmente bem apresentável. Embora também importantes, se esses resultados forem tudo o que o profissional for capaz de produzir, estará consumado o poderoso fator de risco denominado *falsa sensação de segurança*.

Entretanto, quando perguntamos sobre orientação de planos táticos, poucos são os gestores que lembram de mencionar que o plano tático operacional do planejamento do sistema de segurança deve estar alinhado com o planejamento estratégico da organização. Portanto, não poderíamos iniciar o detalhamento de um planejamento de sistema de segurança empresarial sem destacar a importância do cuidado de confeccioná-lo com essa visão holística. Nesse sentido, o conteúdo apresentado a seguir tem o objetivo de reforçar o entendimento da necessidade da evolução dos gestores de segurança para essa postura mais estratégica e de facilitar a elaboração, com visão holística, de um planejamento do sistema de segurança em que os efeitos positivos dos processos de segurança incidam em todos os processos da organização.

A proposta que apresentaremos é de um modelo de planejamento que contempla todos os processos de segurança, de modo que seus efeitos sejam abrangentes. Com essa metodologia, pretendemos que o gestor perceba a importância do plano tático operacional como um dos componentes de toda a estratégia de gestão do sistema de segurança. É fundamental repetir que o gestor de operações de segurança deve ter consciência de que o resultado dos processos operacionais que estão sob sua responsabilidade tem alto potencial de impacto em todos os demais processos operacionais da organização que ele assessora.

5.1 Planejamento estratégico do sistema de segurança

São comuns entendimentos distorcidos e equivocados referentes ao significado prático e ao emprego dos conceitos de planejamento estratégico de segurança e de plano tático operacional. O motivo da confusão quase sempre é a noção de que estratégia é um conceito restrito à alta gestão, e os gestores do nível intermediário da estrutura organizacional devem se ocupar apenas com planos táticos operacionais. Na verdade, esse entendimento não está assim tão equivocado, já que nos níveis médios da pirâmide da estrutura organizacional é que devem ser elaborados os planos táticos a serem executados nos processos operacionais de sua base, e o alto nível estratégico não se ocupa com táticas operacionais e se limita a atribuir objetivos e metas e a monitorar os resultados.

Contudo, os processos operacionais mais complexos e de maior nível de impacto sobre os objetivos estratégicos do negócio, como os processos de manutenção, limpeza e conservação, suprimentos, tecnologia da informação e segurança, dependendo do contexto da organização, exigem uma estratégia mais abrangente para organizar a execução dos planos táticos operacionais. Nesse sentido, obedecem à mesma dinâmica do planejamento estratégico de toda a organização, definindo os próprios objetivos estratégicos, estabelecendo metas para seus processos operacionais, analisando criticamente seus resultados e intervindo, pontual e oportunamente ao longo do curso desses processos, com as medidas corretivas definidas como necessárias para a conquista dos objetivos táticos operacionais.

Enfatizamos que não basta definir a estratégia, é preciso garantir sua implementação. Exemplo: o Serviço Especializado em Engenharia de Segurança e em Medicina do Trabalho (SESMT) é uma exigência da Norma Regulamentadora (NR) 4 do Ministério do Trabalho e tem objetivos relativos aos índices e à frequência de acidentes de trabalho. Para conquistar e manter a meta de valores aceitáveis, estabelece um tática operacional baseada em treinamento de capacitação ocupacional, em fornecimento de equipamentos de proteção individual e coletiva, em sistemas de sinalização, em medições ambientais e mapeamento de riscos, na manutenção dos serviços de medicina ocupacional, tudo com constante ação operacional de fiscalização, rondas e monitoramento e com equipes especializadas de engenheiros, médicos e técnicos em segurança do trabalho.

No entanto, nada disso produz os resultados esperados se não existir uma estratégia mais abrangente de aculturamento e de educação para segurança, de campanhas e de programas constantes de conscientização, de definição de responsabilidades, com o objetivo estratégico de que todos entendam e aceitem a responsabilidade que têm sobre a própria saúde e segurança, bem como sobre a saúde e a segurança de colegas de jornadas de trabalho. Assim, a saúde e a segurança de todos estarão asseguradas se os planos táticos operacionais de seus processos de proteção estiverem perfeitamente alinhados com a estratégia do SESMT.

O modelo sugerido a seguir define como estratégia ampla para o sistema de segurança implantar programas de gestão de risco, de gestão de crise e de gestão de continuidade de negócio, definir padrões específicos para um programa de recrutamento, seleção, treinamento e desenvolvimento de equipes operacionais de segurança, especificar as melhores práticas de segurança de informação e elaborar um plano tático operacional para a execução dos processos críticos de segurança. Com esse formato, o sistema de segurança conta com uma estratégia abrangente e pode estabelecer objetivos e metas para os processos operacionais, assim como reduzir para um valor aceitável a probabilidade de concretização dos riscos que foram avaliados como de maior impacto sobre os objetivos estratégicos da organização. No plano tático operacional, a capacitação do sistema de segurança para a pronta resposta a incidentes, mitigando seu impacto para valores suportáveis, e a definição de estratégias de continuidade dos processos críticos operacionais, reduzindo para valores toleráveis o tempo de interrupção desses processos e da condição de normalidade operacional em toda a organização, após um incidente, complementam a amplitude da estratégia de segurança.

Figura 5.1 – Componentes do planejamento estratégico de segurança

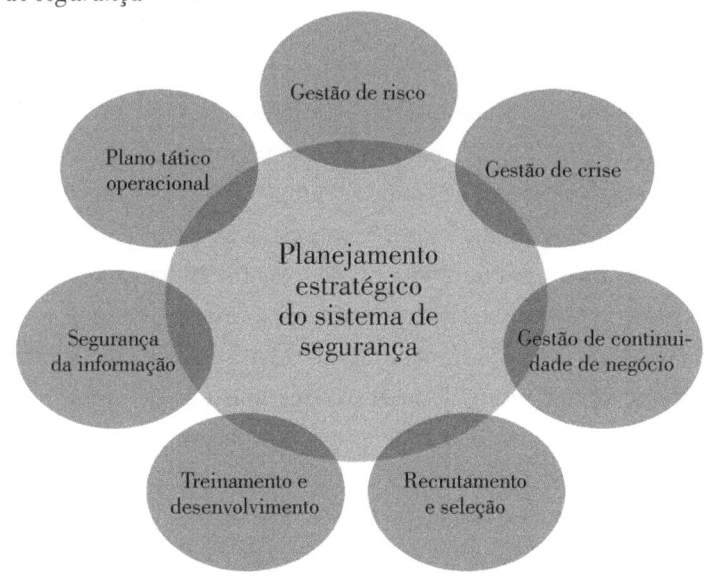

Nesse modelo, está incluída a estratégica definição de padrões de recrutamento e de seleção, específicos para as vagas disponíveis nas equipes de segurança e um não menos estratégico e igualmente específico programa de treinamento de técnicas operacionais de segurança para essas equipes. Em plena era do conhecimento, também é preciso incluir o emprego de ferramentas, mecanismos e procedimentos de proteção e de segurança da informação. E, para completar toda essa estrutura estratégica de segurança, há de se elaborar planos táticos operacionais para os processos críticos de segurança de controle de acesso, de segurança de perímetro, de segurança interna e de segurança de operações externas. O plano tático operacional também deve apresentar as instruções para a gestão de incidentes operacionais, padronizando as ações de pronta resposta às ocorrências que têm potencial de impacto nos objetivos estratégicos do negócio. De maneira bem simplificada, objetiva, ordenada e operacional, esse modelo de estratégia para um sistema de segurança reúne todos os processos críticos operacionais executados para garantir a integridade e o bem-estar de pessoas, instalações, bens e valores.

Componentes do planejamento estratégico de segurança
Podem existir diversas metodologias e propostas com modelos de planejamento estratégico de segurança diferentes deste, muitos até bem mais complexos e tecnicamente corretos; entretanto, o que sempre observamos na prática, em trabalhos de consultoria em operações de segurança, é que os gestores operacionais, em todos os processos, incluindo os de segurança, têm dificuldade de se dedicar à elaboração e à confecção de programas, análises e planos complexos porque a natureza operacional de suas atribuições não lhes permite o luxo de passar horas e

horas contínuas concentrados compilando dados, calculando probabilidades, digitando textos, planilhas, gráficos, organogramas, croquis, normas, procedimentos e manuais, redigindo longos e detalhados relatórios ou realizando análises sofisticadas e extensas. Além disso, alguns desses sistemas de planejamento, de tão amplos e complexos, só podem ser realizados com dedicação exclusiva do gestor que os elabora, mas essa exclusividade é inviável.

Nino Ricardo Meireles, no livro *Gestão estratégica do sistema de segurança: conceitos, teoria, processos e prática* (2011, p. 190), quando aborda o tema indicadores de desempenho, afirma que

> *dentro de uma empresa existem vários processos de segurança, mas o acompanhamento de indicadores para todos eles não é recomendado, sob pena de tornar o processo de coleta de dados demasiadamente complexo e dificultar a tomada de decisão diante de informações dispersas.*

Exemplo prático
Nas duas ocasiões em que exerci a função de gerente de segurança em *shopping center* – um deles com mais de 400 lojas –, nem em um único dia foi possível ficar em minha mesa por mais de duas horas consecutivas sem que o telefone tocasse várias vezes ou sem que o rádio soasse com alguém pedindo QTI (deslocamento) do S1 (eu) para apoiar em alguma QTC (situação) ou até em um QRU (problema) em algum QTH (local). QSL? (entendido?). Além disso, eram frequentes as convocações para as intermináveis e infrutíferas reuniões de departamento, nas quais a maioria dos assuntos discutidos não tinha relação alguma com os processos de segurança e, quase sempre, só se discutia no tempo passado, sobre o que foi e não deveria ter sido,

> ou quem não fez como deveria ter feito, em uma total desatenção com o futuro operacional de todo o negócio. Confesso que só consegui elaborar e concluir planejamentos estratégicos, planos táticos de segurança, programas de treinamento, de gestão de risco, de gestão de crise e de continuidade de negócio quando passei a atuar apenas como consultor contratado para assessorar os gestores operacionais.

A verdade é que, para ajudar nessa difícil equação de disponibilidade do gestor *versus* necessidade do planejamento complexo, pode ser necessário um consultor externo. Essa consultoria poderá fazer todos os trabalhos de campo e de compilação de dados com o acompanhamento do gestor, de modo que ele esteja a cavaleiro do andamento do projeto de gestão de risco enquanto mantém a necessária presença operacional no sistema de segurança. Entretanto, sem essa condição, pode acontecer que, antes mesmo da conclusão desses demorados planejamentos, a dinâmica do contexto operacional já os torne obsoletos.

Em gestão de operações de segurança, os contextos operacionais são, por vezes, extremamente dinâmicos e demandam atualizações práticas constantes. Com isso, dados, informações e procedimentos podem perder a validade, e sua aplicação pode, de uma hora para outra, tornar-se desnecessária. As etapas de busca, identificação, análise e avaliação de fatores de risco dos métodos de análise de risco operacional, por exemplo, se não forem executadas rapidamente e não tiverem suas medidas mitigatórias implantadas prontamente, poderão estar destinadas a duas indesejadas situações: a lamentável condição da concretização de um perigo, cujo risco já havia sido identificado, mas a implantação da medida para mitigá-lo ainda aguardava a finalização da análise e a avaliação de todos os demais riscos; e a situação em que, antes mesmo da definição e da implantação da ação para mitigar um risco, o próprio risco, por alterações de contexto operacional, deixou de existir, mas continuou sem ser mitigado, oferecendo ameaça.

Outro exemplo muito comum, que conduz novamente ao SESMT, é que, para atender às exigências burocráticas das normas regulamentadoras, as imperiosas NRs, muitos médicos, engenheiros e técnicos em segurança do trabalho permanecem durante horas em suas atividades ausentes das frentes de trabalho, com seus coletes e capacetes pendurados no cabide da sala com ar-condicionado, enquanto os riscos continuam ameaçando os trabalhadores que deles deveriam estar livres. Então, especialmente por esses motivos, pensamos em elaborar um modelo de planejamento estratégico de segurança que fosse simples, conciso, objetivo e de fácil confecção. De igual forma e rigorosamente com essas mesmas características, deve ser elaborado o plano tático operacional dos processos de segurança.

A seguir, detalharemos apenas os seguintes componentes: plano tático operacional, recrutamento e seleção, treinamento e desenvolvimento e segurança da informação. Os componentes gestão de risco, gestão de crise e gestão de continuidade de negócio serão analisados mais detalhadamente no próximo capítulo.

5.2 Plano tático operacional de segurança

O plano tático operacional de segurança é apenas um dos vários documentos elaborados para a execução do planejamento estratégico de segurança, visto que planos e procedimentos estruturados são necessários em todos os componentes da estratégia do sistema de segurança. Refere-se ao emprego dos meios técnicos e dos recursos humanos e contém informações, com procedimentos estruturados, que deverão dar a direção geral para a execução dos processos operacionais de segurança individualizados. De certa maneira, acaba por padronizar esse emprego e dar o formato geral de todo o sistema e da distribuição mais recomendada para sua força técnica e humana.

Esse plano define uma arquitetura para a ordenação e o emprego de todos os meios operacionais disponíveis para os processos críticos de segurança. Essa "direção geral" deve orientar os gestores de segurança na disposição de meios e de recursos para o contexto operacional da organização ou, ainda, de acordo com as peculiaridades de cada turno de serviço em cada dia da semana ou período sazonal do ano. Como veremos adiante, o plano tático operacional deve ser dinâmico e flexível, para que possa ser adaptável às variações do contexto operacional.

Já comentamos que todo serviço de segurança contínuo, principalmente aqueles conhecidos como postos 24 horas TDM (todo os dias do mês), tem a necessidade de ser executado por diferentes equipes que se revezam em turnos de trabalho. Tomando o exemplo prático de um sistema de segurança em *shopping center*, na função de coordenador de segurança, são comuns relatos de lojistas reclamando que, com determinado coordenador, esse ou aquele procedimento é possível, mas, com outro coordenador, não é autorizado. Isso é ruim para o bom andamento das operações envolvidas e para imagem do serviço de segurança, além de ser uma clara demonstração de falta de organização, de controle, de planejamento e de procedimentos estruturados e padronizados, gerando a impressão de que cada um faz como acha melhor ou como bem entende. O plano tático operacional de segurança é o documento que evita situações como essa e define procedimentos estruturados para as atividades e as tarefas e determina a padronização sempre que for necessária e possível.

Usamos a expressão "sempre que for necessária e possível" porque há de se ter muito cuidado com a padronização de procedimentos a fim de que essa função do plano tático de segurança não restrinja a flexibilidade e não limite o poder de decisão operacional dos supervisores ou dos coordenadores diante das condições e das peculiaridades operacionais de cada horário, dia, sazonalidade, local e situações anormais e imprevisíveis. De qualquer modo, um plano documentado deve existir até mesmo para formalizar os procedimentos operacionais, definir a direção geral e a linha de ação nas mais diversas situações e não deixar margem de dúvidas em sua execução. Para isso, um bom plano tático operacional de segurança deve apresentar as características a seguir:

» Simplicidade

Um plano tático operacional de segurança deve ser de fácil leitura, sem grandes textos ou longos parágrafos, não deve ser dissertativo e precisa ser pontualmente informativo. Deve ser estruturado em tópicos e ilustrado apenas com croquis simples, sem a utilização de plantas técnicas de engenharia. Deve possibilitar consultas rápidas e objetivas e ser de fácil entendimento para qualquer profissional da área de segurança que tenha alguma necessidade operacional de autorização de acesso a seu conteúdo.

» Objetividade

O plano tático de segurança não precisa conter justificativas descritivas para suas determinações táticas operacionais nem apresentar planilhas, dados e estatísticas que as justifiquem. Não deve ser um documento comentado com indicações desnecessárias. Deve ir direto ao ponto de interesse de cada item operacional, com informações concisas e direcionadas para a descrição precisa de cada procedimento, com o intuito de que as tarefas individuais sejam executadas de acordo com o padrão definido.

Por meio desse formato, o plano poderá manter o foco em seu objetivo principal: organizar e harmonizar os processos de segurança sem complicar a consulta de quem precisar recorrer a ele.

» Flexibilidade

Em geral, as condições dos contextos de segurança empresarial são bastante dinâmicas e estão sujeitas a iminentes alterações. É impossível prever tudo o que pode acontecer, como, onde e quando, e não há como elaborar um plano tático operacional sem incertezas. Essa inconstância situacional é um dos grandes desafios para o planejamento de segurança, e sua intensidade pode variar de acordo com tipo, porte, contexto e vários outros fatores da realidade empresarial. A dinâmica operacional e suas constantes evoluções obrigam o gestor das operações de segurança a estar repetidamente fazendo análises críticas e mudanças em seu plano tático de segurança.

Assim, a flexibilidade diante das mudanças de condições operacionais é uma característica básica e obrigatória para um bom plano tático de segurança. A intensidade dessas mutações operacionais depende de diversos fatores, internos e externos, que devem ser muito bem conhecidos, monitorados e rapidamente identificados pelo gestor sempre que derem seus primeiros sinais de ocorrência. Como exemplo, citaremos um caso em que dois grandes *shopping centers*, separados por algumas quadras, passaram por uma interessante troca de problemas com um grande grupo de jovens desordeiros. Um grande grupo de menores de idade frequentava um dos *shoppings* aos domingos no fim da tarde, e lá consumiam bebida alcoólica, o que fatalmente terminava em sérios problemas envolvendo a segurança deles próprios e a dos demais clientes. As medidas que passaram a ser tomadas pelo *shopping*, com alterações táticas e reforço de postos de serviço para intensificar a coibição e a proibição do consumo de bebida alcoólica pelo grupo, produziram efeitos em poucas semanas.

O interessante resultado foi que o grupo migrou para o *shopping* vizinho e provocou os mesmos problemas até que o plano tático de segurança também fosse rapidamente alterado, coibindo e dificultando ainda mais as práticas ilícitas. Depois disso, passaram a frequentar praças e avenidas nas redondezas, praticando os perigosos e criminosos arrastões, quando o problema deixou de ser dos vigilantes dos *shoppings* e passou a ser exclusivo da Polícia Militar.

» Razoabilidade

A razoabilidade pode ser entendida sob duas óticas complementares, pois as diretrizes táticas operacionais devem justificar-se porque estão relacionadas com a redução de algum risco, entretanto, devem ser exequíveis e executáveis. De nada adianta definir uma medida no plano tático se ela não puder ser executada, ainda que seja de extrema e justificada necessidade operacional. Por outro lado, também não é razoável inserir no plano tático qualquer dispositivo desnecessário por não estar minimamente relacionado com ao menos um risco. Assim, todas as ações, as disposições e as orientações operacionais do plano tático serão razoáveis à medida que forem operacionalmente necessárias e exequíveis.

» Classificação sigilosa
O acesso às informações do plano tático operacional de segurança deve ser restrito aos profissionais de acordo com a estrutura hierárquica do sistema de segurança, até os níveis de supervisão e superiores. Por esse motivo, o documento deve ser elaborado de modo que os componentes das equipes possam interpretá-lo com facilidade, rapidez e precisão. Assim, esse documento não precisa de classificação sigilosa alta, como ultrassecreto, secreto ou confidencial, mas o acesso a seus detalhes deve ser restrito e controlado. Não convém que tenham acesso irrestrito ao conteúdo do plano tático operacional de segurança os próprios executores operacionais e qualquer pessoa fora da linha hierárquica da estrutura do sistema de segurança, ainda que sejam supervisores, gerentes ou superiores.

Exemplo: será extremamente improvável o surgimento de alguma condição que justifique o acesso irrestrito de um diretor, de um gerente ou de um supervisor de outro departamento ao conteúdo integral do plano tático operacional de segurança. É claro que se pressupõe que esses profissionais são confiáveis, mas devemos considerar que não são profissionais da área de segurança. Na prática, essas autoridades não deveriam solicitar nem mesmo desejar ter esse acesso, porque o conhecimento dos detalhes táticos operacionais da segurança da organização os torna responsáveis pela salvaguarda das informações. Esse é um dos fundamentos de todos os serviços de proteção de informações sensíveis, em todas as instituições mundiais que têm essa estratégica atividade de inteligência, empresarial competitiva, militar ou estatal.

Para elevar o nível de proteção das informações a respeito da tática operacional de segurança, o conteúdo do plano pode ser dividido de modo que cada parte contenha informações limitadas a apenas um item de todo o processo de segurança e, para obter ainda mais segurança com esse artifício, essas partes, impressas e eletrônicas, podem ser arquivadas em locais separados. É uma medida simples que não aumenta a complexidade do documento, mas resulta em ganho no nível de proteção da informação completa.

Estrutura do plano tático operacional

Se elaborarmos um plano tático operacional observando as características que acabamos de apresentar, provavelmente o resultado será algo muito próximo do modelo exposto a seguir. Esse documento contém apenas as informações estritamente necessárias para a execução das tarefas individuais dos processos críticos de segurança quando a condição for de normalidade operacional. Entretanto, contém informações detalhadas para instruir ações em situações que necessitem de diretrizes e de padrões de pronta resposta, diante de condições adversas e que possam apresentar algum nível de ameaça aos objetivos do sistema de segurança. Essas informações estão contidas nos procedimentos estruturados anexos e elaborados especificamente para as necessidades de ação tática operacional de pronta resposta diante de ocorrências com potencial de risco. Nesses anexos, também devem estar disponíveis os procedimentos estruturados para a execução dos processos críticos de segurança em condição de normalidade operacional.

(Nome da empresa)
Gerência de operações
Gestão de operações de segurança
PLANO TÁTICO OPERACIONAL

Apresentação

Este documento tem a finalidade de descrever suscintamente as condições necessárias para a execução dos processos críticos de segurança em cada posto de serviço.

Sumário
1. Processos críticos de segurança
   1.1 Controle de acesso
   1.2 Segurança de perímetro
   1.3 Segurança interna
   1.4 Segurança de operações externas
2. Anexos
   2.1 Procedimentos estruturados
   2.2 Croqui dos postos de serviço
   2.3 Manuais de operações de equipamentos

Elaborado por: Antonio Carlos – GSEG
Data: 01/03/2019
Revisado em: 01/09/2019

PLANO TÁTICO OPERACIONAL
Controle de acesso

Missão
Controlar o acesso de pessoas, materiais e veículos às instalações da empresa de acordo com as diretrizes gerais definidas nos procedimentos estruturados e específicos para esse fim.

Localização
Portaria principal

Posto
P01

Horários
24 horas TDM

Equipe
02 Vigilantes 24 horas
01 Recepcionista em horário comercial
01 Coordenador de segurança em horário comercial

Meios técnicos
02 Pistolas de choque elétrico modelo Taser/Vigilante
03 Catracas biométricas
03 Rádios comunicadores HT
03 Baterias sobressalentes para HT
03 Lanternas
03 Baterias sobressalentes para lanternas
01 Computador
01 Detector portátil de metais

Procedimentos estruturados relacionados
Acesso de pessoas
Acesso de materiais
Acesso de veículos
Contenção de violação de acesso

PLANO TÁTICO OPERACIONAL
Segurança de perímetro

Missão
Prevenir e conter violação de perímetro.

Localização
Perímetro Norte

Posto
P02

Horários
24 horas TDM

Equipe
01 Vigilante

Meios Técnicos
01 Revólver calibre 38
12 Cartuchos calibre 38
01 Colete balístico nível III-A
01 Rádio comunicador HT
01 Bateria sobressalente para HT
01 Lanterna
01 Bateria sobressalente para lanterna
01 Guarita com sanitário

Procedimentos estruturados relacionados
Iluminação de perímetro
Rondas de perímetro
Contenção de violação de perímetro

PLANO TÁTICO OPERACIONAL
Segurança interna

Missão

Monitoramento de imagens do circuito fechado de TV (CFTV) em tempo real, pesquisa de imagens gravadas, monitoramento de alarmes, operação da estação central de comunicações por radiofrequência, controle de claviculário.

Localização
Central de segurança

Posto
Central

Horários
24 horas TDM

Equipe
02 Operadores de central

Meios técnicos
CFTV
DVRs

Central de alarme de incêndio
01 Estação central de radiofrequência
01 Telefone fixo
01 Telefone celular
03 Lanternas
03 Baterias sobressalentes para lanternas
01 Computador
01 Claviculário

Procedimentos estruturados relacionados
Emprego tático operacional de CFTV
Gestão operacional de sistemas de alarmes
Controle de claviculário
Contenção de violação de perímetro
Contenção de violação de acesso
Acionamento do plano de gestão de crise

PLANO TÁTICO OPERACIONAL
Segurança interna

Missão
Controle e fiscalização de circulação e de segurança física de pessoas, instalações e equipamentos nos ambientes internos.

Localização
Prédios do setor de administração

Posto
P03

Horários
Das 19 às 7 horas

Equipe
01 Vigilante

Meios técnicos
01 Revólver calibre 38
12 Cartuchos calibre 38
01 Colete balístico nível III-A
01 Rádio comunicador HT
01 Bateria sobressalente para HT
01 Lanterna
01 Bateria sobressalente para lanterna

Procedimentos estruturados relacionados
Rondas internas
Acesso a áreas restritas
Contenção de violação de perímetro
Contenção de violação de acesso

PLANO TÁTICO OPERACIONAL
Segurança interna

Missão
Controle e fiscalização de circulação e segurança física de pessoas, instalações e equipamentos nos ambientes internos.

Localização
Prédios do setor de produção

Posto
P04

Horários
24 horas TDM

Equipe
01 Vigilante

Meios Técnicos
01 Revólver calibre 38
12 Cartuchos calibre 38
01 Colete balístico nível III-A
01 Rádio comunicador HT
01 Bateria sobressalente para HT
01 Lanterna
01 Bateria sobressalente para lanterna

Procedimentos estruturados relacionados
Rondas internas
Acesso a áreas restritas
Contenção de violação de perímetro
Contenção de violação de acesso

Nesse modelo, fica clara a intenção de descrever de maneira bem simplificada, mas completa, os detalhes para a execução de cada posto de serviço. São apenas alguns exemplos, porém, para cada atividade, ação ou tarefa individual programada relacionada com os processos críticos de segurança, poderá ser elaborado um plano tático com esse modelo, visto que é de extrema simplicidade e pode ser utilizado para definir os detalhes de execução e até mesmo de processos de segurança eventuais. Em todos os casos, tanto nos processos rotineiros quanto nos eventuais, o detalhamento mais completo do desdobramento das operações de segurança deve estar contido nos procedimentos estruturados específicos para cada situação ou contexto operacional diferenciado.

Além da importante função de definir os requisitos da execução de ações, atividades e processos de segurança, o gestor das operações de segurança deve elaborar os procedimentos estruturados que funcionam como elementos de informações detalhadas do conteúdo do plano tático operacional. Outros documentos, instruções manuais e croquis anexos podem complementar as diretrizes operacionais.

Croqui

Para os interesses do plano tático de segurança, *croqui* é um esboço de fácil interpretação, sem escala métrica da planta baixa das instalações, com o objetivo de mostrar o posicionamento e a disposição das instalações protegidas, dos postos de vigilância e de seus setores de atuação, de sentido de circulação interna, de posição de áreas restritas, de pontos de controle e de posicionamento de equipamentos de segurança. No croqui, podem ser incluídas todas as anotações de interesse da execução operacional de cada posto de serviço, ainda que sejam informações e instruções temporárias e eventuais. Para a segurança da informação, pode ser elaborado em partes, demonstrando os detalhes operacionais de cada setor em documentos separados e com a utilização de códigos cuja legenda deverá ser guardada separadamente.

5.3 Recrutamento e seleção em segurança

O contexto operacional da atividade de segurança privada é extremamente variado e depende de inúmeras condicionantes que se alteram em razão de fatores tanto externos quanto internos da organização que emprega seus serviços. Assim, as condicionantes que influenciam fortemente a realidade operacional de um sistema de segurança privada podem ter origem nas próprias organizações ou em fatores externos locais, regionais, nacionais e até mundiais.

Destacam-se fatores culturais, sociais, econômicos, políticos e religiosos, os quais podem impactar de modo geral ou particular o contexto operacional da atividade de segurança privada. A sensibilidade do planejamento estratégico elaborado pelo gestor de segurança deve considerar, além dos fatores externos, a relação de fatores internos que influenciam no contexto operacional de segurança. Os **fatores externos**, aqueles sobre os quais pouca coisa ou nada a gestão de segurança pode fazer, podem desviar as atenções de quem está planejando com relação aos **fatores internos**, aqueles que estão sob o controle da gestão de segurança. Percebe-se que alguns gestores de segurança se preocupam mais com os problemas de segurança externa do que com os fatores de risco internos.

Não é difícil ouvir comentários alarmantes sobre os problemas sociais e de segurança pública, feitos pelos gestores de segurança, enquanto só se ouve um profundo silêncio sobre os próprios riscos internos. Entretanto, essa é uma tendência natural, pois estamos sempre voltados para os problemas mais distantes e acabamos não atentando àqueles que nos ameaçam de muito perto.

> Há um antigo conto, de autor desconhecido, que trata de uma mulher que dizia estarem sujos os lençóis no varal da vizinha, quando, na verdade, o que estava sujo eram os vidros de sua própria janela.

Se a tudo isso adicionarmos a inconstância e a dinamicidade dos fatores, dos contextos e de todas as condicionantes da realidade operacional das organizações, que variam em algumas ocasiões inclusive no mesmo dia, concluiremos que não existem dois postos, dois processos críticos ou dois sistemas iguais em toda a atividade de segurança privada.

Controlar acessos em um hospital é muito diferente de controlar acessos em uma indústria, ainda que os meios e os recursos possam ser exatamente os mesmos. Prestar serviço de segurança com tático móvel na cidade de São Paulo (SP) é muito diferente de prestar serviço de segurança com tático móvel em Curitiba (PR), em Porto Alegre (RS) ou em Recife (PE), ainda que os meios e os recursos possam ser exatamente os mesmos. Um posto de vigilante armado em depósito de material de construção é bem diferente de um posto de vigilante armado em agência bancária, na muralha do presídio ou na guarita da base da transportadora de valores; fazer escolta armada é bem diferente de fazer segurança pessoal. E, até no mesmo posto de serviço, as alterações de contexto podem ocorrer com frequência, de forma rotineira e inopinada. Controlar o acesso na segunda-feira no hospital A pode ser muito diferente de realizar o mesmo controle na sexta-feira, mas, em qualquer dia e em qualquer horário, um acidente na cidade com muitas vítimas pode alterar subitamente todo o contexto operacional da recepção do hospital. Então, vale repetir, não existem dois postos de serviço de segurança iguais, entretanto, será com as mesmas equipes operacionais que, a todos, a segurança privada precisará atender.

Se pensarmos nos **recursos**, nos **meios** e nas **ferramentas** empregados nesses diferentes processos de segurança, constataremos que eles variam pouco e chegam até a apresentar especificações técnicas iguais. Entretanto, a maioria desses recursos é aplicável e até adaptável a todas as variações dos contextos operacionais, mas não são raras as aplicações de sistemas inadequados por falta ou por excesso. Já vimos uma câmera com capacidade de *zoom* de vários quilômetros instalada em um corredor de menos de 50 metros, bem como uma minúscula câmera fixa interna tentando monitorar um imenso estacionamento externo. Embora, de modo geral, os recursos disponíveis para a segurança privada sejam os mesmos para tão diferentes contextos operacionais, é possível reduzir o impacto dessa falta de especialização de recursos técnicos se os dispositivos forem empregados com eficácia máxima em proveito da segurança efetiva.

Por outro lado, se pensarmos nos **recursos humanos** presentes nos diferentes processos de segurança, eles também variam pouco, chegam até a apresentar perfis profissionais iguais, atendendo a diferentes contextos operacionais. Então, será que os recursos humanos são adaptáveis a todas as variações de contexto? Será que é comum o emprego da pessoa errada para o posto de segurança errado? Infelizmente, precisamos admitir que as respostas a essas perguntas não são muito animadoras, ainda que os seres humanos tenham uma incrível capacidade de adaptação a diferentes situações. Não são muito animadoras porque, há muito, a segurança privada brasileira está acomodada com processos de recrutamento e de seleção padronizados para todas as funções da empresa.

No recrutamento de um candidato para uma vaga de vigilante, por exemplo, além dos requisitos comuns a todas as demais funções, quase sempre apenas se cumpre a lei, que exige somente a Carteira Nacional de Vigilante (CNV) em dia e mais alguns documentos específicos. No Capítulo IX, Seção I, Art. 155 da Portaria n. 3.233/2012-DG/DPF, de 10 de dezembro de 2012, encontramos os requisitos legais para o exercício da profissão de vigilante de segurança privada, e seu conteúdo pode ser considerado como um bom guia para a definição do perfil a ser recrutado e selecionado pelas empresas (Brasil, 2012).

Contudo, não resta dúvida de que é importante que as empresas acrescentem mais itens a essas exigências, especialmente para situações de contextos operacionais diferenciados, desde que, é claro, com o devido cuidado para não cometer excessos e não contrariar dispositivos legais. O que devemos esperar da segurança privada no Brasil é que as empresas desenvolvam processos de recrutamento e de seleção mais complexos, mais específicos e mais cuidadosos para recrutar e selecionar candidatos para as funções dos processos de segurança.

Embora sempre apareçam juntos, os termos *recrutamento* e *seleção* podem ser separados, já que as funções são bem diferentes, ainda que complementares. Recrutamento refere-se à busca e à convocação de candidatos para participar da seleção, e esta, por sua vez, diz respeito à escolha de um desses candidatos para ocupar a posição. São duas etapas de um processo de preenchimento de vaga, mas são distintas e é essencial que se criem dispositivos específicos para cada uma delas.

Exemplo prático
Quando realizo consultoria de análise de risco em empresas com serviço de segurança terceirizado, defino um dia para visitar e conhecer os processos da empresa contratada e dedico especial atenção para os processos de recrutamento e de seleção, porque procuro fatores de risco também nas fontes de busca de candidatos e no nível de exigências da seleção.

Busco saber de onde vêm os vigilantes que a terceirizada coloca no sistema de segurança do cliente e como ela os escolhe. Em uma dessas análises, encontrei candidatos que passavam direto do processo de recrutamento para o departamento pessoal, e a seleção era realizada apenas por meio de uma análise do perfil do candidato no currículo de papel e uma rápida entrevista para confirmar os dados e entregar a relação de documentos necessários para a admissão imediata. Quando perguntei para um entrevistador porque ele aprovou certo candidato, ele mostrou o currículo impresso e disse que o rapaz tinha uma excelente apresentação pessoal. Insatisfeito, questionei o que era uma excelente apresentação pessoal, e o entrevistador, um auxiliar administrativo, disse que o candidato estava com a barba, o cabelo e com a roupa bem arrumados e se expressava muito bem. Fiquei com a impressão de que, para ser aceito como vigilante naquela empresa, bastava incluir algumas experiências no papel, fazer a barba, lavar e pentear o cabelo, vestir uma roupa limpa e falar bem.

Diante disso, recomendamos que sejam verificadas as fontes dos currículos recrutados para os processos seletivos e com que nível de seleção os candidatos são escolhidos para receber a responsabilidade da nobre missão de garantir a integridade de pessoas, animais, instalações, bens e valores.

Como dissemos anteriormente, o contexto operacional da atividade de segurança privada é extremamente variado e depende de inúmeras condicionantes que se alteram tanto em razão de fatores externos quanto em virtude de fatores internos da organização que emprega seus serviços. Assim, é fundamental que os recursos humanos da segurança nesses diferentes contextos sejam também diferentes. No entanto, o que observamos na prática é que os processos de recrutamento e de seleção, em alguns casos, não consideram essas diferenças, e não são raras as situações em que um profissional de segurança é selecionado com perfil inadequado para ocupar uma vaga. Então, cabe ao gestor de operações de segurança, com a sensibilidade necessária, identificar essas diferenças e definir adequadamente o perfil dos candidatos, bem como conhecer as fontes de recrutamento deles e, assessorado pelos técnicos em seleção de pessoal, estabelecer os detalhes do processo de escolha para cada condição.

Tudo isso dá trabalho, é mais dificultoso e até, talvez, mais demorado, mas, com esses cuidados, o processo será muito mais seguro e estará mais garantida a escolha certa. Contudo, ainda assim, muitos preferem o comodismo e a agilidade do processo de recrutamento e seleção padronizado. De modo geral, ainda é possível definir alguns requisitos importantes para o perfil de qualquer profissional de segurança, independentemente de contextos específicos e considerando-se apenas a missão geral de qualquer serviço de segurança. Essa medida é importante, porque evita o *by-pass* no processo de seleção e exige alguma diferenciação nos mecanismos de escolha de seguranças.

Quando abordamos a gestão das táticas operacionais em sistemas de segurança, apontamos que são duas as principais características fundamentais para a operacionalidade de um bom sistema de segurança: capacidade de antecipação e capacidade de pronta resposta. Acrescentamos que, considerando o alto nível de responsabilidade que repousa sobre seus ombros, cada profissional que escolhe trabalhar em sistemas de segurança precisa desenvolver, individualmente, essas características para que todo o sistema também as tenha garantidas. Concluímos que a capacidade de antecipação será mais efetiva quanto mais precocemente ela for desenvolvida nas equipes operacionais, e a capacidade de pronta resposta será mais efetiva quanto mais precocemente ela for treinada pelas equipes operacionais.

Assim, a qualificação precoce das equipes operacionais nesses dois quesitos fundamentais para qualquer serviço de segurança começa a ser construída já nos processos de seleção, com a inclusão de qualidades fundamentais no perfil desejado dos candidatos. Sempre que imaginamos quais deveriam ser os requisitos para compor um perfil geral de um profissional de segurança, o foco fica restrito às habilidades e às virtudes que podem contribuir para o desenvolvimento das capacidades de antecipação e de pronta resposta do sistema de segurança, de modo que passamos a entender como fundamental que os processos de seleção das equipes operacionais sejam realizados priorizando a identificação de características pessoais que potencializem o desenvolvimento dessas capacidades. Em um primeiro momento, tais habilidades e virtudes serão suficientes para que um candidato possa receber atribuições de processos de segurança, mas a inclusão de qualquer qualidade além dessas, em razão de contextos operacionais diferenciados, depende da sensibilidade do gestor de segurança para identificar e definir com precisão a exigência complementar.

É possível dividir essas qualidades fundamentais de duas maneiras. Podemos relacionar aquelas que, por serem obrigatórias para profissionais de segurança em qualquer contexto operacional, chamamos de *virtudes pessoais*. Estas, de tão importantes, quando inexistentes ou nunca desenvolvidas, tornam inútil qualquer tentativa de treinamento e de qualificação para a profissão de segurança. Portanto, estará muito próximo da condição de um excelente profissional de segurança o candidato que demonstrar que é ético e tem um senso de moral bem desenvolvido; é disciplinado e responsável; é atento e detalhista; é discreto; é educado e se expressa bem; está emocionalmente estável; é proativo e tem iniciativa; tem interesse de crescimento profissional; e tem habilitação legal para a função. Ainda, poderiam ser incluídos outros atributos de perfil, mas acreditamos que esses são suficientes para o candidato se apresentar de forma diferenciada e com grande potencial para conquistar o sucesso profissional. É provável que o gestor de segurança não esteja qualificado para identificar todas essas características no candidato, mas essa é a especialidade dos técnicos em recrutamento e seleção, que elaboram tecnicamente e executam essas etapas para encontrar o candidato mais completo e com qualidades mais desenvolvidas.

A outra maneira de apresentar esses requisitos, sob a ótica do gestor de operações de segurança, que vai muito além do processo seletivo e imagina o profissional já exercendo a função, é reunindo todos eles no seguinte perfil operacional do profissional de segurança: qualificação profissional, apresentação individual, atendimento de alto padrão, capacidade de antecipação e controle emocional.

Qualificação profissional

O nível de escolaridade, os cursos técnicos, os treinamentos, o curso de formação que o habilita legalmente para a função, a experiência de segurança em outras empresas e em outras funções, a formação ética e moral, o entendimento da missão da profissão e o interesse de carreira e de crescimento profissional definem o nível de qualificação profissional do candidato. São atributos básicos para o sucesso em qualquer função dos processos de segurança e, com eles, o candidato precisará apenas de treinamentos e de orientações específicas para contextos operacionais de segurança diferenciados e de algum tempo de experiência no exercício da função. Não há dúvida de que um profissional com esse nível de qualificação tem grandes chances de atender ao que se espera de seu desempenho e de sua colaboração para a conquista dos objetivos da segurança.

Apresentação individual

Apresentação individual se refere à postura pessoal com que o candidato se apresenta e com qual comportamento ele se manterá no posto de serviço. Atitudes como descontração excessiva, intimidade, brincadeiras e excesso de informalidade nunca são adequadas para postos de serviço de segurança, especialmente para aqueles nos quais o profissional precisa interagir com mais frequência com o público interno ou externo. Em postos de serviço de segurança, a conduta no relacionamento com as pessoas deve ser a mesma de quando fora do posto de serviço, pois as regras de convivência não se alteram e não dependem de locais de trabalho. Tratamentos sérios, respeitosos e educados nunca correm o risco de cometer excessos e ofensas pessoais. É nesse sentido que o processo seletivo deve tentar identificar no candidato características espontâneas de boa apresentação individual, porque esse componente do perfil do profissional de segurança compreende o conjunto de postura e comportamento individual que pode ser demonstrado em diversas atitudes e que resulta na imagem positiva ou negativa. De modo geral, em qualquer contexto operacional, as pessoas gostam de ver um vigilante com elegância profissional e será também dessa imagem que resultará a sensação de segurança nas pessoas que para esse profissional olharem, quando sua integridade e seu bem-estar aos cuidados dele estiverem.

Atendimento de alto padrão

O atendimento de alto padrão também depende da capacidade que o profissional tem de se relacionar de maneira agradável com quem precisar interagir no exercício da função. A capacidade que deve ser identificada é de saudar as pessoas com o nível preciso e suficiente de formalidade para um primeiro contato agradável e gentil. O candidato deve ser capaz de ficar longe do excesso de formalidade e distante do excesso de intimidade. É fundamental, especialmente para postos de serviço em organizações abertas ao público externo, o cuidado de demonstrar interesse pelo problema das pessoas, bem como uma sincera vontade de ajudar e de não deixá-las sem resposta, ainda que seja negativa.

Agir na frente da pessoa que solicita ajuda, buscar uma solução, uma resposta ou uma alternativa sempre produz sensação de atenção e de interesse. Ainda que a resposta não atenda ao que a pessoa esperava, ela percebe que o profissional tentou ajudar. No diálogo a seguir, o resultado é interessante: apesar de não ter sido atendida como esperava, a pessoa saiu satisfeita com o contato:

— Por favor, você sabe onML fica a loja X?
— Pois não, senhora. A loja X não existe em nosso *shopping*, mas temos lojas com a mesma linha de produtos.
— Ah, que pena. Mas onde ficam essas outras lojas?
— Eu vou acompanhá-la até o balcão de informações e lá eles orientarão as lojas e os produtos dessa linha.
— Que legal, vamos lá. Muito obrigada!

Para perceber o real efeito desse atendimento na satisfação da cliente, basta imaginar como ela se sentiria se o vigilante se limitasse a responder que a loja X não existe no *shopping* e que grande oportunidade ele teria perdido de ajudar alguém e de encantar uma cliente.

Capacidade de antecipação

Para essa capacidade, o candidato deverá demonstrar que é detalhista, que não é dispersivo, que não se ocupa com atividades fora da função e que se concentra na tarefa principal. É fundamental que demonstre ser capaz de priorizar a missão de seu posto de serviço, de se manter atento aos detalhes das condições gerais e do cenário operacional do posto de serviço, dentro da condição de normalidade operacional em cada contexto espacial e temporal, de tal modo que qualquer alteração seja imediatamente identificada.

Os profissionais de segurança devem estar concentrados no posto de serviço, atentos a todos os detalhes e a qualquer coisa que fuja da normalidade. Na prática, algo diferente do normal deve ser imediatamente observado e seus motivos devem ser rapidamente identificados. O candidato deverá demonstrar ser capaz de reconhecer detalhes de condições que não estão como deveriam estar.

> Em um sistema de segurança, durante a análise das imagens gravadas de um incidente, não pode surgir a pergunta: "Como não vimos isso a tempo?".

Controle emocional
Refere-se à capacidade do profissional de segurança de intervir quando necessário em uma situação de crise operacional sem agravar o problema ou se tornar parte dele. Para isso, é fundamental a capacidade de manter o controle emocional em situações de estresse e de conflitos. É importante, ainda, ter o entendimento de que situações extremas fazem parte da profissão de segurança e que respostas ásperas, revides e ofensas só levam a respostas ásperas, revides e ofensas. O candidato deve demonstrar entender que, somente quando for necessário evitar um mal maior, a força deve ser empregada de maneira progressiva.

Em situações de conflito, sempre que as duas partes são intolerantes, há a necessidade de um fator moderador e mediador da desavença, mas, se esse elemento entra na situação com mais intolerância, é como lançar gasolina para apagar uma fogueira. Assim, em qualquer caso de confronto e de desinteligência em que um profissional de segurança tiver de intervir, é essencial que saiba que sua ação não deverá agravar o nível de estresse e de tensão. O essencial básico para a atuação do profissional de segurança em situações de elevado nível de carga emocional, normalmente negativa, é jamais se tornar parte do problema. Já presenciamos casos em que um vigilante teve de ser contido por outro vigilante, enquanto nenhum dos dois cuidava de conter as partes beligerantes para proteger e preservar as demais pessoas que nada tinham a ver com a ocorrência. Então, o candidato deverá demonstrar grande capacidade de controle emocional diante de situações extremas.

5.4 Treinamento e desenvolvimento em segurança

No que se refere a treinamento e desenvolvimento da qualificação das equipes operacionais, as empresas de segurança privada no Brasil precisam desenvolver processos mais específicos para preparar os profissionais para o exercício de suas funções. A segurança privada pode fazer mais em prol da qualidade de seus serviços do que exige a legislação. Em alguns casos, observamos que as empresas repetem o erro que cometem em seus processos de recrutamento e seleção, limitando-se a exigir a CNV em dia e dando-se por satisfeitas com os cursos de formação, de reciclagem e de extensão previstos na lei, nos quais todos os profissionais recebem o mesmo conteúdo para ser empregado em contextos operacionais tão diferenciados.

Em geral, nesses casos, o motivo é a famosa e não menos importante contenção de custos, especialmente em razão da famigerada concorrência predatória do setor. Contudo, os grandes contratos só serão mantidos em virtude do alto nível de qualidade dos serviços de segurança prestados, porque a estratégia de gestão dos maiores tomadores dos serviços de segurança privada considera que esse investimento se justifica pela redução da probabilidade de concretização de perdas maiores do que seu valor. Essa análise já deve ser suficiente para combater a ampliação das empresas com a estratégia única de conquistar o mercado pelo menor preço. No entanto, se as empresas de segurança privada mostrarem para seus clientes que, por ser tão estratégico, é intangível o valor do mais relevante serviço que prestam, as empresas que oferecem serviços por preços excessivamente baratos não terão chances, pois os grandes clientes sabem que garantir a integridade e o bem-estar das pessoas que por qualquer motivo estão protegidas pelos processos de segurança "não tem preço"

Se olharmos para a decisão consciente de algumas empresas de se limitarem às exigências dos textos legais, parece que a Lei de Segurança Privada – Lei n. 7.102, de 20 de junho de 1983 (Brasil, 1983), atualizada pela Portaria n. 3.233/2012-DG/DPF, de 10 de dezembro de 2012 (Brasil, 2012) – pode ter sido uma faca de dois gumes; porém, feriu-se com ela apenas quem dela não soube fazer o melhor uso. A ação da Polícia Federal contribuiu muito para a atividade de segurança privada, e não há como negar que foi um dos principais fatores que provocaram uma fantástica evolução na qualidade desses serviços. Alguns podem dizer que isso só ocorreu em virtude do poder coercitivo da força da lei, mas o que importa é que a regulamentação e sua fiscalização contribuíram para o crescimento de todo o setor; negar isso seria como negar a importância da Lei de Trânsito no resultado do alto índice de utilização de cinto de segurança e sua salutar consequência na redução de vítimas de colisões de veículos.

Porém, existe aí um viés negativo: o fato de haver empresas prestadoras de serviço de segurança privada que se limitam ao texto da lei e não fazem nada além do que ela determina para a habilitação e a qualificação dos vigilantes. Na verdade, não é o bastante ter, em seus arquivos, os certificados atualizados de formação e de reciclagem disponíveis para comprovações de conformidade legal e não vislumbrar necessidades de investimento na qualificação das equipes operacionais de segurança. Ainda que a Polícia Federal desejasse ajudar mais nesse sentido, não conseguiria, porque, como já foi dito aqui, não existem dois postos de segurança iguais e são indefinidamente variadas as possibilidades de contextos operacionais para a atividade de segurança privada.

Se olharmos com atenção o conteúdo do Anexo I da Portaria n. 3.233/2012-DG/DPF (Brasil, 2012), o Curso de Formação de Vigilante é bem abrangente, padronizado e tem grade curricular que estabelece as disciplinas, os objetivos e as cargas horárias, as metas instrucionais e o conteúdo programático, mas não vai – nem poderia – além disso. Então, a qualificação para cada contexto específico é dever de casa, de responsabilidade exclusiva das empresas, e cabe somente a elas empreender nesse sentido. Se há necessidade de uma qualificação maior do que já oferecem os cursos definidos pela Polícia Federal, por uma condição geral ou por um contexto bem pontual, não há como escapar dessa responsabilidade, é dever da estrutura de gestão ter essa sensibilidade e providenciar recursos para prover a qualificação diferenciada exigida pelos contratos.

Esse alerta é extensivo aos sistemas de segurança orgânica. É obrigação ética do gestor de operações de segurança estar sempre atento para identificar demandas extras de treinamento para as equipes dos processos de segurança. Uma boa linha de ação a ser seguida nesse sentido é tomar como base o conteúdo programático dos cursos exigidos na lei e complementá-los para atender às necessidades operacionais particulares. A identificação da demanda específica precisa de monitoramento de resultados, de avaliação de desempenho e de análise crítica do sistema de segurança. Após essa definição, o treinamento complementar pode ser feito com reciclagem interna, aumentando a carga horária já cumprida pelo vigilante na escola de formação ou acrescentando ao conteúdo informações e práticas direcionadas para o ganho de conhecimento e de habilidade específica para atender aos requisitos do contexto operacional diferenciado.

Caberá ao gestor analisar criticamente esse processo específico e desenvolver o conteúdo necessário para instruir adequadamente seus executores. Essa situação não é rara, pois há muitas situações operacionais exclusivas de determinadas organizações ou de certos postos de serviço. Assim, a precisão desse levantamento de necessidade de treinamento depende da ação direta do gestor e de sua sensibilidade operacional. Insistimos que o gestor de segurança precisa desenvolver essa sensibilidade para perceber a necessidade de complementação na qualificação das equipes operacionais e agir nesse sentido, e as organizações devem desenvolver programas de treinamento para as equipes de segurança, específicos para seus contextos operacionais.

Uma última recomendação, embora referente a um cuidado já consolidado nas organizações, é a atenção de registrar todas as atividades de treinamento, evidenciando as horas de qualificação com listas de presença e de conteúdos, especialmente os específicos para contextos operacionais diferenciados. Contudo, deve-se ter cuidado para que as prioridades não sejam invertidas, visto que é muito mais importante realizar o treinamento do que registrá-lo; no entanto, não há porque não fazer as duas coisas. Já assistimos a palestras de segurança que, da maneira que eram proferidas, deixavam claro que só pretendiam colher assinaturas na relação de presença e não tinham nenhum interesse real no verdadeiro aprendizado dos ouvintes.

Por fim, sugerimos alguns temas para a estrutura do planejamento de treinamentos específicos de técnicas operacionais de segurança, de acordo com necessidades próprias de contextos operacionais diferenciados, mas reiteramos que cada gestor deve determinar o complemento para as equipes da operação de segurança.

Treinamentos específicos para contextos operacionais específicos:
» Técnicas de abordagem
» Uso progressivo de força
» Orientação ao público

- » Atendimento de alto padrão
- » Operação de central de segurança
- » Segurança de perímetro
- » Controle de acesso
- » Uso de armamento não letal
- » Exercícios simulados personalizados para situações de emergência
- » Conduta em caso de assalto
- » Recebimento de ameaça de bomba
- » Procedimentos de abandono de área
- » Incêndio
- » Vazamento de gás
- » Vandalismo
- » Manifestações
- » Invasão
- » Fenômenos naturais

5.5 Segurança da informação

Sempre que houver uma norma técnica em vigor que defina requisitos para regular alguma atividade de interesse da gestão de segurança, deve-se adquiri-la, dominá-la e implantá-la ao sistema de segurança, mesmo que não haja interesse em certificação. Essas normas são resultado do trabalho de comitês técnicos que reúnem especialistas de todo o mundo em instituições como a ISO (International Organization for Standardization – Organização Internacional de Normalização), em Genebra, na Suíça, para definir requisitos, métodos e melhores práticas para a execução de determinado processo ou atividade. É imprescindível aproveitar seu conteúdo.

No Brasil, essas normas também passam por um comitê técnico que as adapta para nossa realidade e são publicadas com a sigla NBR (normas brasileiras) pela Associação Brasileira de Normas Técnicas (ABNT), instituição privada sem fins lucrativos. Recomendamos que essas normas sejam adotadas, pois, quase sempre, são tecnicamente aplicáveis e muito úteis para os objetivos dos sistemas de segurança; e não se pode perder a oportunidade de ter acesso a um conteúdo técnico de interesse operacional com esse nível de garantia de qualidade. Também destacamos outras vantagens da implantação de tais normas, como reduzir a probabilidade de incidentes e, especialmente, quando um infortúnio atingir a organização, pois será essencial, para o eficaz enfrentamento e a redução do impacto sobre os objetivos da organização, que o processo envolvido esteja em conformidade com uma norma técnica.

Além disso, algumas normas são certificadoras, e a obtenção de seu certificado oferece significativas vantagens para a organização, assim como a implantação de processos de gestão de risco em conformidade com elas, o que pode reduzir custos de seguro, porque baixas probabilidades de concretização de perigos encantam qualquer companhia seguradora. As NBR da Série ABNT NBR ISO/IEC 27000 tratam de todos os processos de gestão dos sistemas de segurança da informação, e a ABNT NBR ISO/IEC 27002 é uma norma certificadora.

> Atenção: não confundir NBR com NR, que é a sigla das normas regulamentadoras previstas no Capítulo V da Consolidação das Leis do Trabalho (CLT), as quais tratam somente das obrigações legais das relações trabalhistas no que refere à segurança e à medicina do trabalho.

Ao examinarmos o processo de **controle de acesso** sob a ótica de gestão operacional, em última análise, inferirmos que tudo e todos que precisam ter acesso controlado pelo sistema de segurança de uma organização ou são conduzidos por uma pessoa ou transportados em um veículo conduzido por uma pessoa. Acrescentamos que apenas o tráfego de conhecimento, dados e informações consegue fugir dessa dependência física. Quando se trata do processo de **segurança interna**, mencionamos a necessidade de linhas de defesa para conter invasões e evasões e de fragmentação para controlar a circulação interna e o acesso a áreas restritas. A necessidade de fragmentação das áreas de circulação interna é diretamente proporcional ao tamanho e à complexidade das instalações. Entretanto, a facilidade de circulação interna indevida, com seus riscos, é inversamente proporcional à dimensão e à complexidade da fragmentação das áreas internas das instalações.

> Quanto maiores e mais complexas forem as instalações, maior será a necessidade de fragmentação interna; e quanto maior for a fragmentação interna, menor será a facilidade de circulação indevida.

Então, por que é importante relembrar esse conteúdo agora e que relação ele tem com segurança da informação? Ocorre que todo o conhecimento da organização – dados e informações – constitui bem intangível, imaterial e que não pode ser protegido apenas com a utilização de meios físicos. Para os especialistas em segurança de informática, seria como dizer que não se pode garantir a segurança dos dados somente com o *hardware* e sem emprego de algum *software*. Para controlar os acessos e, principalmente, as saídas de dados e de informações, há muitos meios de tecnologia de segurança da informação, e os métodos e as ferramentas utilizadas nesses processos são desenvolvidos com objetivos específicos de proteger bens não físicos, intangíveis e, em regra, de alto valor estratégico. Assim, os planos táticos defensivos da segurança da informação são executados fora das variáveis físicas de tempo e de espaço, e suas linhas de defesa existem apenas no ambiente virtual das organizações.

As ameaças a esses bens imateriais são igualmente imateriais e, por meio desse "superpoder", conseguem superar os obstáculos físicos e os procedimentos que dependem de meios físicos e da ação humana. São muitas ameaças, quase uma infinidade, as quais se renovam, multiplicam-se e aperfeiçoam-se continuamente. Talvez o crime cibernético seja a mais criativa e dinâmica entre todas as modalidades de ação humana delituosa. Portanto, pela similaridade entre os sistemas de segurança física e de informação, podemos afirmar, agora sob a perspectiva da gestão de segurança da informação, que todos os dados e informações que precisam circular, controlados pelo sistema de segurança de uma organização, são conduzidos pela memória de uma pessoa, transportados em um documento ou em uma mídia ou transmitidos por um meio eletrônico de comunicação que é conduzido ou operado por uma pessoa.

Nos processos de segurança da informação também existem necessidades de utilização de **linhas de defesa** para conter invasões e fugas de dados e de informações, bem como de **fragmentação** para controlar a circulação das informações e o acesso aos espaços eletrônicos restritos. A necessidade de fragmentação dos sistemas de produção e de circulação de dados e informações é diretamente proporcional ao tamanho e à complexidade desses sistemas. Entretanto, a facilidade de circulação indevida de dados e informações, com seus riscos, é inversamente proporcional à complexidade da fragmentação desses sistemas.

> Quanto maiores e mais complexos forem os sistemas de produção e de circulação de dados e informações, maior será a necessidade de sua fragmentação; e quanto maior for sua fragmentação, menor será a facilidade de circulação indevida de dados e informações.

A gestão de segurança da informação não pode mais ser negligenciada, porque, no atual cenário, com uma incrível e inevitável dependência dos meios de transmissão de dados, as organizações são obrigadas a aprender a conviver com constantes e graves ameaças e isso inclui gestores de operações de segurança que, embora não sejam especialistas em segurança cibernética, precisam conhecer muito bem as principais fontes de risco cibernético e contribuir para a redução das ameaças, controlando os fatores de risco de origens fora do campo virtual.

Como veremos, a fuga de informações também acontece por meios materiais, que podem ser controlados pelo sistema de segurança física da organização. Para facilitar essa visão do gestor de operações de segurança sobre as ameaças cibernéticas, é eficaz o modelo que apresenta as seguintes origens dos riscos de fuga de informações: conhecimento, documentos, dados, mídia e telecomunicações.

Sob o ponto de vista da engenharia da computação, no mundo dos engenheiros, dos especialistas e dos desenvolvedores, no qual os sistemas de segurança da informação são muito mais complexos e atuam em profundidade nas entranhas da lógica das mais sofisticadas arquiteturas de circulação e de transmissão de dados, o modelo que apresentaremos é extremamente simplista, mas é o conhecimento básico para um gestor de operações de segurança. O gestor deve conhecer a origem dos riscos que ameaçam os dados e as informações na organização que assessora a fim de identificar as vulnerabilidades decorrentes de procedimentos de risco nesses componentes.

Contudo, os sistemas, os processos e as ferramentas de proteção a serem utilizados, por exemplo, na rede de computadores interna, exigem a assessoria de técnicos especialistas nessa tão complexa e vital ciência da cibersegurança. Ainda que não seja um especialista em segurança cibernética, o gestor de operações de segurança pode e deve intervir ao identificar vulnerabilidades nos procedimentos ou na falta deles, de autorizações de acesso a informações sensíveis e de valor estratégico, por exemplo. Assim, deve estar atento, conforme seu alcance técnico, também à segurança da informação, bastando, para tanto ter conhecimento suficiente para fazer **perguntas**.

A primeira delas é a mais abrangente, mas nem por isso pode ser considerada a mais importante, porque em sistemas de segurança nenhum elemento é mais relevante que os demais, já que qualquer um deles, quando fragilizado, compromete todo o sistema defensivo (princípio do elo fraco da corrente):

» Existe uma política de segurança de informação abrangente e comunicada pela alta gestão da empresa?

Conhecimento

Consideremos *conhecimento* como o conjunto de informações recebidas e guardadas na memória de uma pessoa.

» Quem participa das reuniões de planejamento estratégico?
» Quem tem acesso às estratégias comerciais?
» Quem tem acesso às estratégias de *marketing*?
» Quem tem acesso às estratégias de gestão financeira?
» Quem tem acesso às estratégias de gestão jurídica?
» Quem tem acesso às estratégias de recursos humanos?
» Quem tem acesso às estratégias de segurança?
» Qual é o nível de segurança com relação ao comportamento dessas pessoas no trato das informações que conhecem?

- » Há indicativos de que essas pessoas fazem comentários sobre as informações em condições inapropriadas, em contatos internos ou externos, em meios eletrônicos e em redes sociais?
- » Há algum programa de treinamento sobre segurança da informação para os usuários das informações?
- » Há procedimento de auditoria nos computadores utilizados por colaboradores que serão desligados da empresa?

Documentos

Consideremos *documentos* como o conjunto de informações escritas ou impressas em papel.

- » Quem produz esses documentos?
- » Quem tem acesso a esses documentos?
- » Há políticas de classificação sigilosa de documentos?
- » Há procedimentos estruturados de segurança desses documentos?
- » Há indicativos de que esses documentos são produzidos, divulgados, arquivados ou estão circulando em condições inapropriadas?
- » Há procedimentos estruturados de destruição de documentos com classificação sigilosa?

TI dados

Consideremos *TI dados* como o conjunto de informações armazenadas na memória dos computadores de toda a rede interna, inclusive de computadores portáteis.

- » Há uma equipe especializada em gestão da segurança da informação?
- » Há procedimentos de controle e de auditoria nos computadores de mesa e portáteis?
- » Há metodologia para avaliação de segurança da rede?
- » Há programa de testes de invasão e evasão na rede?

» Há plano de avaliação e de identificação de vulnerabilidades na rede?
» A tecnologia de segurança da informação é atualizada continuamente?
» O ambiente físico ocupado pelo servidor e pelos equipamentos de controle e de gestão da rede tem *status* de área de acesso restrito?
» Há algum controle de acesso com registro de autorizações e de imagens no ambiente físico do servidor e equipamentos de controle e de gestão da rede?
» As senhas de acesso aos sistemas gerenciadores de rede utilizam identificação de usuários individuais?
» Há segregação de funções para gestão e uso das informações?

TI mídia

Consideremos *TI mídia* como o conjunto de informações armazenadas e transportadas em meios físicos de arquivamento de dados e de informações.

» Há procedimentos estruturados que regulam o uso e a circulação de meios físicos para armazenamento e transporte de dados e de informações?
» Há sistemas de controle de cópias de conteúdos armazenados em meios físicos para armazenamento e transporte de dados e de informações?
» Há gestão de cópias de segurança e *backup*?

Telecomunicações

Consideremos *telecomunicações* como o conjunto de informações transmitidas pelos meios de comunicações de mensagens via telefonia fixa e móvel, redes de computadores, internet, radiofrequência e qualquer dispositivo eletrônico de transmissão de dados e de informações.

É importante observar big hulk controle total sobre esses meios de transmissão é extremamente difícil e praticamente impossível em alguns casos. Assim, a tática operacional que tem alguma chance de mitigar o risco de fuga de informações por esses dispositivos é a limitação do acesso aos dados e às informações que não podem serោ ser transmitidas. Em uma área de desenvolvimento, de ensaios de novos processos ou de testes com protótipos, não deverá ser permitida a entrada준 a entrada de qualquer dispositivo que possa gravar imagens ou áudio, por exemplo. No entanto, existem condições em que a contenção de transmissões de dados e de informações não é tão simples. Cabe ao gestor de operações de segurança analisar criticamente todos os procedimentos de utilização desses meios para tentar identificar vulnerabilidades e propor medidas para mitigá-las ao máximo possível.

Exemplo prático
Fui gerente de segurança de um *shopping center* em que havia uma rede de rádio com frequência exclusiva, regularizada e com todos os certificados emitidos pela Anatel, que recebia interferência, muitas vezes 5 por 5 (alto e claro), de transmissões de uma rede clandestina utilizada por um hotel vizinho. Em virtude da falta de uso seguro na "disciplina rádio" do vizinho, logo nas primeiras transmissões nossa equipe identificou a origem das interferências e sabíamos até os nomes das pessoas e suas funções operacionais, pois ouvíamos vários detalhes das operações do hotel. Pelo problema operacional que nos causavam e porque elas também poderiam estar ouvindo nossas transmissões, fizemos um rápido contato e acabamos prestando ao hotel uma consultoria grátis, dando as orientações e os contatos para a regularização daquele sistema de radiofrequência que seus

gestores sequer sabiam que era normatizado e precisava de autorização para operar. Depois disso, as interferências desapareceram definitivamente.

Então, há de se tomar todas as medidas possíveis para limitar a possibilidade de fuga de dados e de informações pelos meios de telecomunicações utilizados na organização. Hoje, a atualização tecnológica dos meios de comunicação, além de facilitar as comunicações e melhorar sua operacionalidade, é fator preponderante para sua estratégia, bem como para sua competitividade de mercado. Nesse sentido, a empresa usará todos os meios de telecomunicações que a tecnologia moderna disponibilizar e, em cada um deles, será possível encontrar algum fator de risco de fuga de dados e de informações.

É estratégico para a organização o alinhamento da tática operacional de sua segurança com sua estratégia de negócio. Portanto, gerir um sistema de segurança não é função para qualquer um.

Considerando-se a tática para limitar o acesso dos meios de telecomunicações a dados e informações que não podem transmitir, tarefa que reconhecemos ser muito difícil, é possível, ao menos, tomar as seguintes precauções:
» implantar procedimento estruturado de classificação sigilosa de informações;
» observar o princípio de que todos os meios de telecomunicações são inseguros para transmitir informações com classificação sigilosa;
» adotar procedimentos estruturados de segurança para uso de todos os meios de telecomunicações;
» realizar análise de risco de fuga de informações por meios de telecomunicação.

Não há dúvida de que qualquer técnico especialista em sistemas de segurança da informação seria capaz de multiplicar essa relação de perguntas. Entretanto, para um gestor de operações de segurança, conforme suas atribuições e tendo em vista a garantia da segurança de toda a organização, essas questões são suficientes para contribuir com a atenção que a organização deve ter sobre esse tipo de risco estratégico.

Para concluir, observaremos a **similaridade** entre os sistemas de segurança física de pessoas, instalações, bens e valores e os sistemas de segurança da informação. Vejamos as observações de dois importantes autores e consultores sobre segurança da informação:

> a. *A avaliação é o primeiro passo a ser dado por qualquer empresa para administrar os riscos.* (McNab, 2017, p. 18)
> b. *Como profissionais de segurança, devemos lutar a favor de uma defesa em profundidade para atenuar os riscos que provavelmente sempre existirão.* (McNab, 2017, p. 18)
> c. *Para obter um ambiente defensável, você deve adotar uma abordagem proativa quanto à segurança – uma que comece com uma avaliação para compreender o seu nível de exposição.* (McNab, 2017, p. 18)
> d. *A existência de vários pontos de entrada aumenta o potencial para haver comprometimento, e o gerenciamento de riscos se torna mais difícil. Esses fatores criam o dilema do defensor, segundo o qual um defensor deve garantir a integridade de todo o sistema, mas um invasor só precisa explorar uma única falha.* (McNab, 2017, p. 32)
> e. *Segregação de função é um dos controles que devem existir para que o uso da informação aconteça de maneira adequada e segura.* (Fontes, 2011, p. 1)

f. *O processo de segurança da informação deve estar alinhado aos objetivos da organização.* (Fontes, 2011, p. 28)
g. *Segurança exige profissionalismo, exige mudança cultural e gasta recursos.* (Fontes, 2011, p. 28)
h. *Ter um processo estruturado de segurança da informação é um controle básico. Continuidade nos controles e profissional habilitado para a gestão de segurança são fatores críticos de sucesso.* (Fontes, 2011, p. 64)

Exemplo prático
Desde o começo da carreira, no antigo setor de segurança patrimonial, há mais de 30 anos, aprendi a elaborar planos de defesa "pensando com a cabeça do bandido" e sempre imaginei como eu superaria os próprios sistemas defensivos se tivesse de burlá-los.

Para concluir a observação da similaridade entre segurança física e segurança cibernética, cabe citar comentário da contracapa do livro do consultor e escritor Chris McNab (2017): "Qual é o nível de segurança da sua rede? A melhor maneira de descobrir é atacá-la usando as mesmas táticas que os invasores empregam, de modo a identificar e explorar seus pontos fracos".

Síntese

Os efeitos dos resultados que os processos de segurança produzem se alastram rapidamente pelos ambientes da organização e têm potencial de impacto em todos os demais processos operacionais. Para ser um bom gestor de sistemas de segurança, não basta ser um mero administrador dos processos operacionais e se limitar a seu controle, é preciso ser capaz de conduzi-los de modo a garantir a normalidade operacional e a segurança de todas as operações da organização.

Os processos operacionais mais complexos e de maior nível de impacto sobre os objetivos estratégicos do negócio exigem uma estratégia mais abrangente para organizar a execução dos planos táticos operacionais. Não basta definir estratégia, é necessário garantir sua implementação com todos os processos operacionais alinhados entre si e com os objetivos estratégicos abrangentes da organização.

O plano tático operacional se refere ao emprego dos meios técnicos e dos recursos humanos e contém as informações, com procedimentos estruturados, que deverão dar a direção geral para a execução dos processos operacionais de segurança individualizados. Esse plano define uma arquitetura para a disposição e o emprego de todos os meios operacionais disponíveis para os processos críticos de segurança.

É obrigação ética do gestor de operações de segurança estar sempre atento para identificar necessidades extras de treinamento para as equipes dos processos de segurança. A identificação da demanda específica precisará de um monitoramento de resultados, uma avaliação de desempenho e uma análise crítica do sistema de segurança.

Questões para revisão

1) De acordo com o modelo apresentado neste capítulo, são componentes do planejamento de um sistema de segurança empresarial:

a. gestão de risco, gestão de crise, gestão de continuidade do negócio.
b. recrutamento e seleção de equipes de segurança.
c. treinamento e desenvolvimento de equipes de segurança.
d. segurança da informação e plano tático operacional.
e. planejamento estratégico e tecnologia da informação.

2) Analise as afirmativas a seguir e assinale a alternativa **incorreta**:
a. São características obrigatórias de um plano tático operacional de segurança: simplicidade, objetividade, flexibilidade, razoabilidade.
b. Um plano tático operacional de segurança deve ser complexo, com textos dissertativos explicando as razões para cada ação proposta, e deve conter o máximo possível de ilustrações, gráficos estatísticos, cálculos e tabelas que justifiquem seu conteúdo.
c. A flexibilidade diante das mudanças de condições operacionais é uma característica básica e obrigatória para um bom plano tático operacional de segurança.
d. Todas as ações, as disposições e as orientações operacionais do plano tático operacional de segurança serão razoáveis à medida que forem operacionalmente necessárias e exequíveis.
e. O plano tático operacional de segurança é um documento que contém apenas as informações estritamente necessárias para a execução das tarefas individuais dos processos críticos de segurança quando a condição for de normalidade operacional.

3) Analise as afirmativas a seguir e marque V para as verdadeiras e F para as falsas.

( ) A escolaridade, os cursos técnicos, os treinamentos, o curso de formação que habilita legalmente o profissional para a função, a experiência de segurança em outras empresas e em outras funções, a formação ética e moral, o entendimento da missão de um segurança e o interesse de carreira e de crescimento profissional definem o nível de qualificação profissional do candidato para exercer uma função no sistema de segurança.

( ) São componentes essenciais no perfil do profissional de segurança os seguintes atributos: qualificação profissional, apresentação individual, atendimento de alto padrão, capacidade de antecipação, controle emocional.

( ) Nos processos de segurança da informação, também há necessidade de utilização de linhas de defesa para conter invasões e fuga de dados e informações, bem como de fragmentação para controlar a circulação das informações e o acesso aos espaços eletrônicos restritos.

Agora, assinale a alternativa que apresenta a sequência correta:

a. V, V, V.
b. F, V, F.
c. V, F, F.
d. F, V, V.
e. F, F, F.

4) Por que é importante o controle emocional como componente do perfil do profissional de segurança?

5) Quais são as principais fontes de riscos de fuga de informações de uma organização?

Questão para reflexão

1) Suponha que você é um gestor de operações de segurança e precisa instalar um posto de vigilância 24 horas no perímetro de um centro de distribuição de uma grande rede de lojas de eletroeletrônicos. Defina o perfil do vigilante e aponte testes pertinentes para o processo seletivo, bem como o treinamento operacional específico aplicável. Elabore o plano tático operacional para esse posto e imagine uma situação de tentativa de invasão do perímetro, indicando quais deveriam ser as principais orientações do procedimento estruturado para a ação de pronta resposta nesse tipo de ocorrência.

Para saber mais

MCNAB, C. **Avaliação de segurança de redes**: conheça a sua rede. São Paulo: Novatec, 2017.

Essa obra pode contribuir com conhecimentos técnicos para a função do gestor de operações de segurança e apresenta conteúdo atual, requisito fundamental em virtude da complexidade das ameaças cibernéticas e da velocidade com que se agravam seus recursos.

VI

Inteligência em gestão de operações de segurança

Conteúdo do capítulo:

» Processos de gestão de risco.
» Processos de gestão de crise.
» Processos de gestão de continuidade de negócio.
» Inteligência empresarial competitiva.
» Perfil de gestor de operações de segurança.

Após o estudo deste capítulo, você deverá ser capaz de:

1. reconhecer a importância dos processos de gestão para a redução das probabilidades de concretização de ameaças;
2. constatar a relevância do domínio de todas as disciplinas complementares na composição do perfil do gestor de operações de segurança.

Neste capítulo, analisaremos os processos de gestão de risco, gestão de crise e de continuidade de negócio, que são disciplinas complementares na gestão de operações de segurança e garantem a manutenção da normalidade operacional e a integridade de pessoas, instalações, bens e valores que, de alguma maneira, estejam envolvidos com as operações da organização. Esses processos devem estar alinhados com as normas das séries ABNT NBR ISO 31000/2018 – Gestão de risco; e ABNT NBR ISO 22301/2013 – Gestão de continuidade de negócio. Ainda complementam este capítulo para a qualificação do gestor de operações de segurança os fundamentos das atividades estratégicas de proteção da informação e de inteligência e atividades contra inteligência empresarial competitiva.

Há mais de 40 anos, o departamento que abrigava os processos que deveriam garantir a integridade de pessoas, instalações, bens e valores era denominado *setor de segurança patrimonial*, o que indicava mais uma preocupação com o patrimônio físico das organizações, permanecendo em uso até a primeira década deste século. No entanto, independentemente da nomenclatura, a evolução desses processos ocorreu em todo o mundo e, especialmente no Brasil, foi notório esse crescimento a partir do advento da terceirização, antes de 1990, e da importante chegada, com qualidade e qualificação, de empresas prestadoras de serviço de segurança privada. A entrada em cena da Polícia Federal, regulamentando, fiscalizando e organizando a atividade no território nacional, também contribuiu decisivamente para esse melhor cenário atual.

O que queremos destacar aqui é o fato de que, em todo o mundo, desde os anos 1980, também é inegável a evolução das normas técnicas de gestão de risco; e todos os processos de segurança no mundo são parte indispensável das orientações e dos requisitos das normas internacionais. Entre 1985 e 2001, essa evolução foi mais lenta e surgiram algumas normas com diferentes formatações mundo afora, porém, como existem males que vêm para o bem, após os eventos de 11 de setembro de 2001, que alarmou os serviços de segurança de todo o planeta, a evolução dessas normas de gestão de risco foi acelerada. Assim, antes de 2010 já estavam prontas e publicadas as primeiras ou segundas versões das principais normas que até hoje definem os requisitos dos processos que visam, em última instância, identificar as incertezas e analisá-las antes que produzam suas indesejáveis surpresas.

Destacamos esse cenário para alertar sobre a importância de estar atualizado e dominar o conteúdo das normas de gestão de risco quando se pretende ter sucesso na nobre missão de gestão de operações de segurança. Já é uma realidade o fato de que a alta gestão das organizações entende como estratégicos os processos de gestão de risco, de crise e de continuidade de negócio e reconhece a relevância da qualificação especializada do gestor operacional. E isso inclui o domínio das normas e da legislação que regulam os processos e as vantagens dessa sábia providência. Portanto, investigaremos esses processos de total interesse para a função de gestor de operações de segurança e que já apresentam normas técnicas publicadas, revisadas e republicadas. Conduzir os processos de segurança com a ótica das orientações e das diretrizes das normas técnicas nada mais é do que fazer inteligência na gestão de operações de segurança.

Figura 6.1 – Gestão de risco corporativo

Os processos de gestão de risco, de crise e de continuidade de negócio são disciplinas complementares na gestão de operações de segurança e garantem a integridade de pessoas, instalações, bens e valores que, de alguma maneira, estejam envolvidos com as operações da organização e com sua normalidade operacional. Essa garantia é obtida à medida que forem identificados, analisados e tratados os riscos para evitar suas concretizações, que as respostas aos incidentes tornem-se prontas e efetivas e que o retorno à normalidade operacional ocorra dentro de um tempo tolerável após a concretização de um perigo.

Garantidos os objetivos operacionais dos processos de gestão de risco também estarão assegurados os propósitos estratégicos mais abrangentes de toda a organização, porque não há como admitir a possibilidade de sucesso de uma empresa na qual não estejam seguras pessoas, instalações, bens e valores. Esses processos devem estar alinhados com as normas ABNT NBR ISO 31000/2018; ABNT NBR ISO 22301/2013; e ABNT NBR ISO 22313/2015. Portanto, não é difícil ver como os processos de gestão de risco, de gestão de crise e gestão de continuidade de negócio se complementam e como são fundamentais as etapas de identificação, análise, avaliação e tratamento dos riscos, pois elas compõem o processo de prevenção, no qual se encontram todas as estruturas, meios e procedimentos destinados a reduzir todas as probabilidades de concretização dos riscos para níveis aceitáveis. Na sequência, havendo alguma probabilidade de algum risco se concretizar – e sempre haverá –, será crucial que o sistema de segurança tenha processos estruturados de gestão de crise que possibilitem uma pronta resposta e uma capacidade de reação efetiva nos primeiros momentos do incidente, com o objetivo tático de limitar os efeitos imediatos sobre a continuidade operacional.

Além disso, há de se considerar a possibilidade de interrupção de processos críticos operacionais. E é justamente com o objetivo estratégico de recuperação desses processos em tempo tolerável que o sistema de segurança deve ter processos estruturados para garantir a continuidade do negócio e o retorno, no mais curto prazo, à normalidade operacional, quando todos os processos da organização voltam a ser monitorados e guarnecidos pelos processos de gestão de risco nas etapas de prevenção.

Figura 6.2 – Disciplinas complementares

Gestão de risco	Gestão de crise	Gestão de continuidade de negócio	Gestão de risco
Gestão de risco	Evento gerador da crise	Processo crítico interrompido	Retorno à normalidade
Prevenção	**Reação**	**Recuperação**	**Prevenção**

Para completar a estrutura do sistema de inteligência em operações de segurança, além desses processos de gestão de risco, devem ser estruturados processos de proteção da informação e de inteligência e contrainteligência empresarial competitiva.

No perfil do gestor de operações de segurança, deve ser evidente o domínio dos fundamentos de todas essas disciplinas, suas interdependências e suas ramificações, o que o habilita a definir, monitorar e conquistar objetivos táticos operacionais alinhados com a estratégia do negócio por ele assessorado. Essa seria a estrutura elementar de um sistema de inteligência em gestão de operações de segurança.

6.1 Processos de gestão de risco

A gestão de risco é responsável pelo caráter preventivo do sistema de segurança de uma organização e tem o objetivo de evitar que se concretizem incidentes, acidentes, ocorrências e qualquer tipo de ameaça contra os objetivos estratégicos do negócio, considerando como elemento básico a garantia da integridade de pessoas, instalações, bens e valores e, em consequência, a garantia dos objetivos estratégicos do negócio. As normas brasileiras ABNT NBR da série 31000 definem *risco* como o efeito da incerteza sobre os objetivos e acrescentam que *incerteza* é o estado, mesmo que parcial, da deficiência das informações relacionadas a um evento, sua compreensão, seu conhecimento, sua consequência ou sua probabilidade.

Todos os processos de gestão de risco existem para reduzir incertezas e deficiências de informações sobre um evento que se pretende evitar ou que se pretende potencializar, caso o risco represente uma oportunidade, o que se denomina *risco positivo*. Sob a ótica da gestão operacional de um sistema de segurança, **reduzir as incertezas** significa identificar fatores de risco que podem potencializar a efetivação de ameaças, mitigar riscos e identificar e interromper a cadeia de eventos que culminará na concretização do perigo. Nesse sentido, a inteligência na gestão de operações de segurança precisa estruturar seus trabalhos em etapas distintas com objetivos claros de identificação, análise, avaliação e tratamento de riscos e de fatores de risco.

A norma ABNT NBR ISO 31000/2009 foi tecnicamente revisada e cancelada pela Associação Brasileira de Normas Técnicas (ABNT), que a substituiu pela norma ABNT NBR ISO 31000/2018, publicada como adoção idêntica em conteúdo técnico, estrutura e redação à norma ISO 31000/2018, elaborada em Genebra, em fevereiro de 2018. Vejamos algumas das principais mudanças da nova norma ABNT NBR ISO 31000/2018 em relação ao conteúdo da norma ABNT NBR ISO 31000/2009:

» revisão dos princípios da gestão de riscos, que são os principais critérios para seu sucesso;
» destaque da liderança da alta administração e da integração da gestão de riscos, começando pela governança da organização;
» maior ênfase na natureza interativa da gestão de riscos, observando que novas experiências, conhecimentos e análises podem levar a uma revisão dos elementos, ações e controles do processo em cada etapa deste;
» racionalização do conteúdo com maior foco na manutenção de um modelo de sistemas abertos para atender a múltiplas necessidades e contextos.

Nos princípios da nova norma ABNT NBR ISO 31000/2018, fica evidente aquilo que já defendemos desde o primeiro capítulo deste livro: o primeiro passo para a qualificação técnica de um gestor de risco operacional é o exato entendimento da implicação e do impacto que a eficácia do sistema sob seu comando tem no planejamento estratégico da organização. A nova norma deixa isso muito claro quando seus princípios definem que o propósito da gestão de riscos é a criação e a proteção de valor e melhora o desempenho, encoraja a inovação e apoia o alcance de objetivos, acrescentando que convém que esses princípios possibilitem uma organização a gerenciar os efeitos da incerteza em seus objetivos. No primeiro capítulo, verificamos que pode ser perigosa a consequência do não entendimento dos conceitos de estratégia e tática, por parte do gestor das operações de segurança, em virtude de ele não perceber o valor estratégico que suas decisões de nível tático podem ter no contexto estratégico geral da organização. Também constatamos que a alta direção das organizações empresariais precisa reconhecer o valor estratégico da função de gestão de operações de segurança e que esse reconhecimento depende fundamentalmente da qualificação técnica dos profissionais que assumem essas funções. Essa qualificação passa, necessariamente, pela atualização técnica, pelo conhecimento de métodos eficazes de gestão de risco e pela aplicação de táticas operacionais de sistemas de segurança.

Na sequência deste livro, no segundo capítulo, reconhecemos a importância do desenvolvimento da visão holística do gestor de operações de segurança. No conteúdo da nova norma de gestão de risco, é possível observar claramente o reforço dessa necessidade quando seus princípios orientam que a criação e a proteção de valor deve ser integrada, o que significa dizer que a gestão de risco é parte integrante de todas as atividades organizacionais. Assim, fica ainda mais evidente que é estratégica a visão holística do moderno gestor de operações de segurança.

Daqui para frente, abordaremos os processos de gestão de risco com base nas orientações da norma brasileira publicada em 28 de março de 2018: ABNT NBR ISO 31000/2018.

Etapas do processo de gestão de risco

De acordo com a norma, o processo de gestão de riscos envolve a aplicação sistemática de políticas, procedimentos e práticas para algumas atividades. É indiscutível que todas as atividades e processos críticos de uma organização, em qualquer contexto estratégico, tático e operacional, apresentam algum nível de risco que deve ser gerenciado. Com esse objetivo, é imprescindível que o processo de gestão de risco seja executado por meio destas etapas e nesta ordem, conforme preconiza a norma ABNT NBR ISO 31000/2018:

- » comunicação e consulta;
- » escopo, contexto, critério;
- » identificação de riscos;
- » análise de riscos;
- » avaliação de riscos;
- » tratamento de riscos;
- » registro e relato;
- » monitoramento e análise crítica.

Essas etapas têm como objetivo auxiliar a tomada de decisão, levando em consideração as incertezas e a possibilidade de circunstâncias ou de eventos futuros e seus efeitos sobre os objetivos estratégicos do negócio. Não há como não reconhecer a importância de processos capazes de identificar como os objetivos podem ser afetados e analisar as consequências do risco e suas probabilidades antes de decidir se um tratamento adicional será requerido.

Figura 6.3 – Processo de gestão de risco

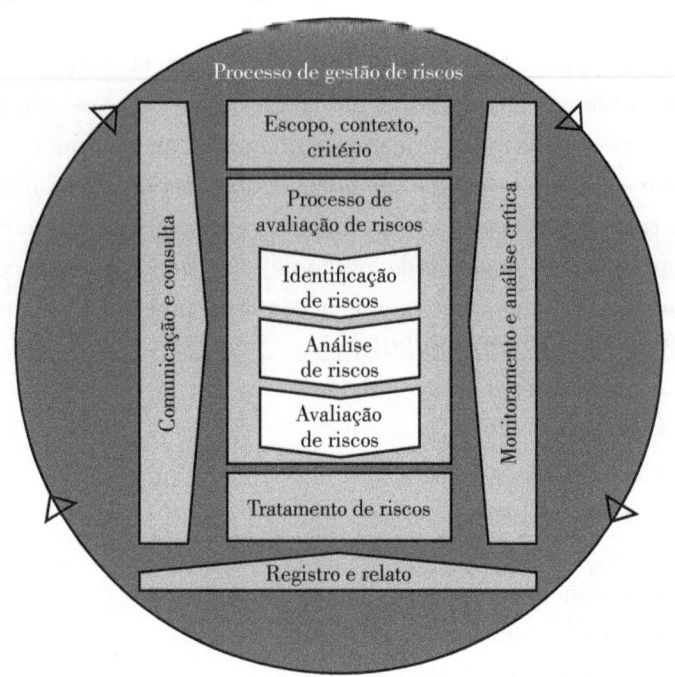

```
Processo de gestão de riscos
    Escopo, contexto, critério
    Processo de avaliação de riscos
        Identificação de riscos
        Análise de riscos
        Avaliação de riscos
    Tratamento de riscos
    Registro e relato
    Comunicação e consulta
    Monitoramento e análise crítica
```

Fonte: ABNT, 2018, p 9.

Comunicação e consulta

Em qualquer organização, há percepções diferenciadas para a mesma condição operacional, e essa característica não é diferente com relação aos riscos. Com isso, também variam os níveis de preocupação e de suposições relativos a seus efeitos sobre os objetivos. Da mesma maneira, são diferentes os interesses pessoais nos resultados operacionais de todo o processo, o que pode provocar divergências em vez de convergência no que tange à prevenção de concretização das ameaças. A consequência mais preocupante dessa realidade organizacional é o não entendimento uniforme da relevância dos processos de gestão de risco e a baixa prioridade atribuída às suas atividades. Nesse sentido, a norma estabelece que o propósito da comunicação e consulta é auxiliar as partes interessadas quanto à compreensão do risco, à base sobre a qual decisões são tomadas e às razões pelas quais ações específicas são requeridas (ABNT, 2018).

Essa etapa, que é contínua, consiste em contatos, abordagens e esclarecimentos frequentes às partes interessadas sobre questões relacionadas ao risco, às suas causas, às suas consequências e às medidas que estão sendo tomadas para tratá-lo. Cabe ao gestor de risco exercer a estratégica função de manter informadas todas as partes interessadas sobre o andamento e os resultados de cada etapa do processo. Isso permite alcançar adesão consciente e proativa de todos os agentes influenciadores para o sucesso dos objetivos da gestão de risco. Segundo a norma ABNT NBR ISO/IEC 31010/2012, que também já está em processo de revisão, "convém que as partes interessadas contribuam para a interface do processo de avaliação de riscos com outras disciplinas de gestão, incluindo a gestão de mudanças, gestão de projetos e programas, e também a gestão financeira" (ABNT, 2012, p. 3). Portanto, é essencial que os meios, os métodos e os objetivos dos processos de gestão de risco sejam apresentados a todos os gestores dos processos administrativos e operacionais e que eles se convençam da importância de identificar os fatores de risco em seus próprios processos de gestão.

A melhor maneira de atingir os objetivos dessa etapa de comunicação e de consulta talvez seja a alta direção apresentar o gestor de risco como o condutor de todo o projeto de gestão de risco e este, por sua vez, expor os detalhes das etapas aos demais gestores. Pode parecer estranho, mas a verdade é que até mesmo profissionais de gestão de segurança, vez ou outra, não percebem essa importância.

> **Exemplo prático**
> Em uma palestra de apresentação de processos e métodos de gestão de risco em uma empresa pela qual fui contratado para prestar consultoria, estavam presentes, por determinação do superintendente, todos os diretores e gerentes, inclusive o engenheiro de segurança do trabalho. Ao final do encontro, percebi a surpresa geral com a qualidade e o nível técnico dos métodos e da ferramenta de gestão de risco que apresentei. Contudo, o espanto maior foi meu, quando o engenheiro de segurança do trabalho me abordou com a seguinte exclamação: "Eu nunca imaginaria que vocês, da área patrimonial, já têm métodos tão técnicos como esses!". Percebi, na afirmação, que ele considerava a segurança patrimonial como um setor ainda com processos de gestão ou de chefia empíricos e, talvez, até primitivos. Esclareci que todos aqueles métodos, ferramentas, processos e objetivos de gestão de risco já eram uma realidade em muitas organizações, que não se tratava apenas de segurança patrimonial e que o setor de gestão de risco estava sendo gerido por processos abrangentes e com visão holística sobre todos os processos dessas organizações mais evoluídas.

O que precisamos destacar dessa experiência é que aquele engenheiro, a partir daquele dia, passou a ser nosso melhor aliado e foi o gestor operacional que mais ajudou a conduzir a bom termo e com excelentes resultados todos os trabalhos de implantação e de execução de programas de gestão de risco, gestão de crise e gestão de continuidade de negócio na organização.

Escopo, contexto, critério

A etapa de escopo, contexto e critério tem a finalidade de personalizar o processo de gestão de risco, tornando-o apropriado à organização em análise. O escopo deve ser claro, definindo os objetivos pertinentes a serem considerados no processo e seu alinhamento com os objetivos da organização. A compreensão de todos os fatores internos e externos que, em última instância, compõem o contexto operacional da instituição é fundamental para a formatação dos objetivos do processo de gestão de risco e para a definição dos critérios de risco que atendam a todas as preocupações das partes interessadas. É uma etapa imprescindível, visto que, ao estabelecer o contexto operacional da organização, possibilita a definição dos parâmetros e dos critérios de risco a serem considerados no processo.

A norma ABNT NBR ISO 31000/2018 define que "os contextos externo e interno são o ambiente no qual a organização procura definir e alcançar os seus objetivos" (ABNT, 2018, p. 11). O contexto externo considera fatores relativos a ambientes culturais, sociais, políticos, econômicos, de segurança pública, de competitividade, entre outros, e todos que podem exercer algum grau de influência no gerenciamento dos riscos da organização. O contexto interno considera fatores relativos à governança, à estrutura organizacional, às políticas e estratégias, à cultura, ao relacionamento com as partes interessadas, aos processos estruturados, às normas e diretrizes e ao sistema de informações, entre outros, e todos que podem exercer algum grau de influência no gerenciamento dos riscos da organização. A relação de fatores internos e externos pode ser muito mais extensa do que foi sugerida aqui, mas toda organização busca atingir seus objetivos interagindo com os elementos dos ambientes interno e externo e com uma infinidade de outros que influenciam esses contextos – cabe ao gestor de risco identificar e interpretar todas essas nuances.

Para a definição dos critérios de risco, a norma orienta que "convém que a organização especifique a quantidade e o tipo de risco que podem ou não assumir relação aos objetivos e que estabeleça critérios para avaliar a significância do risco e para apoiar os processos de decisão" (ABNT, 2018, p. 11). Os critérios de risco precisam ser dinâmicos, contínua e criticamente analisados e alterados quando necessário. Devem ser definidos os critérios de avaliação da significância dos riscos. Nesse sentido, é necessário estabelecer as metodologias de identificação, de análise e de avaliação dos riscos oriundos das atividades da organização.

Identificação de riscos

A identificação dos riscos se refere aos métodos para identificar quais eventos têm probabilidade de acontecer com algum nível de impacto sobre os objetivos estratégicos do negócio, bem como aos métodos para a busca das condições que influenciam sua concretização. Esses eventos recebem o nome de *perigo*; a probabilidade de suas concretizações denomina-se *risco*; e as condições que os potencializam chamam-se *fatores de risco*. Na prática, ainda existe certa dificuldade de entendimento e os termos *perigo* e *risco* são empregados com o mesmo sentido; entretanto, para os processos de gestão de risco, *perigo* refere-se ao evento em si, e *risco* refere-se à probabilidade de sua ocorrência. Essa diferença está relacionada com o tempo e remete a solução para o passado e para o futuro.

Risco indica possibilidade de concretização de um perigo, referindo-se a uma incerteza e a uma possibilidade de algo acontecer, então, pode ser mensurado com base em probabilidade de concretização. Portanto, risco, positivo ou negativo, diz respeito a algo que ainda pode acontecer, obviamente, no futuro. Assim, considerando-se que o objetivo dos processos de gestão de risco é identificar, analisar, avaliar e tratar os riscos e que isso significa avaliar as probabilidades de concretização dos perigos, o termo *risco* é tecnicamente mais apropriado para essas etapas, visto que o termo *perigo* apenas define o evento e não contempla valores de probabilidade de concretização.

Além disso, é possível considerar a hipótese de que um risco pode ser **negativo** ou **positivo**; se alguém atravessar uma avenida movimentada lendo uma mensagem no celular, estará exposto ao risco de ser atropelado, mas se ele estiver se dirigindo a uma lotérica para apostar na loteria, estará exposto ao risco de se tornar um milionário. No primeiro caso, a probabilidade de concretização é muito alta, mas, no segundo caso, é muito baixa, lamentavelmente quase nula:

» Primeiro caso
  » Fator de risco: hábito de ler mensagens de celular na rua
  » Risco negativo: atropelamento
  » Impacto: catastrófico
  » Probabilidade: muito alta
» Segundo caso
  » Fator de risco: hábito de apostar na loteria
  » Risco positivo: acertar todas as dezenas
  » Impacto: massivo
  » Probabilidade: muito baixa

Todos os processos de gestão de risco existem para determinar o risco de concretização dos perigos identificados, por isso se chamam *processos de gestão de risco*. A norma ABNT NBR ISO 31000/2018 define que "o propósito da identificação de riscos é encontrar, reconhecer e descrever riscos que possam ajudar ou impedir que uma organização alcance seus objetivos"

(ABNT, 2018a, p. 12). Assim, doravante utilizaremos o termo *risco* para definir a existência de um perigo com alguma probabilidade de concretização. Para a definição dos riscos a serem avaliados, a norma ABNT NBR ISO/IEC 31010/2012 recomenda a utilização de métodos baseados em evidências, análises críticas de dados históricos, abordagens sistemáticas com entrevistas e pesquisas estruturadas com equipes de especialistas e técnicas de raciocínio indutivo.

Para a identificação dos fatores de risco, são realizados trabalhos de campo, investigativos, de busca dessas condições de influência. Trata-se de averiguação física, com vistorias técnicas e observação direta de evidências, registros, documentos, condições técnicas, equipes, qualificação, processos, operações, atividades, métodos, rotinas, instalações, tecnologia e todos os sistemas e condições operacionais e administrativas que podem contribuir para o resultado da probabilidade de concretização de um ou de mais riscos, lembrando-se de executar o mesmo nível de pesquisa em todos os fatores de risco externos. Ainda que os fatores externos estejam fora do alcance das ações do sistema de gestão de risco da organização, precisam ser identificados, analisados e avaliados. Tais condições e fatores de risco podem, além de influenciar a probabilidade, ser determinantes no nível de impacto dessa concretização sobre os objetivos da organização.

Já fomos contestados, mas ainda acreditamos que não há exagero em afirmar: se existe processo, existe risco, ou, dito de outro modo, **não existe processo sem risco**.

Os trabalhos de busca por fatores de risco devem ser realizados nas condições e nos contextos do ambiente externo que, de alguma maneira, possam impactar os valores das probabilidades dos riscos internos. Essa identificação é realizada com a análise de todas as fontes de riscos, condições e processos operacionais em busca de fatores de risco nos processos e nas atividades operacionais da organização. Além de identificar os fatores que potencializam a concretização dos perigos e das ameaças, após encontrá-los, é importante verificar se existem controles sobre eles, quais são e que nível de eficácia lhes pode ser conferido. Por exemplo:

Análise de risco na operação da mineradora
Perigo
» Explosão no paiol

Fatores de risco
» Os acessórios iniciadores estavam acondicionados no mesmo paiol em que eram guardados os explosivos, caracterizando a armazenagem conjunta de acessórios e explosivos.
» Não foram encontradas evidências de procedimentos estruturados e de treinamento para a pronta resposta em caso de explosão acidental.
» O profissional responsável pela operação do paiol de explosivos não tem conhecimento da existência do Regulamento para a Fiscalização de Produtos Controlados – R105 e de artigos desse documento referentes à segurança de armazenagem de produtos controlados.

Impacto
» Catastrófico a massivo

Probabilidade
» 70%

Nesse exemplo, os fatores de risco referentes aos procedimentos de prevenção de explosão acidental influenciam a probabilidade da concretização do perigo de explosão no paiol, e os fatores de risco referentes aos procedimentos de emergência e pronta resposta influenciam o impacto que terá o acidente sobre os objetivos e o montante das perdas da organização sinistrada. Os métodos de identificação de riscos e de fatores de risco devem ser fundamentados em causa e efeito, visto que a norma recomenda, além de identificar o que pode acontecer e suas probabilidades, considerar todas as causas e as consequências que podem ocorrer. O cuidado do analista deve ser não subestimar o sistema e entender toda a sua complexidade para que possa garantir uma varredura completa em todas as operações, processos e atividades, de modo que ao menos os riscos de maior potencial de impacto e seus fatores de risco sejam identificados para serem analisados, avaliados e devidamente mitigados.

É fundamental que todos os riscos sejam identificados para que nenhum deles seja excluído das etapas de análise e de avaliação e, especialmente, para garantir que todos eles sejam tratados e mitigados. Entretanto, existem fatores de risco que, quando identificados, não podem ser tratados pelos processos de gestão de risco da organização, assim como fatores com origens que, memso facilmente identificadas, estão fora do alcance dos controles internos da instituição. Nesse caso, uma vez que é conhecida a causa, ao menos será possível propor ações para reduzir os efeitos das causas não controladas no ambiente interno. Em geral, essa condição é produzida por fatores de risco com origem em contextos sociais, políticos, econômicos, culturais, religiosos, de segurança pública, ambientais, de entorno e em outras formas que o mundo externo pode impor à segurança interna de uma organização, cujos efeitos podem ser reduzidos com medidas internas.

Então, podem existir condições em que será mais eficaz implantar medidas para reduzir a probabilidade de concretização do risco, e não deixar que ele se concretize certamente será preferível – quase sempre, reduzir a probabilidade é mais fácil do que reduzir o impacto, mas há condições em que só será possível a redução do impacto sobre o negócio. Essa análise deve ser realizada no sentido de encontrar a solução certa para cada condição.

Exemplo prático
Já ocupei a posição de chefe de segurança de uma grande empresa de material de defesa, e a unidade em que eu trabalhava tinha uma extensa área, com cerca de 400 alqueires paulistas, destinada à produção e à armazenagem de grandes quantidades de foguetes de artilharia e artefatos explosivos. A área era cercada por fazendas produtoras de leite, e era comum a limpeza de pastos na vizinhança com fogo intencional, que, não raro, saía do controle dos fazendeiros e se tornava tecnicamente um incêndio florestal que não reconhecia divisas nem mesmo se importava com o perigo dos depósitos explosivos.

Além de algumas solicitações de providências da Polícia Florestal e de órgãos públicos de meio ambiente, não havia muito o que o sistema de segurança pudesse fazer para reduzir aquela perigosa prática dos vizinhos – logo ficou evidente que era inútil atuar sobre a causa do fogo que ameaçava os paióis. A empresa foi obrigada a destinar um trator e uma grande equipe de trabalhadores rurais para atividades contínuas de roça, limpeza de mato, construção e manutenção de açudes e de aceiros, com vistas a alagar áreas estrategicamente escolhidas e conter o fogo com linhas de defesa internas, dentro das quais seria possível utilizar, com segurança, a técnica de contrafogo.

Essa é uma condição de fácil entendimento, mas causas internas que não podem ser controladas pelos processos internos de gestão são mais raras, porque, em geral, esse controle existe. No entanto, nem sempre é assim e também podem existir alguns contextos operacionais imprescindíveis, em que há fatores de risco nessa preocupante condição. Nesses casos, é necessário identificar os processos operacionais com fatores de risco inerentes, ou seja, intrínsecos e imprescindíveis a esses processos.

Essa situação é mais fácil de ser evidenciada nas questões da segurança laboral, em que são comuns as atividades de trabalho com riscos inevitáveis, mas que devem ser controláveis e controlados e ter suas probabilidades de concretização reduzidas a valores aceitáveis. Por essa razão, existem os importantes equipamentos de proteção individual e coletivos que tanto contribuem para a redução de acidentes de trabalho. São condições inerentes às operações e as causas e as origens de riscos que precisam ser conhecidos e controlados. Assim, se a causa não pode ser tratada ou eliminada – e, em algumas situações, é importante que exista e precise ser mantida –, os efeitos dos riscos que dela se originam devem ser reduzidos, assim como as probabilidades de concretização dos perigos a elas relacionados. Então, é essencial ter a sensibilidade de encontrar os riscos internos inevitáveis e inerentes aos processos operacionais.

> **Exemplo prático**
> Quando estive diante de uma grande estrutura empresarial, encarregado de levantar todas as vulnerabilidades físicas e de processos, tentei encontrar um meio ou criar um método para fazer uma busca completa e não ignorar fatores de risco que poderiam comprometer especialmente a segurança das milhares de pessoas que visitariam o *shopping* diariamente. Quando fiz a primeira análise de risco em

shopping center, lá pelos idos de 1997, logo após minha contratação e apenas algumas semanas antes da inauguração daquele fantástico empreendimento, entre planejamento, reuniões, contatos, entrevistas de seleção de coordenadores e de vigilantes e atendimentos a fornecedores e prestadores de serviços, ainda com a equipe incompleta, percorri as instalações do *shopping* acompanhado por um bombeiro civil profissional, com uma prancheta e uma máquina fotográfica. Em dado momento, parei diante daquele prédio gigante com sete andares e me vi mergulhado em uma estrutura pronta para inaugurar, com vários trabalhadores da construção civil atordoados e pressionados por mestres e engenheiros não menos assustados. Naquele momento em que tentei iniciar a primeira análise de risco da grande estrutura, também dei minha contribuição para o clima de espanto e de tensão que pairava no ar e fiquei paralisado por alguns segundos quando veio à mente a inevitável pergunta: "Por onde começar?".

Diante dos sete andares de estacionamento, pensei em iniciar por ali a busca por fatores de risco, mas lembrei que existiam as áreas técnicas, a casa de bombas, hidrantes, *sprinklers*, instalações elétricas, grupo gerador. Então, ponderei começar pelas lojas ou pelas áreas de circulação do público, mas me lembrei das salas de cinema, da praça de alimentação, com suas cozinhas, e da imensa pista de dança. Ainda, poderiam existir riscos nos processos da bilheteria, nos processos de recursos humanos (RH), nas estratégias de *marketing*, nos planos de manutenção predial e nas instalações da administração. Por um instante, "cristalizei", como dizem os militares, "colei as placas", porque sabia que daquela análise dependeria a qualidade do plano tático operacional de segurança. Respirei fundo, olhei para a prancheta e percebi que aquele papel não seria suficiente. Solicitei, então, que o bombeiro iniciasse a vistoria na casa de bombas, na rede de *sprinklers* e nos acionadores de alarme de incêndio e voltei para a minha sala na central de segurança.

Sentei, refleti, retomei a calma e me organizei. Naquele momento, imediatamente, veio a calhar a lembrança da sábia instrução militar. Com a farda verde-oliva do Exército, aprendi que, em situações de desorientação, emergência e crise, as capacidades de pensar e de decidir rapidamente dependem de um plano de reação pré-elaborado, de um mínimo de tempo de estudo de situação e de tomada de decisão. Essa técnica também é conhecida pelos militares como *Esaon*, acrônimo formado com as iniciais das palavras *estacione*, *sente*, *alimente-se*, *oriente-se* e *navegue*, e é mais utilizada em situações em que o combatente está perdido e precisa parar para não persistir no erro, sentar, descansar e voltar à calma, alimentar-se para nutrir o corpo e o cérebro e, só então, orientar-se novamente com mais segurança para seguir com mais clareza e maiores chances de retomar o caminho certo.

Então, antes de retornar à ação, organizei as ideias e elaborei um plano de ação em um formato muito utilizado pelos militares: quadro de trabalho semanal (QTS). Mais tarde, muito depois da inauguração do *shopping*, com tempo e serenidade, melhorei a ideia e acrescentei detalhes para uma busca mais completa de fatores de risco na complexa estrutura de um empreendimento comercial de grande porte ou de qualquer outro tipo de estrutura operacional empresarial.

O resultado daquele susto e dos pensamentos técnicos intuitivos que me vieram à mente ajudaram em outras paragens profissionais, nas quais também foi preciso olhar para

> estruturas e processos complexos na busca de fatores de risco. Até hoje, utilizo o QTS e o modelo de organização de um sistema de segurança em macrocomponentes para facilitar a varredura de toda a estrutura da organização na busca por fatores de risco.

Essa relação de itens pode ser acrescida de acordo com a realidade e o contexto de cada organização. Contudo, os elementos aqui apresentados em cada macrocomponente estão presentes em qualquer tipo de empresa, mas qualquer item adicionado estará relacionado a pessoas, a processos, a instalações, à tecnologia ou ao ambiente externo.

Figura: 6.4 – Macrocomponentes de um sistema de segurança empresarial

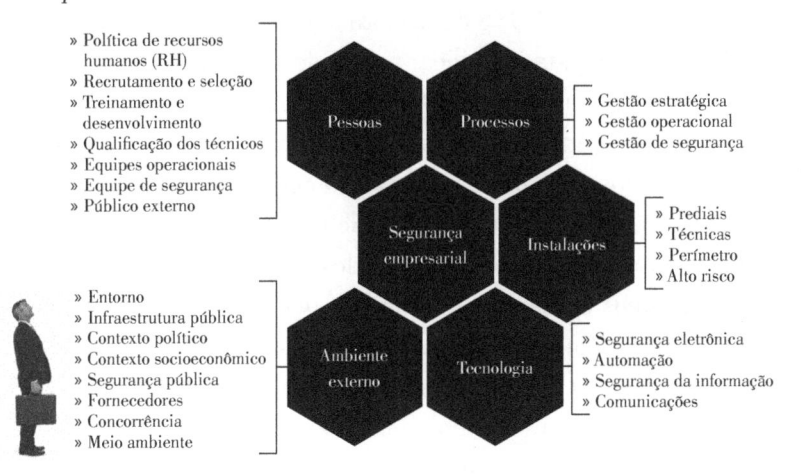

- » Política de recursos humanos (RH)
- » Recrutamento e seleção
- » Treinamento e desenvolvimento
- » Qualificação dos técnicos
- » Equipes operacionais
- » Equipe de segurança
- » Público externo

- » Gestão estratégica
- » Gestão operacional
- » Gestão de segurança

- » Prediais
- » Técnicas
- » Perímetro
- » Alto risco

- » Entorno
- » Infraestrutura pública
- » Contexto político
- » Contexto socioeconômico
- » Segurança pública
- » Fornecedores
- » Concorrência
- » Meio ambiente

- » Segurança eletrônica
- » Automação
- » Segurança da informação
- » Comunicações

(Pessoas, Processos, Segurança empresarial, Instalações, Ambiente externo, Tecnologia)

A adaptação a cada contexto operacional deve ser feita na elaboração do QTS para planejar os trabalhos conforme a realidade operacional da organização. Todos os processos de gestão de risco devem ser realizados de acordo com as condições operacionais da organização e com seus objetivos. Nesse sentido, o

QTS auxilia, visto que as atividades de campo podem ser programadas com as disponibilidades de cada colaborador envolvido e com as atividades de cada processo a ser pesquisado. Em trabalhos de análise de risco como consultor externo, devemos negociar com o cliente cada item do QTS com antecedência suficiente – em relação ao início dos trabalhos – para que haja adequações, a fim de que se chegue a um consenso e se consiga o comprometimento de todos os colaboradores, cuja disponibilidade para com o consultor analista de risco é indispensável.

Da mesma forma, isso também pode ser feito se o analista for o próprio gestor de segurança da instituição. Essa ideia de organização dos trabalhos de busca por fatores de risco é tão simples quanto prática e óbvia, apenas relacionando atividades com áreas de verificação, datas e horários de execução, distribuídas em um quadro que divide os dias em vários períodos de trabalho. O QTS é uma forma muito simplificada de um plano de ação para identificar fatores de risco e não chega a ser um cronograma, mas define simples e objetivamente quando deverão ser verificadas as atividades dos macrocomponentes *pessoas, processos, instalações, tecnologia* e *ambiente externo*. Em sua simplicidade e objetividade reside a grande vantagem de sua utilização. A combinação dessas ferramentas organiza os trabalhos de campo, definindo o que pesquisar e quando pesquisar, além de agilizar a conclusão dos trabalhos de modo abrangente, sem deixar de olhar em nenhuma direção e sem deixar de procurar em nenhuma fonte de risco.

Ademais, o QTS possibilita determinar uma carga horária que seja suficiente para uma busca completa em cada item que compõe cada macrocomponente de todo o sistema de segurança. Isso permite um olhar bem mais fino em todas as direções de onde podem surgir ameaças, até mesmo do meio externo. A relação de itens a serem verificados em cada macrocomponente deve ser bem detalhada e fragmentada ao máximo, já que os fatores de risco podem ser encontrados nas entrelinhas dos processos. Mas não há como detalhar demasiadamente o QTS, pois deve ser um documento simples e de rápida consulta, com o objetivo de organizar os trabalhos ao longo das semanas, que não devem ser muitas, definindo de modo mais abrangente o que e quando verificar.

Assim, no QTS, a atividade indicada para determinado horário pode ser mais abrangente, mas a relação de itens a serem inspecionados nessa atividade precisa ser bem detalhada. Exemplo: para a identificação de fatores de risco nos processos de manutenção, a quantidade de itens a serem verificados, em geral, é bem extensa, e o nível de detalhamento deve ser definido em consenso pelo gestor de risco e pelo gestor do processo de manutenção, mas a atividade no QTS pode ser descrita apenas como processos de manutenção ou especificada brevemente com datas e horários determinados para busca nos processos de manutenção elétrica, hidráulica, predial, de equipamentos, veicular etc. Juntos, os especialistas definem horário, carga horária necessária e como desmembrar esse processo até os mais detalhados itens a serem verificados.

É importante destacar que a programação das atividades de busca por fatores de risco incluídas no QTS tem apenas o objetivo de dar um início abrangente e em regime intensivo a esses trabalhos, que devem ser contínuos. Mesmo após a conclusão dos trabalhos programados no QTS, a busca por fatores de risco deve ser mantida no dia a dia operacional da organização de acordo com os conceitos de monitoramento, análise crítica e melhoria contínua. O exemplo a seguir é apenas um modelo para demonstrar a simplicidade e o nível de abrangência que deve ter um QTS. Atividades, datas e horários dependerão do contexto operacional da organização e serão definidos pelo analista de risco em conjunto com os gestores de cada processo operacional e administrativo.

Gestão de operações de segurança: estratégia e tática

Quadro 6.1 – Identificação de fatores de risco: planejamento semanal

	Gestão de risco						
	QTS – Quadro de trabalho semanal – Identificação de fatores de risco						
Horário	Segunda	Terça	Quarta	Quinta	Sexta	Sábado	Domingo
8h a 10h	1. Comunicação e consulta	6. Processos de segurança	12. Processos de manutenção	18. Processos de limpeza	24. Processos de administração	30. Operação de sábado	31. Operação de domingo
10h a 12h	2. Reunião de *brainstorm*	7. Plano tático operacional	13. Manutenção elétrica	19. Equipes de limpeza	25. Departamento jurídico	30. Operação de sábado	31. Operação de domingo
13h a 15h	3. Processos de RH	8. Tecnologia de segurança	14. Manutenção predial	20. Higiene e conservação	26. Gestão de risco	30. Operação de sábado	31. Operação de domingo
15h a 17h	4. Políticas de RH	9. Controles de acesso	15. Manutenção de equipamento	21. Processos de tecnologia da informação (TI)	26. Gestão de risco	30. Operação de sábado	31. Operação de domingo
18h a 20h	5. Relações sindicais	10. Segurança de perímetro	16. Manutenção de veículos	22. Brigada de incêndio	27. Gestão de continuidade de negócio (GCN)	30. Operação de sábado	31. Operação de domingo
20h a 22h		11. Segurança interna	17. Segurança de operações externas	22. Brigada de incêndio	28. Avaliação do entorno	30. Operação de sábado	31. Operação de domingo
22h a 24h				23. Avaliação noturna	28. Avaliação do entorno		
00h a 6h					29. Avaliação da madrugada		

Os trabalhos previstos no QTS não precisam ser executados em uma única semana, pois isso depende da complexidade da estrutura e dos processos a serem verificados; no entanto, os trabalhos iniciais não devem se prolongar por diversas semanas. Ressaltamos que o objetivo final dos processos de gestão de risco é tratar os riscos de modo a reduzir sua probabilidade de concretização para valores aceitáveis, definidos de acordo com os objetivos estratégicos do negócio. Portanto, considerando-se esse objetivo final, os trabalhos iniciais de identificação dos riscos e de seus fatores devem ser rápidos, visto que só serão úteis se produzirem efeitos antes que se concretizem os perigos que precisam ser mitigados. Aí reside a importância da organização desses trabalhos com a visão dos macrocomponentes e com a utilização do QTS.

Não é conveniente que esse trabalho dure mais do que 15 ou 20 dias, pelo simples fato de que as condições dos contextos operacionais podem se alterar muito rapidamente e, se a conclusão da busca por fatores de risco demorar um mês ou mais, algumas condições e até causas que dão origem a riscos que permanecem aguardando análise, avaliação e tratamento podem ser alteradas, simplesmente porque os trabalhos de busca por fatores de risco estão se prolongando demais. Sempre será positivo se um fator de risco deixar de existir espontaneamente ou se sua probabilidade de impacto for reduzida sem a necessidade de ação corretiva, mas não se pode ficar exposto a seus efeitos antes disso. Nos processos de segurança não se deve "contar com a sorte" e esperar que os perigos se resolvam por si mesmos. Além de ser uma irresponsabilidade, essa condição abriga dois problemas muito graves: o perigo pode se concretizar após ter sido identificado ou pode estar em uma condição que tem o potencial de impacto que aumenta enquanto não é tratado. Um vazamento de gás explosivo em um espaço confinado, por exemplo, não pode esperar absolutamente nada para ser estancado.

> **Exemplo prático**
> Durante uma análise de risco que fiz, no primeiro dia, identifiquei um risco grave de acidente na estrutura dos equipamentos de arvorismo *indoor* infantil em virtude do esforço que sofria durante o uso e só poderia ser corrigido com a interrupção de um dia inteiro do brinquedo. O responsável pela operação perguntou se não seria possível aguardar "apenas" mais três dias, porque seria nesse prazo que a atividade seria encerrada e, pelo raciocínio dele, não valeria a pena parar por um dia e depois só trabalhar mais dois. A operação funcionava durante 10 horas por dia e em três dias cerca de 1000 crianças estariam expostas ao perigo. É claro que, em razão de minha intervenção, a atividade foi encerrada com três dias e meio de antecedência.

Esse exemplo mostra que identificação, análise e avaliação de fatores de risco são atividades obrigatoriamente rápidas, pois o tratamento para reduzir as probabilidades de concretização dos perigos não pode esperar. Será inútil, e talvez até criminosa, a expressão: "Que pena que aconteceu hoje, a gente já ia resolver isso amanhã".

> A estratégia de gestão de risco mais conhecida como *sorte* sempre será passível de ser considerada suicida.

Em gestão de risco, os trabalhos de campo são executados para identificar fatores que podem potencializar a ocorrência de riscos – e como estes podem estar na iminência de acontecer talvez não "esperem" o término de um longo, demorado e minucioso trabalho de diagnóstico para se concretizarem. A análise deverá ser rápida e precisa, porque o perigo não espera e pode estar um passo à frente do gestor de risco, pronto para produzir seus indesejáveis efeitos. No entanto, essa urgência se refere apenas aos trabalhos iniciais mais abrangentes; a busca por fatores de risco deve ser mantida indefinidamente durante as operações de todos os processos da organização.

Por esse motivo, baseados na experiência de gerente de segurança e sabendo da dificuldade que esse profissional tem para se ausentar da operação, recomendamos a contratação de um consultor externo especialista em métodos de análise de risco. A disciplina na execução do QTS deve ser rígida e não deve haver interrupções constantes nas atividades ali previstas. Assim, com o auxílio de um consultor, o gestor do sistema de segurança acompanha todo o andamento do trabalho e seus resultados, mas tem disponibilidade para atender aos constantes chamados operacionais e administrativos sem interromper a busca pelos fatores de risco. Essas interrupções podem tornar os fatores de risco superficiais e seu nível de detalhes pode não ser suficiente para a respectiva identificação em todas as fases dos processos analisados.

Alguns profissionais de gestão de segurança entendem que os processos de gestão de risco não são necessários e desperdiçam tempo; preferem pular essa etapa e entendem que devem ir direto ao tratamento dos riscos que afirmam já conhecer. Por mais que esses profissionais conheçam as estruturas, os contextos operacionais e seus perigos, não conseguem perceber todos os fatores de risco, suas interdependências, seus níveis de criticidade e tantos detalhes das várias etapas de todos os macroprocessos sem analisá-los pormenorizadamente. Assim, é muitíssimo provável que também não conheçam todos os perigos e não estejam cientes de uma ou de outra grave ameaça aos sistemas de segurança. Além disso, sem essa busca inicial, sem essa análise e sem essa avaliação, ainda que sejam definidas muitas ações para atenuar os riscos que esses profissionais dizem já conhecer, não será possível saber o quanto foi mitigado ou se as ações implementadas produziram algum resultado, pois sem a etapa de identificação, análise e avaliação de riscos não há como saber qual era o nível que eles apresentavam antes dos novos controles de risco. Consideremos também que o nível de precisão do plano de ação depende da qualidade da identificação, da análise e da avaliação dos fatores de risco, e não é difícil encontrar riscos com baixa probabilidade e baixo impacto sendo tratados prioritariamente em detrimento daqueles com alta probabilidade e alto impacto. No atual contexto empresarial, os recursos precisam ser empregados com eficiência e com eficácia, e o gestor das operações de segurança não pode cometer erros, como gastar meios e recursos tratando riscos com baixa probabilidade de concretização e baixo impacto e não utilizá-los para mitigar aqueles que estão na iminência de acontecer e que têm potencial massivo sobre o negócio.

É importante lembrar que a tarefa de convencer os executivos sobre a gravidade das necessidades e das carências de investimentos nos sistemas de segurança sempre foi muito difícil, e a melhor forma de alcançar esse objetivo é com a fórmula **probabilidade *versus* perda esperada**. Somente com um trabalho abrangente de identificação, análise e avaliação de fatores de risco, será possível apresentar o resultado dessa equação com precisão e poder de convencimento.

Estabelecendo uma trágica analogia, fazer gestão de risco sem identificar, analisar e avaliar os fatores de risco seria como um policial apertar o gatilho de uma metralhadora, durante um pequeno furto, na presença de uma multidão de inocentes por saber que lá no meio está um ladrão de carteira, enquanto, em outro local, uma perigosa quadrilha se prepara para explodir uma agência bancária repleta de clientes. Na mais indicada interpretação das normas de gestão de risco, é necessário que sejam designados os níveis dos riscos inerentes, para que possam ser determinados os níveis de riscos residuais após a análise crítica das ações implementadas e saber se é possível aceitá-los de acordo com o apetite ao risco da organização.

Risco inerente
O **risco inerente** ao processo acontece antes de receber qualquer medida de controle e mitigação. O fato de ser inerente não significa que não pode ser tratado com vistas a reduzir sua probabilidade de concretização, assim como ter seu impacto sobre o negócio atenuado. Por sua vez, o **risco residual** é aquele ainda existente após a implantação das medidas de controle e necessita ser analisado e avaliado após um prazo em que os controles escolhidos já tenham surtido seus efeitos. O novo nível determinado para esses riscos deve estar dentro do apetite aos riscos da organização.

Apetite ao risco
O apetite ao risco é a capacidade de a organização aceitar o risco inerente ou o risco residual. Depende das condições operacionais e de todo o contexto em que está inserida a instituição, o que determina até que ponto um risco é tolerável.

Análise de riscos
A análise de riscos visa à compreensão da natureza do risco e de suas características e demonstra a real importância de cada risco para os objetivos do negócio. Para isso, são definidos valores para a motricidade e a dependência dos riscos e dos respectivos fatores. Os resultados dessa etapa são fundamentais para a avaliação de cada risco identificado e para as

decisões relativas às necessidades de tratamento. Para essa análise, é considerada a presença ou não de controles e sua eficácia sobre os fatores de risco. Também é essencial a determinação da magnitude e da importância de cada um dos riscos e dos fatores identificados.

A determinação da magnitude demonstra quais são os riscos de alta magnitude que potencializam, ao mesmo tempo, a concretização de vários perigos. Existem fatores de risco de alta motricidade e importância, pois influenciam fortemente a existência de outros fatores de risco. Essa análise utiliza a ferramenta da **matriz de impacto cruzado**, que revela o nível de influência entre si de dois perigos diferentes ou de dois fatores de risco diferentes. Com essa ferramenta, é possível vislumbrar o quanto cada risco potencializa os demais e o quanto cada fator de risco potencializa outros fatores. Exemplo: na matriz de impacto cruzado, é possível avaliar o valor da influência de um incêndio para a ocorrência de um saque de mercadorias em uma loja e o valor da influência do saque de mercadorias para a ocorrência de um incêndio na loja saqueada. Essa ferramenta também é usada para a determinação da motricidade de fatores de risco, como avaliar os valores das influências tanto da pouca capacidade de antecipação da equipe de segurança sobre a obstrução de câmeras do circuito fechado de televisão (CFTV) quanto da obstrução das câmeras de CFTV sobre a pouca capacidade de antecipação da equipe de segurança. Assim, é de extrema importância que sejam identificados, analisados e avaliados com precisão todos os fatores de risco com alta magnitude e alta motricidade, a fim de que possam ser tratados com a devida prioridade.

Assim, há os riscos e fatores de risco **motrizes**, que têm grande valor de influência sobre outros riscos e fatores de risco, e há os dependentes, que dependem dessa influência para existir. O resultado final dessa etapa é o entendimento preciso da dinâmica dos riscos que foram identificados na organização analisada. É uma visão geral e amplificada dos processos naturais de concretização dos perigos e um entendimento perfeito de como surgem e como evoluem os fatores de risco. Fica óbvia, depois dessa análise, a relevância das etapas iniciais para o objetivo final de acertar na escolha das medidas de controle e de mitigação a serem implantadas. Segundo a norma ABNT NBR ISO 31000/2018, a análise de riscos envolve a ponderação detalhada de incertezas, fontes de risco, consequências, probabilidades, eventos, cenários, controles e eficácia.

Avaliação dos riscos
De acordo com a norma ABNT NBR 31000/2018,

> *essa etapa envolve as ações de comparação dos resultados da análise com os critérios de risco para determinar onde é necessária ação adicional. [...] Convém que as decisões levem em consideração o contexto mais amplo e as consequências reais e percebidas para as partes interessadas externas e internas*". (ABNT, 2018a, p. 13-14)

Cada risco será avaliado com o objetivo de se definir o nível de prioridade de tratamento, e o objetivo principal deverá ser identificar os riscos que se encontram na iminência de concretização e cujo impacto pode ser catastrófico e até massivo sobre os objetivos estratégicos do negócio. Também é importante apontar aqueles para os quais não há urgência de tratamento, que dificilmente acontecerão e, se acontecerem, não terão consequências graves.

Essa avaliação precisa ser feita para identificar tanto essas duas condições extremas quanto as condições intermediárias. Tal etapa define as prioridades de tratamento de riscos e possibilita que esse tratamento seja preciso e eficaz. Para isso, são vários os métodos utilizados, mas não há dúvida de que qualquer que seja o método, os valores a serem encontrados com máxima precisão são a probabilidade de concretização dos riscos e o impacto que terá sobre os objetivos estratégicos do negócio. Assim, com base nos dados levantados nas fases anteriores de identificação e análise, a avaliação define quais são os níveis de iminência e de consequências dos perigos identificados.

A somatória da determinação dessas duas variáveis em todos os riscos identificados estabelece, ainda, um valor para o nível de risco a que está exposta a organização. Além disso, cruzando as variáveis, é possível produzir uma matriz de risco para apontar aqueles que apresentam, ao mesmo tempo, alta probabilidade de concretização e alto nível de impacto. São as ameaças que estão na iminência de consumação e que, quando efetivadas, produzirão perdas catastróficas e até massivas.

> Na noite de 2 de setembro de 2018, um incêndio queimou as instalações do Museu Nacional na cidade do Rio de Janeiro (RJ), destruindo quase todo o seu acervo histórico. É lamentável a constatação, mas provavelmente o trágico sinistro não teria ocorrido se todos os fatores de risco que o produziram tivessem sido identificados, analisados, avaliados e tratados antes daquela data.

Apresentamos uma matriz de risco (Figura 6.5) na forma simplificada para um entendimento inicial da visão abrangente que o gestor de risco, por meio dessa ferramenta, pode ter sobre o real nível de risco do sistema de segurança.

Com essa visão abrangente, o gestor poderá ser mais certeiro na escolha das estratégias para mitigar os riscos que ameaçam a organização. A maneira de determinar os valores dessas variáveis dependerá do método de análise e de avaliação utilizado, mas, com base nessa visão amplificada sobre cada um dos perigos identificados no sistema, o gestor poderá elaborar o plano de ação para implementar controles e reduzir as probabilidades dos riscos de maior impacto, priorizando as ações sobre aqueles que se encontram no quadrante que indica alta probabilidade e alto impacto sobre o negócio.

Figura 6.5 – Matriz de risco simplificada

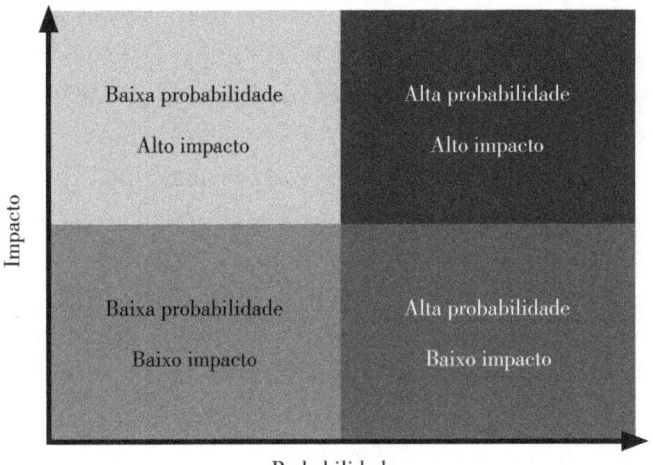

	Impacto	
	Baixa probabilidade Alto impacto	Alta probabilidade Alto impacto
	Baixa probabilidade Baixo impacto	Alta probabilidade Baixo impacto
		Probabilidade

Fonte: Tammenhain, 2010, p. 197.

Resta apenas monitorar e analisar criticamente sua efetividade e realizar as correções necessárias ao longo da execução dos processos operacionais. Portanto, esse é o resultado final que se espera de todos os processos de gestão de risco. É importante realizar, ainda, após um período estipulado de acordo com cada contexto operacional, uma nova análise e avaliação visando averiguar a efetividade do plano de ação e confeccionar a matriz de risco residual, com vistas a definir o novo nível de risco após a implementação das ações mitigatórias.

Métodos

São vários os métodos e os processos relacionados na norma ABNT NBR ISO/IEC 31010/2012, entretanto, existem métodos e técnicas de gestão de risco que se aplicam de maneira mais adequada dependendo dos contextos estratégico, tático e operacional da organização. Essa escolha depende da aplicabilidade de cada método para o contexto operacional a ser avaliado – alguns são mais didáticos, outros mais cartesianos e outros mais operacionais. É possível usar métodos com planilhas, gráficos e estatísticas até mais antigas ou aqueles com menos dados e que consideram apenas as observações mais recentes e mais operacionais. Alguns métodos levam mais em consideração o passado, outros oferecem mais visão de futuro. Cabe ao gestor de risco identificar qual método é mais apropriado a seu contexto operacional de segurança.

> O fato de que, em um século de atividade, determinada empresa não sofreu um incêndio não significa que não é preciso preocupar-se com esse risco, porque amanhã, em poucas horas e na frequência de um em cem anos, o fogo pode consumir 100% de suas instalações.

Em gestão de risco, quando consideramos eventos catastróficos, não faz diferença se eles ocorrem anualmente ou uma vez a cada século, o que importa é que, se ocorrerem, serão fatais. Nesses casos, a variável impacto é muito mais importante para as decisões de implantação das medidas de controle do que as estatísticas que ajudam na análise da variável probabilidade. Por essa razão, não devem ser negligenciados os controles sobre um risco de baixíssima probabilidade se este for de altíssimo impacto. O esforço nesse sentido deve ser mantido a qualquer custo, ainda que a probabilidade seja muito baixa.

O custo do investimento em um sistema complexo de prevenção e combate a incêndio é sempre muito elevado, por exemplo, bem como é elevado o custo da manutenção para que seja mantida muito baixa a probabilidade de ocorrência de um grande incêndio. Entretanto, se a decisão for por reduzir custos, será aumentada a probabilidade de esse sinistro acontecer, e a perda provavelmente será muito maior do que toda a economia que foi realizada com a perigosa decisão. Dessa forma, para o planejamento da segurança organizacional, não há como decidir apenas com base em estatísticas e observações passadas, assim como não são adequados para os objetivos táticos operacionais de um sistema de segurança os métodos mais inflexíveis e que não levam em conta a realidade prática e suas constantes mutações de contexto operacional.

> Em gestão de risco, nenhuma ação e nenhum método, processo, padrão ou parâmetro deve ser dogmatizado. Os contextos operacionais estão se mostrando extremamente voláteis e, portanto, essa é uma atividade de segurança que precisa ser dinâmica, flexível e adaptável às variações das realidades operacionais que se pretende proteger.

Existem várias categorias de risco – ou, como alguns professores definem, **disciplinas de risco**, – mas na verdade não há uma relação geral e padronizada, pois cada contexto operacional pode produzir riscos específicos e inerentes à sua operação. É claro que existem riscos comuns e que estão presentes em quase todos os contextos operacionais, mas, para cada contexto, é necessário um trabalho específico para identificação, análise e avaliação desses riscos.

Sugerimos ao leitor um estudo mais profundo das Normas COSO 1, COSO 2 e de toda a família ABNT NBR ISO 31000.

Gestão de risco corporativo se refere ao processo mais abrangente de controle de todas as variáveis e aspectos referentes às disciplinas de riscos na organização. A seguir, listamos alguns exemplos de disciplinas de risco em suas denominações mais abrangentes:

» risco de imagem;
» risco legal;
» risco operacional;
» risco financeiro;
» risco de fraude;
» risco de tecnologia da informação (TI);
» risco ocupacional;
» risco de instalações;
» risco concorrencial;
» risco de processo;
» risco de operações externas;
» risco ambiental;
» risco social;
» risco político.

Contudo, o método a ser aplicado em operações de segurança deve possibilitar a utilização da sensibilidade do gestor quando na função de analista de risco e considerar a importância das observações práticas e do instinto profissional desse analista. Sim, é possível usar um método que considere a avaliação subjetiva, da percepção sensitiva que só a profunda memória e a experiência operacional serão capazes de proporcionar ao agente dessa avaliação.

Não há como não considerar essa necessidade, especialmente quando se trata de processos tão dinâmicos e tão mutantes como os contextos operacionais de segurança. Assim, métodos que não possibilitam a avaliação subjetiva e a inserção de valores definidos pela vivência e pelo profundo conhecimento prático do contexto operacional do líder da operação tendem ao erro no resultado final da avaliação dos riscos. Dependendo do nível desse erro, podem ser inócuas todas as ações implementadas com o objetivo de mitigar os riscos identificados por processos eminentemente cartesianos.

Há controvérsia quanto ao uso do instinto prático do analista de risco e do gestor de segurança da organização, mas entendemos que considerar esse sentimento não significa manipular o resultado que o *software* apresenta, significa mesmo usar o nível de percepção humana que nenhuma máquina, nenhum programa e nenhuma planilha pode avaliar. Quando usamos o termo *ferramenta* nos referimos a algo a ser utilizado por alguém que esteja qualificado para isso; se assim não fosse, ou a ferramenta trabalharia sozinha ou qualquer pessoa poderia operá-la. Um *software* de gestão de risco não pode ser usado por qualquer pessoa, e isso só seria possível se não fossem necessárias a vivência e o sentimento de quem conhece, no mundo real, o contexto operacional analisado. Como exemplo, citamos a seguinte situação hipotética:

Análise de risco de perigo de incêndio

Organização:
» hospital de médio porte
Resultado:
» Probabilidade: alta
» Impacto: moderado

O analista, que é o gestor de segurança do hospital há muitos anos, conhece profundamente todas as instalações e sabe que um incêndio paralisará a maioria das atividades do hospital, não concorda com o resultado da matriz de risco. Ao reanalisar a planilha de impacto, verifica que, motivado por sua experiência local, avaliou como muito alto

> o impacto operacional e que o peso atribuído a esse item no *software* não representa a realidade do contexto operacional do hospital. Ao aumentar o valor desse parâmetro, o resultado final se alterou para "probabilidade alta e impacto massivo". Portanto, essa sensibilidade precisa ser utilizada, e a ferramenta deve permitir a alteração desses parâmetros de acordo com cada contexto, para que os resultados que apresenta sejam mais fiéis à realidade operacional avaliada.

Enfim, recomendamos cuidado com o uso de *softwares*, porque eles sempre são parametrizados e precisam da ótica humana especializada para complementá-los a fim de que as medidas corretivas propostas em virtude dos resultados analíticos sejam as que realmente são necessárias.

Cabe alertar que a manipulação de uma ferramenta de gestão de risco para mascarar resultados negativos e fraudar o resultado de um nível de risco, além de representar falta de ética profissional, é crime, no estrito entendimento legal, visto que compromete a segurança e a integridade de pessoas, animais, instalações, bens e valores.

Porém, também não há como negar a utilidade dos dados históricos e estatísticos para os processos de análises e avaliações em gestão de risco, uma vez que podem mostrar tendências atuais embasadas em causas e em consequências passadas – são informações significativas para qualquer análise de risco no presente e para suas decisões. Contudo, elas não devem ser as únicas nem as mais importantes informações a serem consideradas, porque os contextos operacionais se alteram ao longo do tempo e muitas condições de ontem podem já não existir hoje, assim como os efeitos sobre os sistemas de segurança podem perder valor de um dia para outro. Se a alta frequência de determinado acidente no passado foi resultado de uma condição de risco que já não existe no presente, então, esse dado estatístico tornou-se útil apenas para alertar que aquelas condições de risco não devem voltar a existir, mas não tem serventia para a atual avaliação do mesmo risco. Essa sensibilidade, em geral, não depende de informações e de dados de eventos passados, mas de observações práticas no contexto presente.

Tratamento dos riscos

Com base no resultado da análise do risco e conhecendo os valores de sua probabilidade de concretização e de seu nível de impacto sobre o negócio, é possível decidir o que tratar e com qual prioridade, colocando em prática as devidas resoluções. Nessa etapa, são tomadas as decisões relativas às opções de medidas destinadas a mitigar os riscos, com o objetivo claro e bem definido de reduzir a probabilidade de concretização ou o impacto sobre o negócio, ou, ainda a combinação dos dois.

Nessa fase, deverá ser elaborado um plano de ação com todos os detalhes da execução de cada ação necessária. A matriz gerada na etapa de avaliação de riscos é a principal ferramenta para orientar as decisões relativas ao tratamento de cada um deles. Basicamente, identificados os fatores de risco que mais influenciam na concretização dos perigos de maior impacto, serão definidas as ações para eliminar os fatores de risco ou, pelo menos, reduzir o poder de influência deles sobre os perigos. Da mesma maneira que esses fatores, as ações para tratá-los têm valores de magnitude e de motricidade. Portanto, podem existir ações que impactam em vários fatores de risco, sendo possível reduzir probabilidade e impacto em mais de um perigo.

Monitoramento e análise crítica

O monitoramento deve ser planejado com a definição de como, quando e onde serão feitas as análises críticas nas ações previstas no plano de ação, contendo a definição explícita das responsabilidades relativas a suas avaliações. Além das análises planejadas com os objetivos de garantir a eficácia dos controles e obter informações adicionais para melhorias no processo de avaliação de riscos, devem ser realizadas análises críticas sempre que ocorrer um evento relacionado com os riscos e com as ações elencadas no processo de gestão de risco.

Esse monitoramento deve cumprir o objetivo tático de detectar mudanças nos contextos interno e externo que indiquem a necessidade de alterações nos critérios de risco ou requerer revisão nos tratamentos de risco já propostos ou executados. A norma orienta que o monitoramento e a análise crítica sejam realizados em todos os estágios do processo de gestão de risco. Essa análise deve ser realizada até mesmo nos eventos externos que não atingem a organização, especialmente aqueles ocorridos em instituições congêneres, com contextos de riscos semelhantes aos do sistema da organização.

O objetivo dessa prática é aproveitar a oportunidade para avaliar se o incidente que ocorreu em outra empresa também ocorreria no sistema da organização com maior ou menor facilidade e com efeitos de maior ou de menor impacto. Para garantir a rastreabilidade do processo de gestão de risco, todos os trabalhos, desde a primeira etapa, devem ser evidenciáveis por meio de registros.

Registro e relato

A norma ABNT NBR ISO 31000/2018 orienta que os resultados do processo de gestão de risco sejam documentados e relatados por mecanismos apropriados. Dessa forma, poderão ser comunicados em toda a organização, fornecer informações para as tomadas de decisão, melhorar as atividades de gestão de risco e auxiliar a interação com as partes interessadas. A norma acrescenta que o relato é parte integrante da governança da organização e orienta que esta aprimore a qualidade do diálogo com as partes interessadas e apoie a alta direção e os órgãos de supervisão de modo que possam cumprir suas responsabilidades. Apresentada de uma maneira bem clara e objetiva, esta é a missão dos processos de gestão de risco:

> Identificar, analisar, avaliar, tratar os riscos e monitorar e analisar criticamente a eficácia dos controles implementados.

6.2 Processos de gestão de crise

Há estratégias de gestão de risco que podem reduzir a probabilidade de concretização dos perigos para valores muito baixos, insignificantes e até nulos, quando se eliminam as atividades que geram os riscos. Em linhas gerais, ter o controle sobre as ameaças mantendo os níveis de risco em patamares aceitáveis é o grande objetivo dos programas e dos sistemas de gestão de risco. Os métodos de gestão de risco também têm algum potencial de redução do impacto de incidentes, mas sua grande missão sempre será assessorar as organizações na implementação de controles para reduzir as probabilidades de concretização.

A **redução dos níveis de impacto** de um provável incidente pode ser alcançada já na fase de tratamento e de mitigação dos fatores de risco, antes mesmo de sua concretização; no entanto, é um resultado marginal e será obtido pelo simples tratamento dos fatores de risco que potencializam a concretização de um perigo. Como exemplo, citamos a recomendação de um plano de ação da gestão de risco para a substituição, em uma sala de cinema, do revestimento de um material que produz gases tóxicos na combustão por outro material que não contenha, em sua composição química, elementos capazes de produzir efeitos tóxicos. Essa é uma medida que não está diretamente relacionada com a probabilidade de concretização de um incêndio, mas limita drasticamente os efeitos sobre as vítimas e o impacto sobre o negócio caso incêndio se concretize.

Ainda assim, nesse exemplo, o mais importante será executar as demais determinações do plano de ação para que se reduza significativamente a probabilidade de ocorrência de um incêndio na sala de cinema, porque, em última instância, com ou sem gases tóxicos, o incêndio não deve acontecer, e este é o objetivo da gestão de risco: **reduzir a probabilidade de concretização** de todos os perigos identificados. Porém, são poucas as situações em que essa redução é de 100% e o risco é totalmente eliminado. Raramente um perigo tem probabilidade zero de se concretizar, e isso só é possível se a atividade que o gera for eliminada. Por exemplo, será zero a probabilidade de um incêndio no cinema somente se o cinema não existir; será zero a probabilidade de um assalto a banco dentro de um *shopping center* somente se não existir um banco nesse empreendimento – se esse *shopping* quiser eliminar as chances de assalto às operações de risco agregado, basta não comercializar espaços para esse tipo de operação –; será zero a probabilidade de perdas na compra de ações de uma grande companhia somente se a opção for pela não aquisição desses papéis.

Isso tudo parece óbvio, mas destacamos essa estratégia porque podem existir situações em que o risco não compensa a manutenção da atividade que o gera, e essas perigosas atividades nem sempre são prioritárias ou nem sempre são as atividades-fim das organizações que ameaçam. Essa é uma decisão de nível estratégico e, em geral, está relacionada com riscos de alto impacto ou de impacto catastrófico e massivo, ainda que sua chance de concretização possa ser baixa. Quando for de média ou alta probabilidade, com certeza a conveniência da manutenção da atividade que os produz precisa ser muito bem avaliada.

Se a atividade que gera o risco precisa existir, então, alguma possibilidade também existirá e sua concretização nunca será impossível; é óbvio que todo perigo tem alguma probabilidade de acontecer. Então, se há alguma chance, é preciso estar preparado para sua concretização com os processos estruturados de gestão de crise, especialmente nos casos dos riscos de maior impacto. Entretanto, essa necessidade se refere a qualquer tipo de evento negativo, independentemente de seus níveis de gravidade e de impacto. Alguns eventos negativos são de tão leve impacto que não chegam a produzir uma situação de crise, mas precisam ser tratados com prontidão, pois quase sempre têm potencial para evoluir para uma situação mais grave. Esse cuidado é designado como **senso de urgência** ou **sentido de urgência**, que é a sensibilidade para perceber a necessidade de tratamento imediato de uma condição de menor risco, mas com potencial de agravamento e complicação de qualquer natureza. Para Kotter (2009, p. 19), "quando existe um verdadeiro sentido de urgência, as pessoas acham que é preciso agir agora para resolver problemas críticos, e não quando houver uma brecha na agenda".

O desenvolvimento de sentido de urgência em um sistema de segurança está diretamente relacionado à capacidade de antecipação e à capacidade de pronta resposta a eventos com potencial de impacto sobre os objetivos táticos operacionais e estratégicos da organização. A garantia da manutenção das condições de normalidade operacional, especialmente nos processos críticos, depende dessa capacidade do sistema para perceber o "embrião" de um problema que pode gerar uma crise. Essa deve ser a ótica operacional da gestão de risco, do sentido de urgência e da gestão de crise, sempre no sentido preventivo, a fim de que, com a antecipação, sejam evitadas as crises operacionais, ou no sentido da gestão da crise instalada, para limitar e conter seus efeitos negativos.

Entretanto, é preciso observar que existem situações de crise que, mesmo com potencial de impacto negativo no negócio, podem oferecer oportunidades de crescimento e de ganhos. Esse pensamento parece já estar consolidado na moderna gestão empresarial.

As crises institucionais de imagem, de mercado, financeiras, de ordem legal, fiscais e operacionais podem trazer, em seu supostamente tenebroso bojo, algumas oportunidades interessantes. Entre 2008 e 2009, o mundo foi sacudido com o início de uma crise econômica de proporções globais. A alta gestão governamental de cada país reagiu como melhor entendeu e as medidas drásticas de macroeconomia se alastraram pelo mundo. Do mesmo modo reagiram as empresas, desde as grandes corporações até as empresas individuais. Os custos operacionais passaram a ser ferozmente combatidos em todas as modalidades de negócio. Dez anos depois, no início de 2018, com as piores etapas da crise já superadas, muitas organizações ainda mantinham várias das medidas que foram tomadas como pronta resposta aos eventos de 2008.

Um dos efeitos mais sintomáticos desses benefícios da crise foi o aumento de produtividade no estrito sentido matemático desse conceito: as empresas criaram táticas operacionais para depurar seus processos e passar a fazer o mesmo com menos recursos, havendo, inclusive, casos em que aumentaram a produção reduzindo recursos. É claro que alguns efeitos negativos residuais sempre existirão depois das "tempestades". No caso dessa nova condição da produtividade das organizações que conseguiram se adequar durante a crise, um dos efeitos negativos foi a eliminação de postos de trabalho que, certamente, não serão reativados. Para Kotter (2009), apesar de criar uma situação difícil, uma crise pode ser uma bênção disfarçada.

> Portanto, *gestão de crise* é o emprego imediato de procedimentos previamente estruturados para a pronta resposta a qualquer evento inesperado com potencial de impacto sobre os objetivos estratégicos da organização diretamente afetada.

Se imaginarmos uma linha de tempo do incidente, essas são as ações de enfrentamento da crise, desde os primeiros momentos ou tempo zero do surgimento da situação até o início das ações de retomada dos processos críticos que tenham sido interrompidos. Essa pronta resposta será tanto mais efetiva quanto mais precoce for, mas a duração dessa etapa dependerá do nível de gravidade do evento em si e de quanto tempo será necessário para que ele esteja sob controle, com danos e efeitos contidos ou cessados.

Na verdade, não há uma regra geral ou um tempo padrão para as ações de pronta resposta, visto que cada caso e cada ocorrência têm um nível diferente de gravidade e de duração. Um incêndio em um *shopping* é muito diferente de um assalto a uma de suas joalherias; um blecaute em uma indústria é diferente da falta de água em seu refeitório e em suas instalações sanitárias; uma greve de trabalhadores é diferente de uma greve de empregados de empresas de ônibus urbanos. Trata-se de crises diferentes e eventos com impactos e tempos de duração distintos, mas que podem evoluir para condições mais graves e gerar crises operacionais, precisando ser tratadas com ações de pronta resposta, executadas pelas mesmas equipes de gestão de crise. Entretanto, só é possível definir como controlado o sinistro que, pela ação das equipes que o enfrentam, já tenha perdido totalmente a capacidade de produzir danos, perdas, prejuízos e vítimas.

Mas, cuidado, porque, quando tudo parece estar resolvido e controlado, ainda podem ocorrer desdobramentos sutis, camuflados e imperceptíveis. É preciso estar certo de que o incidente está sob controle. Basicamente, quando a prevenção dos riscos internos falha e eles se concretizam, a necessidade do processo de gestão do evento é imediata, visando conter e limitar os danos da situação indesejada, seja uma ocorrência leve, seja um incidente, um acidente ou qualquer outro tipo de crise com potencial de impacto negativo sobre os objetivos estratégicos da organização. No entanto, se os riscos se concretizarem em virtude de fatores externos, restará para a efetiva gestão de crise, além da capacidade de antecipação da inteligência empresarial, apenas conter e limitar os efeitos no ambiente interno, sem se esquecer de potencializar as oportunidades que, porventura, a crise possa proporcionar.

Para examinar as técnicas de gestão de operações de segurança, as crises que mais interessam são as operacionais, provocadas por eventos com potencial de interrupção das operações dos processos críticos e com potencial de impacto quase sempre imediato na manutenção da normalidade operacional de toda a organização. A partir deste ponto, adotaremos o termo *incidente* com a conotação genérica referente a qualquer tipo de evento indesejado e com potencial de evolução para condições mais graves.

Se adotarmos o conceito de crise sob uma ótica abrangente e uma visão de gestão estratégica, *crise* é um evento com potencial de produzir perdas em sua imagem, com consequências em procedimentos legais ou interrupções operacionais e financeiras; podemos definir como **objetivo dos processos de gestão de crise** a redução do impacto do incidente sobre os objetivos estratégicos da organização. Porém, sob a ótica da gestão de operações de segurança, se definirmos *crise* como uma condição inesperada, ainda fora do controle da organização; podemos determinar como **objetivo tático operacional** dos processos de gestão de crise a execução de ações de pronta resposta a incidentes, a fim de gerenciar fatalidades, proteger pessoas, conter e limitar danos, comunicar as partes interessadas e reduzir para tolerável o tempo de interrupção dos processos críticos operacionais e para valor suportável o nível de impacto do incidente sobre o negócio.

Para garantir esses objetivos operacionais, as ações de pronta resposta devem ser previamente determinadas em um planejamento denominado *plano de gestão de crise*, que deve ser composto pelas informações necessárias para as primeiras ações, tomadas a partir do momento da constatação de qualquer situação com potencial de impacto nos objetivos estratégicos e mantidas até o momento em que for perceptível que o evento não é mais capaz de produzir qualquer tipo de dano ou de perda para a organização e já pode ser considerado um incidente "sob controle".

Então, podemos definir como um *incidente controlado* a condição em que seus efeitos são aceitáveis ou nulos. A partir dessa condição de evento controlado, é possível, então, dar início às ações de retomada dos processos críticos que foram interrompidos de acordo com as respectivas estratégias de continuidade, também previamente planejadas.

Estrutura da resposta ao incidente

Ações de pronta resposta compreendem a identificação do ponto inicial de impacto do incidente, a avaliação do tipo de incidente, sua extensão e seu impacto potencial: a partir da detecção ou do alarme, saber de imediato o que aconteceu, onde aconteceu, o que foi atingido, qual é o nível de danos nesse primeiro momento e quais danos ainda pode provocar. Nessa fase inicial da gestão da crise, além da resposta direta ao evento, devem ser priorizadas as ações para gerenciar fatalidades, proteger pessoas, conter danos e comunicar as partes interessadas. Quando o evento que provocou a situação de crise puder ser considerado "sob controle", deverão ser disparadas as primeiras ações de estratégias de retomada previstas no plano de gestão de continuidade de negócio (PGCN).

Figura 6.6 – Linha de tempo do incidente

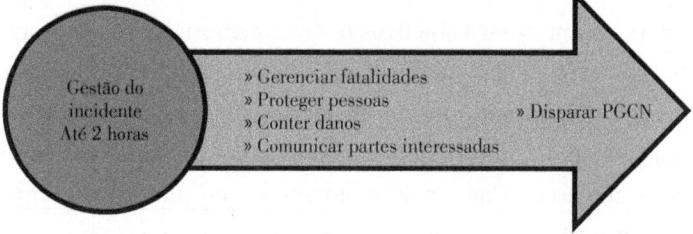

Gestão do incidente
Até 2 horas

» Gerenciar fatalidades
» Proteger pessoas
» Conter danos
» Comunicar partes interessadas

» Disparar PGCN

O tempo de "até 2 horas" na Figura 6.6 é apenas uma ilustração didática, pois, para cada contexto operacional e para cada tipo de processo interrompido, pode haver um tempo diferente para a execução e a conclusão das ações de gestão da crise. Essa avaliação deve ser feita durante a elaboração dos cenários de descontinuidade, como veremos adiante. Na verdade, a única orientação geral é que as ações de pronta resposta ao incidente sejam iniciadas o mais rapidamente possível para que sejam capazes de reduzir o potencial do incidente de produzir danos nos primeiros momentos. Esses tempos serão definidos previamente caso a caso, considerando-se o contexto operacional de cada organização, especialmente com relação à possibilidade de interrupção de processos críticos.

É importante que exista um objetivo de tempo de controle de incidente previamente definido para servir de parâmetro e de missão a ser cumprida pelas equipes de gestão de crise. É claro que, quanto mais demoradas forem as ações de resposta ao incidente, mais ele se prolongará e mais graves e mais danosos serão seus efeitos. Então, esses prazos devem ser previamente definidos pelos gestores dos sistemas de gestão de risco juntamente aos gestores operacionais dos processos críticos que podem ser interrompidos. Para isso, como veremos adiante, é essencial que exista uma avaliação prévia da criticidade de cada processo crítico – dado que determina por quanto tempo esses processos podem permanecer interrompidos.

Manual de gestão de incidente

A pronta ação das equipes de gestão de crise depende de procedimentos antecipadamente estruturados e de ações de emergência previamente treinadas. Entretanto, como visam facilitar as ações em momentos de estresse operacional e situações extremas, essas instruções têm de ser simples e de fácil e imediata consulta e devem ser rapidamente acessadas pelas equipes que receberão o aviso ou alarme.

Nesse sentido, é importante o uso de um "manual de bolso", com um formato simples, de consulta rápida e que contenha instruções específicas e elementares para dar início às ações de pronta resposta ao incidente. O conteúdo deve ser sucinto e objetivo, com informações nos itens que sugerimos a seguir:

a. **Fluxo de informações**: define-se como devem ser conduzidas as informações após a identificação do incidente, podendo ser elaborado com base no modelo de fluxo de processo tradicional.
b. **Contatos prioritários internos e externos**: definem-se quais são os contatos e quais são suas prioridades.
c. **Comitê de crise**: define-se como, quando e onde será instalado o comitê de crise, cujas constituição e atribuições devem ser estabelecidas no planejamento geral da segurança da organização.
d. **Agentes de pressão**: definem-se quais são os agentes, especialmente os externos, que podem exercer pressão sobre as ações de pronta resposta e estabelece-se quando e como solicitar seu apoio ou atender à sua demanda;
e. **Ações das equipes de pronta resposta**: definem-se as ações imediatas das equipes de gestão de crise.

Cuidados essenciais ao plano de gestão de incidente
» Prever equipes com funções diretas e específicas de isolamento do local sinistrado, de socorro às vítimas e de pronta resposta ao incidente.
» Prever equipes de apoio operacional às ações de pronta resposta.
» Prever equipes com atribuições específicas de comunicação com familiares de vítimas, com a imprensa e com as partes interessadas.

Já vimos que um dos objetivos dos processos de gestão de crise é reduzir para um valor suportável o nível de impacto do incidente sobre o negócio. É possível obter algum nível de redução desse impacto até antes do incidente, na implantação de controles para mitigar esse risco, mas é na ação de pronta resposta, com a exata execução das ações de gestão do incidente, que esse objetivo pode conseguir seu maior resultado. Apresentada de uma maneira bem clara e objetiva, esta é a missão dos procedimentos estruturados de gestão do incidente:

> Limitar o impacto do incidente sobre o negócio, conter danos, gerenciar fatalidades e garantir o retorno à normalidade operacional em um período de tempo tolerável.

Caça às bruxas

A partir do momento zero da concretização do perigo, todo o processo de gestão de risco e todas as ações, os investimentos, os esforços e os trabalhos que foram feitos para evitá-lo terão sido insuficientes na missão de impedir sua concretização. Depois desse ponto, quando a concretização do perigo se torna um fato inquestionável, a preocupação e as ações precisam estar voltadas à limitação de seus indesejáveis efeitos e de nada adiantará a tão comum "caça às bruxas" ou a busca dos prováveis culpados. É claro que, se um incidente aconteceu, algo ocorreu como não deveria ter ocorrido porque alguém fez o que não deveria ter feito, mas o que realmente importa é que a determinação de culpas sobre o incidente – que pode até ter função preventiva de determinação de causas e de visão de futuro, com vistas a entender o que realmente aconteceu para poder evitar a recorrência e a constrangedora situação de sofrer o mesmo incidente repetidas vezes – não deve ocupar o espaço da sinergia necessária para o tratamento inicial do incidente e a limitação de seu impacto.

Exemplo prático
Uma de minhas mais marcantes e instrutivas experiências como gerente de segurança em *shopping center* foi um pequeno incêndio ocorrido, em uma madrugada, em virtude de uma obra de mezanino. Trinta minutos após receber a alarmante mensagem, eu já estava dentro da loja sinistrada, junto com o bombeiro civil, já em operação de rescaldo. As chamas estavam extintas, mas a fumaça da borracha sintética dos tênis invadia os corredores mais próximos e passava a ser o maior problema. Em poucas horas, o *shopping*, com mais de 300 lojas, teria de estar limpo e cheiroso como sempre e pronto para abrir as portas ao público, que não poderia nem imaginar a dura madrugada que eu e minha equipe havíamos passado. Cinco minutos depois de nossa chegada, apareceu no local o superintendente, um profissional conhecedor das questões que envolvem a gestão de um empreendimento de grande porte e conhecido por seu forte temperamento explosivo. Como eu ainda não havia enfrentado situação de crise operacional ao lado dele, diante da fama que tinha, preparei-me para gerenciar outro problema durante a gestão do incidente, mas fiquei muito surpreso e aliviado quando ele, no corredor ainda repleto de fumaça preta, abordou-me com muita calma e serenidade e, após ouvir meu breve relato, deixou-me conduzir as operações de gestão da situação do sinistro sem interferir, inclusive ajudando com força braçal em ações como a retirada de mobiliário e de mercadoria da loja sinistrada.

Ficou claro que o superintendente sabia que não era hora de questionamentos e cobranças, os quais não contribuiriam para a redução do impacto do incidente. Não fez nem mesmo aquela natural e mais corriqueira pergunta:

> "Como foi que isso aconteceu?". Assim, consegui coordenar as ações necessárias que deveriam se seguir. Às 10h, o público que entrava pelas portarias do *shopping* não percebeu nenhum vestígio sequer do sinistro – apenas alguns lojistas e colaboradores se intrigaram com a loja fechada e devidamente tapumada de um dia para outro.

Portanto, senhores diretores, na hora da gestão de um incidente, poupem seus gerentes e supervisores operacionais de pressões inúteis para que eles possam focar no comando e controle das ações de pronta resposta de acordo com os procedimentos estruturados de gestão de crise. As pressões inerentes à situação já são suficientes e precisam ser muito bem assimiladas e controladas, não havendo espaço nem tempo para preocupações com futilidades e dramatizações, que tendem a agravar aquilo que já é suficientemente grave. Nesse sentido, além da qualificação para o cargo, a principal competência que se exige de todos os envolvidos é a serenidade.

Dessa forma, fica clara a importância de procedimentos estruturados e de manuais de ação para o enfrentamento de situações de crise e de pronta resposta a incidentes. No entanto, para a garantia da qualidade desses procedimentos, o gestor de operações de segurança, ao elaborá-los, precisa ter sempre em mente objetivos fundamentais de todas as ações de gestão de crise:

» facilitar as ações de pronta resposta;
» socorrer e remover vítimas;
» controlar o incidente;
» reduzir o impacto do incidente;
» proteger os processos críticos;
» facilitar o retorno à normalidade.

> Para as tomadas de decisão nas situações de gestão de crise, é fundamental que as questões mais impactantes para o controle dos incidentes e para a limitação de seus efeitos sejam pensadas, planejadas e treinadas antecipadamente.

É importante alertar para o risco da evolução de uma situação em que seja evidente ou, pelo menos, discutível uma conduta negligente do agente que deveria atuar no sentido de evitar o resultado final, talvez até com produção de vítimas, mas não atuou. Em termos de crescimento profissional, é sempre muito bom ocupar posições funcionais de destaque e de liderança, mas há de se ter a exata noção do nível de responsabilidade que pesa sobre os ombros, especialmente quando dessa maturidade depende a segurança e a integridade de pessoas, animais, instalações, bens e valores.

Costumamos recomendar aos gestores de risco que, se existem normas técnicas para determinada atividade, é preciso tirar o máximo proveito possível disso. Primeiro porque, em geral, são muito bem elaboradas e realmente ajudam no objetivo empresarial relacionado; além disso, são elaboradas por comitês técnicos compostos por especialistas, profissionais operacionais, professores, mestres e cientistas com alto nível de conhecimento prático, científico e acadêmico sobre o assunto que pretendem orientar. Segundo porque, nas situações em que ocorrem incidentes relacionados com assuntos técnicos normatizados, a simples existência da aplicação da norma já é um passo na direção da limitação dos danos e da redução do impacto. O fato de estar em conformidade com as recomendações de uma norma técnica, certamente, e de diversas maneiras, limita o impacto de um incidente em uma atividade relacionada.

Finalmente, teceremos um esclarecimento com relação a uma dupla interpretação da expressão *gestão de crise*. Essa expressão também vem sendo utilizada pela doutrina tática operacional de polícia para definir ações de pronta resposta com técnicas para enfrentar situações pontuais de ocorrências policiais, especialmente com grave e iminente ameaça à vida. Em geral, o uso policial da expressão se refere a situações que fogem dos *modus operandi* mais comuns e rotineiros e apresentam ameaças de maior gravidade à integridade das vítimas. No entanto, para os métodos e os programas de gestão de risco, o conceito de gestão de crise se refere às situações que envolvem crises institucionais e operacionais internas de diversas modalidades organizacionais e nada tem a ver com a gestão de crise policial. Alguns exemplos:

» Gestão de crise policial:
  » enfrentamento e negociação de sequestro em andamento;
  » negociação com assaltante para libertação de refém;
  » contenção de manifestação política social violenta;
  » desativação de artefato explosivo em área pública.
» Gestão de crise organizacional:
  » companhia aérea com acidente aéreo de grandes proporções;
  » escândalo de envolvimento em fraudes e corrupção;
  » escândalo político;
  » evento interno em empresa com alto impacto negativo sobre sua imagem.

Sob a ótica da gestão de risco e da gestão de continuidade de negócio, crise é qualquer evento, súbito ou gradual, que altere a normalidade operacional da organização e apresente potencial de impacto negativo sobre sua imagem, com consequências de ordem legal, interrupções operacionais de processos críticos e impacto negativo nos resultados financeiros. Os planos de gestão de crise e de gestão de continuidade devem ser elaborados com objetivos claros de reduzir o impacto do evento negativo para níveis suportáveis e a interrupção dos processos críticos para um tempo tolerável. Esse é o fundamento prático de gestão de crise e gestão de continuidade de negócio sob a ótica organizacional.

6.3 Processos de gestão de continuidade de negócio

É comum encontrarmos em artigos, editoriais de revistas especializadas, trabalhos científicos e acadêmicos e livros técnicos de gestão empresarial alguma menção sobre os efeitos da globalização na realidade empresarial do mundo. Parece ser um assunto inesgotável e de inegável consenso. Os impactos desse fenômeno do atual mundo multipolarizado, destacados pelos diversos autores, não diferem muito e, normalmente, as alusões às suas características são repetitivas, porém sempre corretas – há um consenso de que a nova realidade alterou significativamente a dinâmica e o cenário dos mercados globais. São diversas as novas características que afetam de um modo geral as condições da competitividade no mercado mundial. Destacamos a incrível velocidade das trocas de informações e de conhecimentos, obrigando as organizações a se manterem providas de sistemas eficazes de acompanhamento e de monitoramento das alterações em seus ambientes de interesse.

As empresas precisam estar capacitadas, aparelhadas e qualificadas para acompanhar o andamento da conjuntura de seus mercados, devendo acompanhar essa frenética dança global sob pena de "ficarem para trás" enquanto a concorrência segue em frente e, estrategicamente, embarca nesse mundo mais ligeiro e impiedoso com atitudes de indolência. Para organizações com qualquer objetivo de crescimento, no atual contexto concorrencial, já não é permitida apatia de gestão, não é permitido desacelerar, reduzir o ritmo ou estacionar. Crescer parece ser obrigatório e se contentar com o *status quo* parece ser fatal, pois não existem zonas de conforto para o mundo empresarial. Nesse ponto, entra o assunto de interesse da continuidade operacional, porque é sob essa ótica que sua importância se justifica como estratégica: **as empresas não podem parar.**

Já não cabe mais o "luxo" de uma parada operacional sem nenhum prejuízo. Se considerarmos que, em paradas operacionais programadas e necessárias, são avaliados os custos das perdas envolvidas, trabalhando-se com conceitos de custo-benefício e de custo e risco calculado, quanto mais graves não serão os riscos e os prejuízos de uma parada não programada e totalmente imprevista? Em algumas situações, um dia de parada, ainda que parcial, pode acarretar perdas irreparáveis e até fatais. A garantia da sustentabilidade operacional pode ser a garantia da permanência da empresa no negócio, mas a fragilidade nesse quesito, na atual dinâmica dos mercados, sendo surpreendido despreparado para enfrentar uma crise de interrupção de processos críticos, será a certeza de exclusão do cenário competitivo.

Mais uma vez entra em ação, na linha de pensamento deste trabalho, a atividade de inteligência empresarial e de gestão de risco corporativo, no assessoramento ao poder decisório em situações de crise, contingência, emergência ou desastre. Identificar, analisar, avaliar, tratar e monitorar os pontos de fragilidade relacionados com a sustentação da operação, determinando a probabilidade e o impacto dos riscos envolvidos em interrupções operacionais é, sem dúvida, atribuição e tarefa que envolve inteligência empresarial na gestão de crise e na formulação de um plano de continuidade de negócio.

A necessidade de sustentabilidade do negócio assume uma proporção muito mais importante, com claro viés de função social em consequência de seu grau de influência em todos os envolvidos que dela dependem de alguma maneira. A solução de continuidade em processos produtivos, por exemplo, pode acarretar perdas irreparáveis aos empregados, à comunidade, aos fornecedores, aos clientes, ao fisco e à própria empresa.

Para elaborar procedimentos estruturados e planos mais abrangentes para a garantia da continuidade operacional na organização, é necessário conhecer os processos críticos e ter muito bem determinadas as respectivas criticidades. Portanto, é essencial um mapeamento de processos e o exato entendimento da importância estratégica de cada um deles para a continuidade operacional de toda a organização. Não há como desenvolver um processo de continuidade operacional eficaz sem que se conheça a criticidade dos processos e sem avaliar o impacto de suas interrupções nos objetivos estratégicos do negócio. Para isso, uma das ferramentas imprescindíveis de gestão de continuidade de negócio (GCN) é uma análise conhecida como *Business Impact Analysis* (BIA) ou análise de impacto no negócio. A **BIA** é a base fundamental dos processos de gestão de continuidade de negócio, uma vez que se trata de análise que identifica os processos críticos e suas criticidades, avalia os impactos no negócio, seja uma perda, seja a interrupção ou os transtornos nesses processos, a fim de que a administração determine em qual ponto no tempo essa interrupção se torna intolerável.

Segundo a norma ABNT NBR ISO 22301/2013, isso é chamado de *maximum tolerable period of disruption* (MTPD), em inglês, e de *período máximo de interrupção tolerável* (PMIT), em português. A norma ABNT NBR ISO 22313/2015 estabelece que a BIA permite à organização dar prioridade para a retomada das atividades que suportam seus produtos e seus serviços, prevendo que a finalidade da BIA é:

» *obter uma compreensão dos produtos e dos serviços-chaves da organização e as atividades que os entregam;*
» *determinar prioridades e períodos de tempo para a retomada das atividades;*
» *identificar os recursos-chave a serem exigidos para a recuperação; e*
» *identificar dependências (internas e externas).* (ABNT, 2015, p. 22)

A norma determina, ainda, que convém à BIA incluir a avaliação dos impactos ao longo do tempo das interrupções resultantes dos eventos descontrolados, não específicos nessas atividades.

A BIA, portanto, é uma análise que mapeia os processos críticos e proporciona uma visão que permite a inclusão das estratégias de continuidade para esses processos no planejamento estratégico da empresa. A recuperação desses processos deve acontecer sempre antes de os impactos adversos se tornarem inaceitáveis, de modo a gerar como resultado não fornecer um produto ou serviço ou não realizar uma atividade. É uma análise que identifica, mapeia e determina por quanto tempo a organização consegue operar em nível aceitável com a interrupção de cada um de seus processos operacionais e de gestão.

A análise é realizada individualmente, processo a processo; para produzir um resultado confiável, precisa obter dados precisos relativos ao impacto de interrupção de cada processo sobre a imagem da organização, a operação dos demais processos, a segurança jurídica da organização e a condição financeira de todo o negócio. Tem como objetivo determinar quanto tempo cada processo pode permanecer interrompido sem que prejudique a imagem da organização, provoque problemas ou interrupções nos demais processos, consequências de ordem legal ou perdas financeiras. Determina com precisão qual é a tolerância da organização para a interrupção de cada um de seus processos operacionais e administrativos e a respectiva criticidade.

Com uma BIA elaborada com precisão, facilita-se a gestão de continuidade de negócio, pois, com visão holística de toda a estrutura operacional, é possível elaborar estratégias de continuidade com objetivos claros de recuperar os processos interrompidos antes que sejam ultrapassados seus PMITs. Na BIA, é importante considerar a relevância do impacto de interrupções nos macroprocessos, nos processos, nas atividades, nas ações individuais e até mesmo no funcionamento de sistemas, de equipamentos e de infraestrutura de sustentação operacional. A profundidade dessa análise, desmembrando os macroprocessos até o nível das ações individuais, é fundamental para determinar os valores dos graus de impacto e de tolerância para interrupções em qualquer nível operacional.

A ferramenta utilizada para essa análise precisa possibilitar a determinação da criticidade desde os macroprocessos até as atividades mais simples e individuais. Esse nível de profundidade da BIA deverá ser determinado pela sensibilidade do analista com o conhecimento de todos os detalhes do contexto operacional. As ferramentas existem, os métodos, as técnicas e os processos são bem elaborados e já estão normatizados, falta apenas que as organizações estruturem e qualifiquem equipes para que estejam aptas a utilizar esses meios com eficácia. A otimização de ferramentas como a BIA demanda a participação de equipes de profissionais qualificados e com domínio na aplicação de métodos e ferramentas de análise de risco, gestão de crise e gestão de continuidade de negócio, para que, assessorando os gestores dos processos críticos, possam determinar com precisão suas criticidades, construir seus cenários de descontinuidade, identificar seus requisitos de continuidade e elaborar suas estratégias de continuidade.

Estrutura do plano de continuidade operacional

Quando se trata de continuidade operacional, presume-se a ocorrência de alguma descontinuidade em uma operação, ou seja, se há a necessidade de retomar a continuidade, subentende-se que houve uma descontinuidade; se algo precisa continuar, retomar, significa que parou. Na possibilidade de incidentes que provocam interrupções nos processos críticos de uma organização, o que certamente parará será a capacidade de cumprir a missão institucional e de atingir o objetivo para os quais foi criada.

Como já vimos, *continuidade operacional* é a capacidade operacional de continuar a entrega de produtos ou de serviços em um nível aceitável e predefinido, após um incidente de interrupção. Essa continuidade será tanto mais garantida quanto mais estruturados e treinados forem os procedimentos a serem executados logo após a conclusão das ações de pronta resposta ao incidente que gerou a interrupção, de modo que seja possível garantir a retomada do que foi interrompido. No entanto, embora não seja esse o principal objetivo da gestão do incidente com as ações de pronta resposta, também cumpre essa importante função de facilitar e agilizar a retomada dos processos críticos que tenham sido interrompidos antes do tempo máximo de tolerância. Então, o objetivo de retomar esses processos começa a ser conquistado a partir da qualidade das primeiras ações de pronta resposta ao incidente.

Durante os primeiros momentos do incidente, a prioridade deve ser dada ao enfrentamento, para a contenção dos efeitos imediatos, mas isso não impede que os procedimentos de continuidade de algum processo crítico que foi interrompido possam ser iniciados antes da gestão do incidente ser concluída.

Nesse sentido, cabe analisar três aspectos nessa decisão:
1. a resposta tardia ao incidente é fator determinante para a complicação no controle e no agravamento dos efeitos imediatos;
2. enquanto o incidente não estiver sob controle, talvez não seja possível retomar o processo crítico interrompido, tornando inútil o esforço nesse sentido;
3. ações para retomada dos processos críticos interrompidos não devem prejudicar ações de pronta resposta ao incidente, especialmente quando tiver grande potencial de produzir vítimas, interrupção de outros processos críticos e danos de grandes proporções.

A norma ABNT NBR ISO 22.313/2015 recomenda a adoção do modelo do processo de gestão de continuidade de negócio composto pelos elementos dispostos na Figura 6.7, a seguir:

Figura 6.7 – Elementos de programa de continuidade de negócio

Norma ABNT NBR ISO 22313:2015

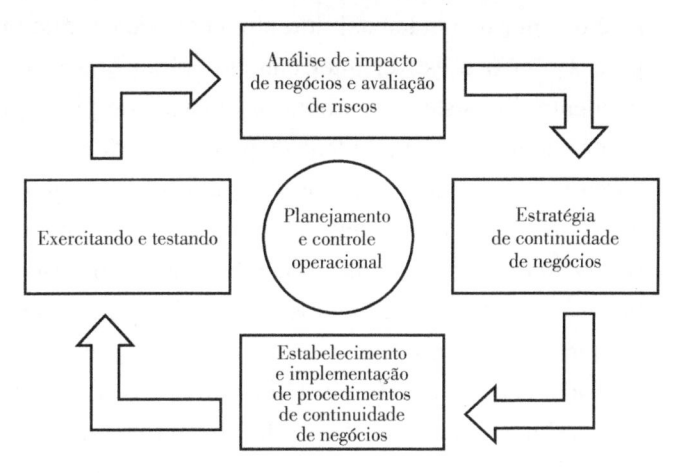

```
        ┌─────────────────────┐
        │  Análise de impacto │
        │ de negócios e avaliação │
        │     de riscos       │
        └─────────────────────┘
   ↗                              ↘
┌──────────────┐  ┌────────────┐  ┌──────────────┐
│ Exercitando  │  │ Planejamento│  │  Estratégia  │
│ e testando   │  │  e controle │  │ de continuidade│
│              │  │ operacional │  │  de negócios │
└──────────────┘  └────────────┘  └──────────────┘
   ↖                              ↙
        ┌─────────────────────┐
        │   Estabelecimento   │
        │   e implementação   │
        │   de procedimentos  │
        │   de continuidade   │
        │     de negócios     │
        └─────────────────────┘
```

Fonte: ABNT, 2015, p. 18.

O PGCN é o conjunto de procedimentos estruturados e previamente elaborados com o objetivo tático operacional de retomar os processos críticos e garantir sua continuidade dentro dos períodos máximos de interrupção toleráveis caso sejam interrompidos por um incidente. Para cumprir esses objetivos, o PGCN deve conter os seguintes elementos:

» **Identificação de processos críticos**

É importante que o entendimento da organização inclua o mapeamento dos processos críticos, determinando a criticidade de cada um. Essa ação, basicamente, define o tempo de interrupção de cada processo que a organização pode suportar sem que sejam comprometidos seus objetivos estratégicos. Com essa informação, define-se o PMIT para cada processo crítico. A principal ferramenta utilizada com esses objetivos, como vimos, é a BIA.

» **Elaboração de cenários de descontinuidade**
Trata-se de um relevante exercício de previsão de como será o cenário operacional durante o período em que um processo crítico estiver interrompido pela ocorrência de incidente. Consiste em elaborar a hipótese do pior cenário de ruptura da continuidade de processos críticos e tem como principais objetivos fornecer informações quanto aos requisitos e às estratégias de continuidade. Ao elaborar o cenário futuro da interrupção de processos críticos, fica mais fácil definir os requisitos e as estratégias para a retomada desses processos.

» **Definir requisitos de continuidade**
Determinadas as criticidades de cada processo crítico e elaborados os cenários de descontinuidade, é possível definir com precisão os requisitos para a retomada e a manutenção da continuidade dos processos. Basicamente, deverão ser relacionados os meios de qualquer espécie necessários para a continuidade do processo que poderá ser interrompido.

» **Elaboração de estratégias de continuidade operacional**
Para cada processo crítico deverá ser elaborada uma estratégia de continuidade operacional. Aqui, é fundamental a realização das fases anteriores do PGCN. Essas estratégias são de caráter operacional e devem conter informações detalhadas com instruções passo a passo de como cada processo interrompido deverá ser reiniciado.

Figura 6.8 – Linha de tempo do incidente

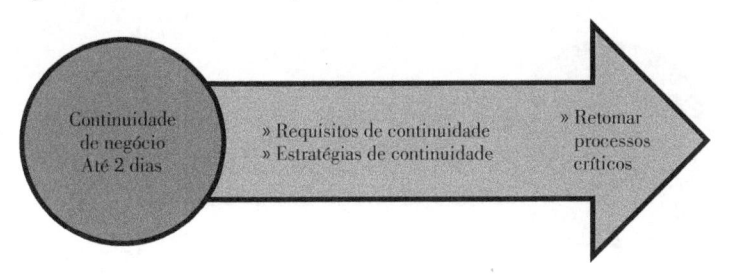

[Continuidade de negócio Até 2 dias] → » Requisitos de continuidade » Estratégias de continuidade → » Retomar processos críticos

O tempo de "até 2 dias" na Figura 6.8 é apenas uma ilustração didática, pois, para cada contexto operacional e para cada tipo de processo interrompido, pode haver um tempo diferente para retomada. Na verdade, a única orientação geral é que as estratégias de continuidade sejam iniciadas o mais rapidamente possível, sem prejudicar as ações de gestão do incidente que ainda estejam em curso e que sejam capazes de retomar os processos críticos de acordo com as criticidades definidas na BIA.

» **Recuperação de processos críticos**
São muitas as causas de ruptura da continuidade de um processo operacional durante um incidente, no entanto, é mais provável que essa interrupção ocorra em virtude de algum dano em equipamento, inoperância de meios ou impedimento de instalações. Nesses casos, a retomada dos processos interrompidos só será possível quando forem reparados ou substituídos os equipamentos danificados, restaurados ou substituídos os meios inoperantes e realocadas ou liberadas as instalações impedidas. Como objetivo mais abrangente dessa fase, apontamos a recuperação da estrutura operacional que tenha sido reduzida pelo incidente.

Figura 6.9 – Linha de tempo do incidente

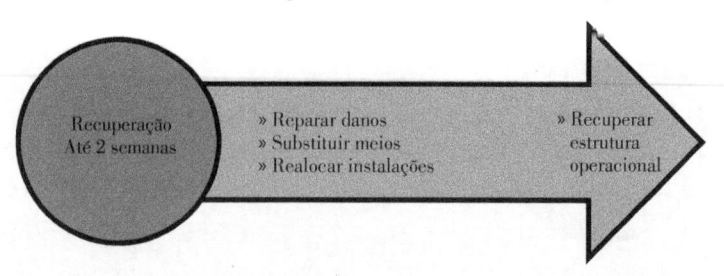

- Recuperação Até 2 semanas
- » Reparar danos
- » Substituir meios
- » Realocar instalações
- » Recuperar estrutura operacional

O tempo de "até duas semanas" na Figura 6.9 é apenas uma ilustração didática, pois para cada contexto operacional e para cada nível de danos ou perdas, pode haver um tempo diferente para reparos, substituições ou realocações. Na verdade, a única orientação geral é que as ações de recuperação sejam iniciadas o mais rapidamente possível, no sentido de reestabelecer a estrutura operacional mínima necessária para retomar os processos críticos, de acordo com as respectivas criticidades definidas na BIA.

Monitoramento e análise crítica

Após a execução das estratégias de continuidade e de recuperação dos processos críticos interrompidos e com o retorno à normalidade operacional, é imprescindível a realização das seguintes análises críticas:

» no processo de gestão de risco, para entender as condições que levaram à ocorrência do incidente;
» na fase de gestão de crise, para identificar pontos de melhoria nas ações de pronta resposta ao incidente;
» nas ações de gestão de continuidade operacional, para identificar melhorias nas estratégias de continuidade e na capacidade de recuperação da estrutura operacional.

Essas análises críticas são o elemento fundamental para a eficácia do plano de ação de melhorias do sistema de gestão de risco da organização.

Figura 6.10 – Linha de tempo do incidente

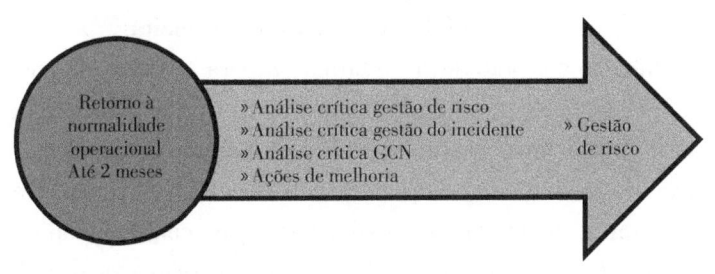

- Retorno à normalidade operacional Até 2 meses
  - » Análise crítica gestão de risco
  - » Análise crítica gestão do incidente
  - » Análise crítica GCN
  - » Ações de melhoria
- » Gestão de risco

O tempo de "até 2 meses" na Figura 6.10 é apenas uma ilustração didática, pois, para cada contexto operacional e para cada nível de ruptura e interrupção de processos críticos, pode haver um tempo diferente para o retorno à normalidade operacional e para a finalização dessas análises críticas. Na verdade, a única orientação geral é que o retorno à normalidade operacional seja feito em um tempo tolerável, previamente definido nas estratégias de continuidade, e que as análises críticas sejam iniciadas o mais rapidamente possível para que as melhorias necessárias sejam realizadas em tempo de serem utilizadas se outro incidente ocorrer.

Apresentada de uma maneira bem clara e objetiva, esta é a missão dos procedimentos estruturados de gestão de continuidade de negócio:

> Limitar o impacto do incidente sobre o negócio e garantir o retorno à normalidade operacional em um período de tempo tolerável.

Para concluirmos os estudos de gestão de risco, gestão de crise e gestão de continuidade do negócio, destacamos que é estratégico o entendimento de que essas três disciplinas são complementares, visto que a missão da primeira é impedir que a segunda seja necessária, e a missão da segunda e da terceira é reduzir os efeitos da falha da missão da primeira.

Então, se a gestão de risco falhar, caberá à gestão de crise e à gestão de continuidade de negócio limitar os danos de sua ineficiência: a **gestão de risco** é responsável pela mitigação do risco identificado, a **gestão de crise** é responsável pela limitação dos danos imediatos do risco concretizado e a **gestão de continuidade de negócio** é responsável pelo retorno à normalidade operacional dentro de um tempo tolerável. Apresentada de uma maneira bem clara e objetiva, esta é a missão dos programas e dos sistemas de gestão de risco, de gestão de crise e de gestão de continuidade de negócio:

> Identificar, analisar, avaliar e tratar os riscos; monitorar e analisar criticamente a eficácia dos controles implementados; limitar o impacto do incidente sobre o negócio; conter danos, gerenciar fatalidades e garantir o retorno à normalidade operacional em um período de tempo tolerável.

Figura 6.11 – Linha de tempo do incidente

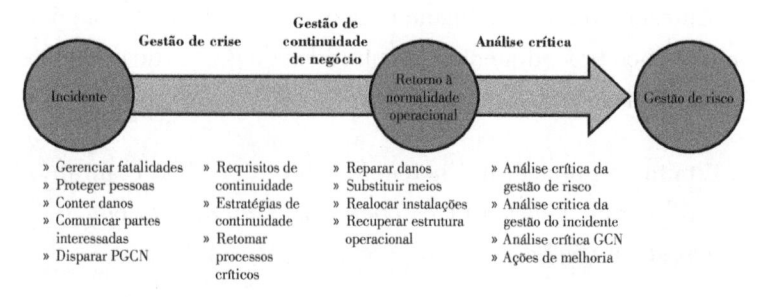

Gestão de crise	Gestão de continuidade de negócio		Análise crítica
Incidente →	→	Retorno à normalidade operacional	→ Gestão de risco
» Gerenciar fatalidades » Proteger pessoas » Conter danos » Comunicar partes interessadas » Disparar PGCN	» Requisitos de continuidade » Estratégias de continuidade » Retomar processos críticos	» Reparar danos » Substituir meios » Realocar instalações » Recuperar estrutura operacional	» Análise crítica da gestão de risco » Análise crítica da gestão do incidente » Análise crítica GCN » Ações de melhoria

Com o poder multiplicador e acelerador de informações que a moderna mídia exerce sobre os efeitos dos mais variados incidentes, a preocupação das organizações com a capacidade de gestão de risco, de gestão de situações de crise e de limitação de impacto de incidentes vem crescendo consideravelmente. As notícias são muito rápidas nos meios de comunicação de massa, e a velocidade dos fatos e dos boatos que inundam as redes sociais se tornou, por si só, um grande risco para a imagem das empresas e até para a sobrevivência competitiva em mercados tão acirrados. Uma pequena notícia, muitas vezes não maior do que um boato, percorre o mundo em poucas horas e pode assumir proporções capazes de produzir perdas inaceitáveis. Com tudo isso, o impacto de incidentes sobre a imagem das organizações, até dos menos graves, está ganhando proporções mais alarmantes e produzindo efeitos com mais intensidade e velocidade. E não é difícil imaginar quais são os desdobramentos dos prejuízos de imagem para cada modalidade de negócio, mas é certo que nenhuma delas é imune a essas consequências.

Por esse motivo, as empresas estão buscando mais qualificação e capacitação para o enfrentamento desses infortúnios e dissabores estratégicos, principalmente pela utilização e implantação de métodos de gestão de crise e programas de continuidade de negócio. Há algumas décadas, a técnica de gestão de crise que vem sendo utilizada por grandes indústrias, mais conhecida como *recall*, é um interessante exemplo dessa atenção das organizações: diante da crise institucional de identificação de um grave defeito em produtos, empresas aprenderam que negar a falha diante da opinião pública só agrava a situação e cria riscos ainda mais graves, como acidentes, vítimas e perigosas demandas judiciais, além de inevitáveis perdas de credibilidade. Assim, a estratégica decisão de admitir publicamente a falha, alertar o consumidor e corrigi-la antes que produza vítimas passou a ser a grande "sacada" na gestão dessa modalidade de crise industrial, e os *recalls* já se consolidaram com a imagem de um ato de seriedade e de credibilidade.

Aparece aqui, novamente, a necessidade de capacidade de antecipação, ou seja, a necessidade de identificação da possibilidade de uma parada indesejada e de uma descontinuidade na operação. E essa missão será bem-sucedida à medida que a empresa dispuser de meios de monitoramento e de detecção de possíveis problemas, desenvolvendo processos de gestão de risco com atividades de gestão do conhecimento e de inteligência empresarial. Porém, é importante que fique claro que o sucesso da GCN depende decisivamente das duas etapas que antecedem esse processo e que são essenciais para a limitação dos danos de um incidente e para a retomada, em tempo tolerável, de processos e atividades críticas da organização: gestão de risco e gestão de crise. Assim, a GCN só será necessária se o risco se concretizar e, quando isso acontecer, poderemos ter a impressão de que todo o trabalho de gestão de risco terá sido inútil, mas, na realidade, não é bem assim, porque todo o conhecimento adquirido nas fases de identificação, análise e avaliação do risco pode ser de muita valia nas fases de gestão do incidente e de GCN, na limitação de seu impacto e no retorno à normalidade operacional após a concretização.

Na Figura 6.12 está representada a relação de dependência das três macroetapas do processo de GCN, mas, para entendimento inicial, basta constatar que são importantes o trabalho de gestão de risco, mesmo considerando-se o perigo concretizado, a gestão de crise, para o tratamento inicial ao incidente e, finalmente, as etapas e os processos de GCN propriamente ditas. Portanto, são fundamentais as atividades de identificação, análise, avaliação e tratamento de riscos para evitar a concretização dos perigos por eles potencializados, mas, caso eles se concretizem, será igualmente relevante fazer a gestão do incidente para limitar os efeitos, acelerar a volta à normalidade operacional e garantir a continuidade do negócio.

Figura 6.12 – Processos complementares em operações de segurança

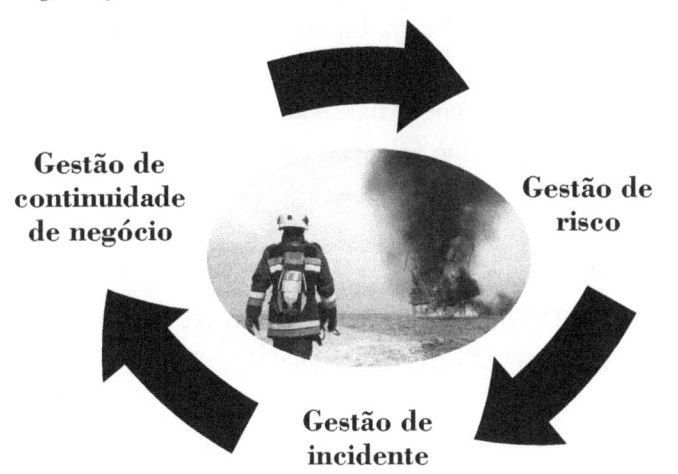

- **Gestão de continuidade de negócio**
- **Gestão de risco**
- **Gestão de incidente**

Conforme o exposto, há uma interdependência e, se imaginarmos que a existência de um plano de gestão de incidente e de um programa de GCN por si só podem reduzir a probabilidade de concretização e o impacto de outros riscos que surgem em consequência da crise e da descontinuidade operacional, encontramos mais uma importante função para o conjunto dos três macroprocessos. Quando os processos de gestão de crise e de continuidade de negócio atingem seus objetivos táticos e estratégicos, certamente reduzem a probabilidade de concretização dos riscos, que só existem em consequência da crise gerada pelo incidente sem controle e pelo prolongamento da interrupção de processos críticos para além dos limites de criticidade operacional.

A falta de procedimentos adequados e estruturados para o enfrentamento de uma crise sempre terá grandes chances de produzir outros riscos, que podem se concretizar em virtude da má condução das ações de pronta resposta. Até incidentes inicialmente sem maior potencial ofensivo, pela inépcia e pela falta de senso de urgência da gestão de risco, podem evoluir para crises de alto impacto. Da mesma maneira, uma descontinuidade operacional prolongada além dos limites de tolerância da organização poderá apresentar novos perigos em níveis que podem até mesmo ameaçar a sobrevivência da empresa sinistrada.

6.4 Introdução à inteligência empresarial competitiva

Não poderíamos levar a bom termo qualquer estudo sobre atividades de inteligência empresarial competitiva sem fazer uma análise, mesmo que apenas introdutória, das circunstâncias em que costumam acontecer as relações concorrenciais nos diversos contextos do mercado mundial. As condições que são impostas às organizações que competem nos mais distintos mercados sempre foram extremamente dinâmicas e apresentaram constantes alterações e mudanças, fato que foi acentuado após a segunda metade do século XX e no início do século XXI em consequência do desaparecimento da bipolaridade da política internacional e da economia mundial. Assim, iniciou-se o alucinante e perigoso processo conhecido como *globalização*, que veio a acentuar as determinantes estruturais da intensidade da concorrência, definidas pelo professor Michael E. Porter em seu livro *Estratégia competitiva*. Porter (2004, p. 4) destaca que

> A essência da formulação de uma estratégia competitiva é relacionar uma companhia com o seu meio ambiente. [...] Forças externas à indústria são significativas principalmente em sentido relativo; uma vez que as forças externas afetam todas as empresas na indústria, o ponto básico encontra-se nas diferentes habilidades das empresas em lidar com elas.

O autor também afirma que o grau de concorrência em uma indústria vai muito além do comportamento dos atuais concorrentes e depende de cinco forças competitivas básicas (Porter, 2004):

1. Entrantes potenciais – ameaças de novos entrantes.
2. Compradores – poder de negociação de compradores.
3. Fornecedores – poder de negociação de fornecedores.
4. Substitutos – ameaça de produtos ou serviços substitutos.
5. Concorrentes – rivalidade entre empresas existentes.

Para Porter (2004), a meta da estratégia competitiva para uma unidade empresarial em uma indústria é encontrar uma posição dentro dela em que a companhia possa melhor se defender contra essas forças competitivas ou influenciá-las em seu favor. Evidencia que uma análise compreensiva de uma indústria e de seus concorrentes exige um grande volume de dados, alguns dos quais sutis e de difícil obtenção. A obra citada de Porter (2004) identifica as principais características estruturais das indústrias, as forças importantes que causam sua transformação e as informações estratégicas necessárias a respeito da concorrência. Assim, seu trabalho é também bastante enfático quanto à necessidade de constante monitoramento e acompanhamento das condições da disputa e das condições com que atuam todos os concorrentes. Nesse sentido, Porter (2004, p. 49) defende que: "A estratégia competitiva envolve o posicionamento de um negócio de modo a maximizar o valor das características que o distinguem de seus concorrentes. Em consequência, um aspecto central da formulação da estratégia é a análise detalhada da concorrência".

Assim, é possível visualizar, nas ideias desse autor, a importância do acompanhamento e da detecção dos **sinais de mercado** que instruam as estratégias competitivas e forneçam informações seguras para o poder decisório a respeito da conveniência de sua implementação.

> *Um sinal de mercado é qualquer ação de um concorrente que forneça uma indicação direta ou indireta de suas intenções, motivos, metas ou situação interna. [...] O reconhecimento e a identificação correta dos sinais de mercado são significativos para o desenvolvimento da estratégia competitiva, e identificar sinais a partir do comportamento é um suplemento essencial para a análise da concorrência.* (Porter, 2004, p. 78)

Portanto, no livro de Porter (2004, p. 382) estão contidos os fundamentos básicos para a atividade de inteligência empresarial competitiva, podendo ser destacadas até mesmo as orientações de como conduzir uma análise da indústria: "De que modo se deve analisar uma indústria e a concorrência? Que tipos de dados são procurados e de que forma podem ser organizados? Onde procurá-los?".

O autor destaca, ainda, que

> *uma análise completa da indústria é uma tarefa pesada, podendo consumir meses se começarmos do nada. Ao iniciarem uma análise da indústria, as pessoas costumam*

se precipitar e coletar uma massa de informações detalhadas, sem uma metodologia geral ou um método para o ajuste dessas informações. (Porter, 2004, p. 382)

Esse professor de Administração de Empresas na Harvard Business School, consultor de chefes de estado, governadores, prefeitos e CEOs (*chief executive officer*) em todo o mundo e uma das maiores autoridades em estratégia competitiva defende a importância da atenção das empresas para as condições de competitividade e ressalta diretamente a necessidade de uma ação estruturada para o levantamento de informações de mercado. Assim, Porter (2004) reforça a vital relevância das atividades de inteligência e contrainteligência empresarial competitiva.

É interessante analisar o conteúdo do livro de Porter (2004) no que tange ao monitoramento da concorrência e ao conhecimento de suas próprias condições na disputa, à luz da ideia contida no pequeno texto extraído do livro *A arte da guerra*, de Sun Tzu (2005, p. 45):

> "*Aquele que conhece o inimigo e a si mesmo, ainda que enfrente cem batalhas, jamais correrá perigo. Aquele que não conhece o inimigo, mas conhece a si mesmo, às vezes ganha, às vezes perde. Aquele que não conhece nem o inimigo e nem a si mesmo, está fadado ao fracasso e correrá perigo em todas as batalhas*".

Assim, desde Sun Tzu até Porter, podemos verificar que a permanência em combate e a sobrevivência no mercado dependem do grau de conhecimento de uma organização a respeito das condições sob as quais se desdobra a disputa e sobre os pontos fortes e os pontos fracos tanto do adversário quanto de si mesmo.

> "Todos os homens podem ver as táticas pelas quais eu conquisto, mas o que ninguém pode ver é a estratégia através da qual grandes vitórias são obtidas" (Sun Tzu, 2005, p. 72).

Para que esse grau de conhecimento seja capaz de dar um suporte adequado e oportuno às decisões estratégicas, torna-se imprescindível a estruturação de um serviço de inteligência empresarial competitiva na organização.

Inteligência empresarial e gestão do conhecimento

Uma das principais características dos modernos contextos empresariais é a inegável influência que sofrem das alterações nos cenários políticos, sociais, culturais e econômicos, as quais ocorrem com assustadora velocidade e representam verdadeiros desafios para as empresas de todo o globo. Inseridas em um mundo em que as distâncias já não representam obstáculos ao trânsito de produtos e em que a necessidade de aberturas de mercado, embora ainda sob algum controle estatal, tornou-se uma realidade diária e quase uma imposição de relações comerciais internacionais, essas organizações têm sua permanência no mercado condicionada a constantes avaliações de seus potenciais de diferenciação dos concorrentes.

Nessa nova realidade, a transferência de tecnologia e a troca de dados e informações, assim como o compartilhamento de conhecimento, são de extrema importância para a manutenção do salutar equilíbrio concorrencial nas relações comerciais, políticas e econômicas do mundo. Contudo, esse equilíbrio não significa igualdades de condições de disputa, visto que os resultados conquistados pelos concorrentes dependem de suas estratégias de diferenciação. Com a evolução acentuada da competitividade na sociedade pós-industrial, segundo Fialho et al. (2006), a criação de mecanismos para se diferenciar da concorrência e incrementar os níveis de competitividade tem sido um fator fundamental para a permanência nesse novo cenário. Henderson (1998, citado por Fialho et al., 2006) afirma que a competição existe muito antes da estratégia e começou no ambiente biológico.

A competição de duas espécies por um recurso essencial faz que uma delas acabe deslocando a outra. Dessa maneira, somente uma das duas sobrevive. Gause (citado por Henderson, 1998, por sua vez citado por Fialho et al., 2006, p. 43) destaca o "Princípio de Gause da Exclusão Competitiva, que afirma que duas espécies que conseguem seu sustento de maneira idêntica não podem coexistir". De acordo com Beal (2004), as organizações do século XXI existem em um ambiente repleto de inter-relações, que permanecem em constante estado de mutação. Nesse contexto, informação e conhecimento representam patrimônios cada vez mais valiosos, necessários para que se possa compreender e responder às mudanças ambientais e alcançar ou manter uma posição favorável no mercado. Beal (2004) ressalta que, em diversas situações vivenciadas diariamente por funcionários e dirigentes, o desempenho pode ser aperfeiçoado caso as informações apropriadas estejam presentes no momento oportuno e no local em que são necessárias.

Fialho et al. (2006) estabelecem que o **conhecimento** é a única fonte sustentável de vantagem competitiva e que a competitividade de uma organização será maior quanto mais próxima for sua percepção do ambiente. Acrescentam, ainda, que, para manter a competitividade, as empresas precisam se posicionar de modo a analisar estrategicamente o conhecimento dentro e fora das organizações, por isso devem ser capazes de identificar, recuperar, analisar, disseminar e usar conhecimento relevante para a tomada de decisão.

> *Através de Inteligência Competitiva as organizações procuram melhorar o fluxo de informações e também o processo de tomada de decisão por meio da análise sobre o mercado e, com isso, apresentar estratégias para que as empresas possam mapear o ambiente competitivo, identificar os sinais de mudança, além de avaliar os impactos que essas modificações podem causar nos negócios, evitando falhas na implantação de projetos e prejuízos para as empresas.* (Fialho et al., 2006, p. 51)

Beal (2004, p. 12), valendo-se das lições de Davenport (1998) e Prusak (1998), ressalta que o conhecimento pode ser conceituado como "uma mistura fluída de experiência condensada, valores, informação contextual e insight experimentado, a qual proporciona uma estrutura para a avaliação e incorporação de novas experiências e informações". Beal (2004) destaca também que a informação de qualidade (relevante, precisa, clara, consistente, oportuna) tem um valor significativo para as organizações, podendo ser aplicada em diferentes contextos (Lesca; Almeida, 1994). Destacam-se o fator de apoio à decisão, em que a informação possibilita a redução da incerteza na tomada de decisão e permite que escolhas sejam feitas com menos risco e no momento adequado; e o acesso às informações certas, que aumenta a probabilidade de sucesso da decisão ao assegurar visibilidade para os fatores que afetam a seleção das opções mais apropriadas. Ao tratar de estratégia e informação, Beal (2004, p. 75) alerta:

> *Sem acesso a informações adequadas a respeito das variáveis internas e do ambiente onde a organização se insere, os responsáveis pela elaboração da estratégia não têm como identificar os pontos fortes e fracos, as ameaças e as oportunidades, os valores corporativos e toda a variedade de fatores que devem ser considerados na identificação de alternativas de tomada de decisões estratégicas.*

Assim, os autores mencionados elucidam que a inteligência empresarial levada a efeito com ação de gestão de conhecimento pelo suporte ao poder decisório permite que as empresas encontrem meios de estabelecer estratégias de diferenciação da concorrência e consigam perceber as mudanças importantes de ambiente, garantido vantagem competitiva e conquistando o direito de permanência no cenário da disputa.

Inteligência empresarial competitiva
As atividades e as ações de gestão do conhecimento constituem parte fundamental de um sistema de inteligência empresarial, entendido como um sistema em que as ações são direcionadas para a retenção de dados, de informações e de conhecimento no ambiente interno da organização. A retenção e a utilização interna ocorrerão sempre no sentido de disponibilizar o conhecimento acumulado e disseminá-lo por compartilhamento para o exercício das estratégias empresariais, sendo essenciais ao desenvolvimento do capital humano, à otimização da força de trabalho e à obtenção de um diferencial competitivo vital, o que aumentará as chances da conquista dos objetivos estratégicos da empresa. No entanto, um sistema de inteligência empresarial não pode se limitar às ações de cunho interno, confinando-se em seu ambiente restrito e particular.

Com a velocidade das mudanças nas regras e nas condições das disputas do mercado globalizado, qualquer nível de limitação de visão externa seria fatal. Não acompanhar e não monitorar a dinâmica externa da competitividade é um erro do poder decisório organizacional e o risco de exclusão do "jogo" concorrencial será iminente. Nesse sentido, a estratégia competitiva necessitará de um sistema estruturado e organizado para ser capaz de gerir todo o conhecimento interno, assim como monitorar os desdobramentos externos que possam conter conhecimento de interesse estratégico. Para isso, embora o ciclo de inteligência envolva várias etapas, é importante que as etapas de coleta e de análise sejam cuidadosamente executadas. E o primeiro cuidado a ser tomado deve ser a **identificação das fontes de informações**.

Assim, um sistema de inteligência empresarial se completa com a estruturação de um sistema de inteligência competitiva, o qual abrigará as funções de monitoramento interno e externo, cumprindo a missão de suprir o poder decisório, produzindo e disponibilizando dados, informações e conhecimentos estratégicos atualizados sobre o ambiente concorrencial. Com vistas a obter vantagem competitiva, essa estrutura de inteligência deve estar capacitada para manter um constante monitoramento das fontes de informações que sejam do interesse dos objetivos estratégicos da organização.

> A estrutura de inteligência competitiva tem como objetivo identificar os sinais do mercado que apontam para novas ameaças e para oportunidades e disseminar esse conhecimento ao poder decisório, em tempo útil, para aumentar as chances dos acertos nas decisões estratégicas.

Não poderíamos concluir este item sem mencionar a relevância atribuída à atividade de inteligência pelos governos da maior parte dos países do mundo, sempre conferindo-lhe expressivo valor estratégico para a garantia de suas soberanias e seguranças nacionais. A estrutura do sistema de inteligência do Estado está mais voltada para os interesses estratégicos da nação e para a garantia dos direitos constitucionais e representa uma poderosa ferramenta e um fabuloso apoio ao processo decisório do Poder Executivo central. Os serviços de inteligência de Estado também têm como objetivos principais a obtenção, a análise e a disseminação de conhecimentos destinados ao apoio ao processo decisório, dentro e fora do território nacional, a respeito de fatos e situações de imediata ou potencial influência sobre o processo decisório e a ação governamental e sobre a salvaguarda e a segurança da sociedade e do Estado.

Observa-se que, em consequência dessa similaridade de utilização dos serviços de inteligência, principalmente quanto ao suporte ao poder decisório, a atividade de inteligência empresarial competitiva vem, em todo o mundo, aproveitando-se da experiência de profissionais especializados nessa área. Estes, oriundos de organizações militares e de órgãos governamentais de inteligência, trouxeram larga vivência em situações de produção de informações e de conhecimentos, dando suporte a algumas decisões de maior envergadura e complexidade, que resultaram em preservação de vidas, alterações de conjunturas internacionais e garantias da lei e da ordem na segurança mundial.

John E. Prescott e Stephen H. Miller (citados por Passos, 2005, p. 35) comentam que

> *a IC nas empresas se beneficiou grandemente de práticas e conhecimentos da inteligência militar governamental. Muitos dos pioneiros da comunidade de inteligência empresarial são originários de várias organizações governamentais. Eles trouxeram consigo um conjunto de conceitos e visões decantadas ao longo de séculos.*

Então, é evidente que, assim como nas estratégias de Estado, as atividades de inteligência empresarial competitiva representam, para o poder decisório, um poderoso instrumento de suporte na busca das tão desejadas diferenciação e vantagem competitivas. Fuld (2007, p. 16) afirma que *inteligência* é "usar a informação de forma eficiente e tomar decisões com uma imagem menos do que perfeita. É ver claramente sua concorrência, compreender a estratégia e agir antecipadamente com esse conhecimento". O autor acrescenta:

> Se você é o primeiro a ver a imagem claramente, você percebe que está à frente no mercado e de sua concorrência. Com isso, você obtém vantagem competitiva. Inteligência [...] é produto de uma mente perspectiva. É ver quanto for possível da imagem, o mais rápido possível, e agir antes que a imagem perfeita se forme. (Fuld, 2007, p. 16)

Diante do atual cenário concorrencial mundial, não há como prescindir da visão prospectiva dessa estratégica atividade, porque a precisão, a relevância, a clareza, a consistência e a oportunidade das informações levantadas pela inteligência competitiva da organização, especialmente a respeito das variáveis externas, possibilitam maior nível de segurança para o processo decisório empresarial na elaboração de seu planejamento estratégico e na definição de seus objetivos estratégicos.

Processo decisório empresarial

Há de se destacar a importância de atentar-se às condições que conduzem o processo de tomada decisão em qualquer organização, especialmente com referência às decisões relacionadas às estratégias empresariais, em razão de elas serem capazes de determinar o futuro da organização, inclusive as possibilidades de permanência no mercado. No entanto, nem sempre esse processo é levado a efeito com os devidos cuidados, o que pode reduzir as chances de obtenção dos resultados almejados e da conquista dos objetivos estratégicos.

Nesse processo, dois riscos são de extrema gravidade: o risco de decidir certo e não executar (ou executar do modo errado) o que foi decidido e o risco de executar certo o que foi decidido errado.

> Se o planejamento está errado, pode ser trágica sua exata execução, assim como pode ser fatal a errada execução do plano que estava correto.

Fuld (2007, p. 16) esclarece que:

> *Inteligência é tomar decisões críticas com conhecimento imperfeito, mas razoável, e com um grau de risco. Significa ter algum insight, mas também saber que o risco acompanha a decisão fina. É a arte de aplicar o conhecimento imperfeito. Não importa quanta informação você tem, a incerteza sempre existirá e, mesmo assim, você precisa tomar decisões.*

Para Amaral (2002), há uma grande defasagem entre o processo de tomada de decisão e como a decisão efetivamente ocorre. O autor salienta que um dos pontos críticos ligados ao sucesso da decisão é a discrepância entre o resultado esperado de uma decisão e a sua real consequência, apontando a análise criteriosa das informações como uma das variáveis essenciais ao processo decisório para assegurar a decisão balanceada e não tendenciosa.

O risco da intuição

A palavra *intuição* (do latim *in tueri* = ver em, contemplar) significa um conhecimento direto, imediato, do conjunto de qualidades sensíveis e essenciais dos objetos e de suas relações, sem uso do raciocínio discursivo. Amaral (2002) destaca: "A forma como gestores tomam decisões tem sido alvo de inúmeros estudos e pesquisas que apontam significativa predominância da intuição sobre o uso de modelos racionais".

Já o professor Max Bazerman, especialista em decisões gerenciais da Harvard Business School, em entrevista concedida a

Abraham Shapiro, em 2008, pela HSM Management, afirma que "a intuição não deve ser a base de decisões de alto risco, por conta dos vieses cognitivos" (Profissão Atitude, 2008), e explica por que as piores horas para alguém confiar na intuição ocorrem nas decisões de alto risco. As histórias de decisão intuitiva bem-sucedida, segundo Bazerman, são simplesmente as que aparecem no noticiário, porque são a exceção; na metáfora jornalística, "os homens é que mordem os cachorros" (Profissão..., 2008). Na grande maioria, os casos de decisão intuitiva são histórias de fracasso em razão das distorções ou dos vieses cognitivos que condicionam a intuição.

Por sua vez, a professora Sandra Regina da Luz Inácio [2014 ?], da Florida Christian University, afirma que

> a sobrevivência e o sucesso no mundo empresarial exigem também o conhecimento em estratégia, que nos ajuda a compreender as bases da competição no nosso mundo e a tomar decisões empresariais consistentes, mas deixando que a intuição que sempre está presente em nós seja sempre ouvida. [...]
>
> Acreditamos que a intuição é como uma Inteligência inata ou cultivada, que tem a competência de correlacionar ideias e sensações, através de processos velozes de dados e fatos, elaborando assim uma resposta sintetizada para corresponder a quaisquer agentes estimuladores de necessidades e/ou oportunidades.
>
> Para muitos, intuição é a sensação de algo que lhe diz para ir nesta ou naquela direção.
>
> [...]
>
> Tudo que estiver fazendo para gerar autoconhecimento, consequentemente estará estimulando e desenvolvendo sua intuição.

[...]

A intuição é tão considerada na hora de decidir os rumos dos negócios quanto o conhecimento, a velocidade e a competência.

Obviamente, a decisão estratégica que se basear somente na lógica dedutiva ou somente na intuição, enquanto se mantiver em uma dessas duas arriscadas condições, estará ameaçada de incidir em erros com severos impactos. Portanto, há de se buscar sempre o ponto de equilíbrio para garantir um bom nível de segurança e um nível de risco tolerável no processo decisório empresarial.

O ponto de equilíbrio

As atividades de gestão de conhecimento e de inteligência competitiva, se exercidas de maneira recíproca e complementar, têm grande potencial de minimizar os sérios riscos envolvidos nos principais processos decisórios das organizações. No entanto, o que é realmente evidente é a inegável complexidade dos processos decisórios, sobretudo quando estão envolvidas decisões de caráter estratégico. Agrava-se a criticidade do momento decisório quando entram em cena as questões de decisão racional e decisão intuitiva.

Inácio [2014 ?] encerra ressaltando:

> *Uma das grandes funções da intuição é nos mostrar aquilo que é imediatamente relevante. É a informação intuitiva que nos faz perceber detalhes importantes, que depois serão considerados como um dado óbvio. Nosso lado racional gosta muito de complicar as coisas. O óbvio (que anteriormente se apresenta como um detalhe imperceptível) está o tempo todo diante de nossos olhos, mas para o homem comum, sua visualização é deveras difícil.*

O homem criativo é intuitivo não foca os problemas ou situações irrelevantes. Foca as oportunidades. De mente limpa, atento. Esta é uma das ações que prevalecem nos tomadores de decisão.

Não se pode negligenciar a importância de dados, informações e conhecimentos disponibilizados de modo preciso e oportuno no processo decisório; a racionalidade da ação analítica não pode ser prescindida. A avaliação e o estudo das informações e dos dados pertinentes à decisão em questão são, antes de tudo, uma **ação de inteligência.** Decidir com base em números, valores, resultados estatísticos e levantamentos técnicos é decidir com mais chances de acerto; da mesma maneira, não é prudente decidir sem considerar vivência, experiência, resultados anteriormente observados e conhecimento tácito de profissionais que conhecem seu ofício pela prática de muitos anos.

A intuição oferece uma oportunidade significativa de utilização do conhecimento imperceptível aos processos lógicos e racionais. O conhecimento intuitivo, embora não demonstrável, deve compor igual parcela no todo do processo decisório. Esta é uma importante observação conclusiva que se pode fazer do conteúdo obtido nas pesquisas sobre trabalhos de diversos professores e autores sobre o tema: a atividade de inteligência empresarial competitiva não apenas apoia o poder decisório, mas também fortalece o necessário equilíbrio entre a decisão intuitiva e a decisão racional. A inteligência empresarial pode ser verificada na capacidade de decisão embasada tanto em dados lógicos quanto na intuição cognitiva. Passos (2005, p. 57) acrescenta:

> *conforme pesquisa nacional de executivos de comunicações, realizada em 53 grandes empresas americanas e multinacionais, conduzida pela Fleishman-Hillard, uma das maiores firmas de relações públicas do mundo, em*

conjunto com a Fuld & Company, empresa pioneira e líder em IC [...], 70% concorda que se tivessem tido acesso à IC no passado, suas campanhas teriam sido mais eficazes.

Assim, a inteligência empresarial competitiva, ao produzir e oportunamente disponibilizar conhecimento para o suporte ao processo decisório, está, em última análise, aumentando o "nível de conforto" da decisão estratégica, evitando o uso exclusivo da intuição sem, contudo, impedir sua importante participação no processo e fornecendo subsídios que possibilitem ao detentor da responsabilidade pela decisão final a utilização de sua habilidade intuitiva suportada por dados confiáveis, lógicos e precisos.

Contrainteligência

Ao mesmo tempo que uma organização empresarial busca vantagem competitiva tentando conseguir algum diferencial com atividades de gestão do conhecimento e inteligência empresarial, deve ocupar-se de ações preventivas de salvaguarda desses conhecimentos e de preservação dessa vantagem. Isso porque ela deve, no mínimo, supor que seus conhecimentos e suas vantagens, por serem de interesse da concorrência, estão sob algum tipo de ameaça. Em todas as áreas em que o aspecto *segurança* está envolvido, há de se entender que existe uma ameaça e um possível agressor. É prudente, portanto, estar alerta e criar dispositivos de detecção e de alarme para identificação de ameaça ou de agressão consumada, ao menos em tempo de uma pronta resposta capaz de neutralizar seus efeitos. No meio profissional de serviços de segurança patrimonial, existe uma máxima de extrema relevância para a proteção das informações sensíveis empresariais: "Todo profissional de segurança deve saber que, se não existe nenhuma agressão ao patrimônio protegido acontecendo no momento, no mínimo, deve estar em curso algum plano nesse sentido".

Esse ensinamento tem origem prática em profissionais de gestão de segurança e diz respeito ao risco iminente, à constante ameaça e à certeza de que, na melhor das hipóteses, alguém estará planejando uma agressão. Em se tratando de proteção de conhecimento, não será diferente. E se os responsáveis pela segurança da informação empresarial não tiverem esse cuidado e forem surpreendidos, a fuga do conhecimento será irreversível. Um bem material ou um prejuízo monetário podem ser recuperados ou substituídos, mas a fuga da informação e do conhecimento estratégico, uma vez perdidos para o adversário, não mais poderão ser remediados, representando a conquista de significativa vantagem pelo concorrente.

Assim, é de extrema importância estar atento para os movimentos do adversário e tentar se antecipar a uma provável agressão. Não se deve negligenciar o interesse dele na vantagem que ainda se tem e considerar que, se sua ação ainda não foi iniciada, ao menos deve estar sendo planejada. Evitar ser surpreendido por uma ação furtiva é crucial para a permanência na disputa e para a manutenção da vantagem competitiva. Impedindo a fuga de conhecimento estratégico, a contrainteligência evita sua utilização desautorizada e a perda da vantagem competitiva. Caso a empresa não tenha uma equipe ou um sistema de contrainteligência estruturado, em alguns casos, é possível que essa vantagem passe para o concorrente pelo simples fato de a empresa não tomar conhecimento do vazamento de uma de suas informações sensíveis. Para a Associação Brasileira dos Analistas de Inteligência Competitiva (Abraic), as atividades de contrainteligência competitiva foram desenvolvidas e adaptadas com base em técnicas aplicadas no meio militar e de Estado e, em seu sentido mais amplo, podem ser entendidas como aquelas que objetivam neutralizar ações de espionagem.

As ações de contrainteligência buscam detectar o invasor, neutralizar sua atuação, recuperar ou contra-atacar por meio da produção de **desinformação**. No que concerne especificamente ao âmbito empresarial, não basta focar ações e técnicas relacionadas ao estabelecimento das vantagens competitivas obtidas; torna-se fundamental, também, a aplicação de técnicas e de ferramentas para a manutenção dessas vantagens, incluindo a proteção do chamado *conhecimento sensível*. Com o fim de abranger todas as eventuais vulnerabilidades, as medidas de proteção devem contemplar ações nos mais variados segmentos das instituições, incluindo áreas e instalações, documentos e materiais, sistemas de informação e, principalmente, pessoas, que são o elo mais fraco e vulnerável da corrente. Tal nível de abrangência é fundamental para permitir a redução das vulnerabilidades.

Apesar de toda a polêmica sobre a aplicabilidade das ações de inteligência e de contrainteligência, é evidente que, diante da competitividade, a cada dia as empresas utilizam mais técnicas para ganhar vantagem competitiva. Assim, a integração dos dois processos obriga os técnicos de inteligência competitiva a conhecer detalhes das operações de proteção e de contrainteligência, tudo isso em benefício da tomada de decisão em negócios por parte da alta gestão.

Dessa forma, a segurança empresarial não deve se limitar ao que concerne ao patrimônio material da empresa, mas deve abranger – e com especial atenção – o patrimônio intelectual, o conjunto de informações, conhecimentos, tecnologias, táticas, estratégias e tudo que efetivamente faz o diferencial da empresa no mercado. Portanto, a gestão do conhecimento abrange também a proteção da informação, que, sendo realizada por suas estruturas de inteligência e de contrainteligência competitivas, enfatizam o caráter de suporte ao poder decisório e a ligação com o planejamento estratégico da organização. É um trabalho integrado que exige tecnicidade.

Fontes de informação

A atividade de gestão do conhecimento em uma organização não se limita a monitorar o uso, o compartilhamento e a disseminação ou a proteção e a segurança do conhecimento existente. Para deter informações estratégicas, caso realmente existam, é preciso buscá-las, obtê-las e encontrá-las enquanto ainda houver algum potencial de produzir vantagem competitiva, para que possam ser analisadas, tratadas, classificadas e transformadas em inteligência competitiva. Para tanto, a eficácia da coleta de dados e de informações resulta da precisa identificação de suas fontes. A manutenção da vantagem competitiva depende de qual dos concorrentes for mais capaz de encontrar dados e informações estratégicas, de coletá-las com mais oportunidade e de analisá-las para produzir e disponibilizar ao poder decisório o conhecimento estratégico com mais eficácia. Um serviço de inteligência empresarial competitiva deve ser capaz de identificar e explorar as fontes de informações de acordo com as necessidades operacionais em tempo hábil. Para saber onde buscar as informações que serão mais vantajosas, o sistema de inteligência competitiva deve adotar uma classificação operacional de fontes de informações.

Se realizarmos uma rápida pesquisa, encontraremos **classificação** de fontes de informações bem distintas. Alguns autores sugerem fontes humanas, fontes textuais e eletrônicas, outros indicam fontes como ativos ocultos e até contatos pessoais, como uma simples conversa dentro de um elevador. Existem autores que se referem à contratação sob demanda de agentes de busca de informações como uma fonte de informação. Também são sugeridas publicações, revistas,

jornais, editais e balanços financeiros como fontes eficientes e facilmente encontradas em bibliotecas, porém pouco lembradas. Entretanto, parece que são duas as classificações mais precisas sob o ponto de vista dos interesses das operações de um sistema de segurança, porque se referem à **origem** da informação e a seu **sigilo**. Assim, entendemos que, para a aplicação em gestão de operações de segurança, as fontes podem ser classificadas:
» quanto à origem: fontes primárias e fontes secundárias;
» quanto ao sigilo: fontes abertas e fontes protegidas.

Fontes primárias
A informação é obtida diretamente da origem, do elemento, que pode ser uma condição, um evento, uma pessoa ou qualquer situação que a produziu e deu origem a ela. Nessa condição, sendo obtida em sua origem, a informação é mais acurada, mais precisa e mais confiável, pois ainda está em seu estado original e não sofreu adulteração ou distorção. Entretanto, essas fontes apresentam algumas desvantagens:
» necessitam de alto nível de confiabilidade com relação ao agente que produziu a informação;
» são dificilmente encontradas;
» apresentam riscos mais altos ao serem abordadas.

Fontes secundárias
As fontes secundárias são a informação obtida de elemento ou de agente que não as produziu e pode tê-las recebido da fonte primária ou de outra fonte secundária. Quando obtidas nas fontes secundárias, em virtude de terem sido transmitidas por quem não as gerou, as informações podem não estar em seu estado original, perder confiabilidade ou estarem adulteradas, ou seja, podem não ser informações que correspondam à verdade. Entretanto, são fontes mais fáceis de ser encontradas e com riscos menores ao ser abordadas.

Fontes abertas

Em fontes abertas, a informação está disponível para ser usada, analisada e disponibilizada para os processos decisórios que dela necessitem. São fartas as fontes abertas e legais, e se a organização que necessita das informações for dotada de um sistema de busca bem estruturado, poderá suprir seus processos decisórios estratégicos somente com dados e informações oriundos dessas fontes. É claro que, além da estrutura para a eficácia da busca de informações nas fontes abertas, a organização precisa estruturar uma equipe de análise que saiba "montar o mosaico" e entender o significado, a aplicação e a importância de cada dado e como cada informe se encaixa na visão geral que produz a informação completa e útil para o processo decisório.

A grande vantagem das fontes abertas é a facilidade de serem encontradas e o imenso volume de dados e de informações que delas podem ser extraídos. Não são raras as situações em que as informações obtidas de fontes abertas são suficientes para a garantia da segurança dos processos decisórios até o nível estratégico. Há uma infinidade de dados e de informações disponíveis em incontáveis fontes abertas e o sistema de inteligência competitiva da organização precisa apenas estar estruturado para saber escolher a melhor fonte e dela retirar as informações mais úteis. Além disso, será sempre lícito e ético buscar informações nas fontes abertas.

A desvantagem dessas fontes é a dificuldade de encontrar informações de alto valor estratégico, visto que esse conhecimento costuma ser mantido guardado em fontes protegidas. A chance de encontrá-lo em fontes abertas pode ocorrer quando a fonte que o detinha e o divulgou desconhece o valor dele para a concorrência.

Fontes protegidas
A informação nas fontes protegidas é resguardada por meios e sistemas de controle de acesso e pode ou não ser autorizada para quem solicita seu conhecimento. Entretanto, se a informação estiver protegida, é de se supor que quem a detém não deseja que ela seja do conhecimento de outros e, ao mesmo tempo, tem o poder de disponibilizá-la somente de acordo com os próprios interesses. Assim, especialmente no contexto de inteligência empresarial competitiva, serão ilícitos e antiéticos os métodos e os meios de obtenção de informações de fontes protegidas. A exceção é feita apenas a acessos autorizados por quem controla a fonte e detém o poder de liberação de acesso. Qualquer acesso não autorizado é imoral, antiético e merece a denominação de *espionagem*.

As classificações quanto à origem e quanto ao sigilo podem ser complementares e utilizadas para designar uma mesma fonte, de tal modo que pode ser possível obter uma informação de fonte primária aberta ou de fonte primária protegida, assim como de fonte secundária aberta ou protegida. Não é regra geral, mas, na prática, as fontes protegidas quase sempre são primárias, e as fontes secundárias quase sempre são abertas. Contudo, existe uma infinidade de fontes primárias abertas, repletas de informações úteis e disponíveis para os sistemas de inteligência competitiva. Então, a decisão tática operacional na busca de informações sobre que tipo de fonte abordar depende da necessidade estratégica da informação que se almeja, do valor que ela agregará a essa estratégia e à vantagem competitiva, comparadas com o nível de risco envolvido com a escolha da fonte.

Assim, considerando-se os extremos, é possível afirmar que a condição mais favorável seria obter uma informação de alto valor em uma fonte primária aberta. Ao contrário, a condição mais desfavorável seria buscar uma informação de pouco valor em uma fonte secundária protegida. Além disso, esse importante trabalho analítico deve determinar a validade da informação e até quando ela deve ser utilizada, porque, especialmente no contexto mundial atual, em que a complexidade e a volatilidade do mercado são certas e intensas, a verdade de hoje pode não ter nenhuma utilidade amanhã, visto que as informações se apresentam, nesse clima de incertezas e de ambiguidades, com prazo de validade definidos e quase sempre muito curtos.

Como já destacamos, a velocidade das mudanças no mundo globalizado e as constantes alterações nas condições ambientais das empresas, bem como o "encurtamento" das distâncias e a intensidade da troca de informações, enfatizam a necessidade da manutenção de um sistema de inteligência empresarial competitivo para a conquista e a garantia de vantagem nesse cenário. Essa nova realidade do mundo, que, com uma abordagem holística, foi definida em uma teoria elaborada pela Escola de Guerra do Exército dos Estados Unidos com a sigla Vuca (*volatility, uncertainty, complexity, ambiguity* – em português, Vica: volatilidade, incerteza, complexidade, ambiguidade), também exige que todos os processos de gestão estratégica e operacional se alinhem com o contexto em que estamos vivendo e interagindo com um mundo volátil, incerto, complexo e ambíguo.

Figura 6.13 – Vica

Volátil

Incerto

Complexo

Ambíguo

E não haveria de ser diferente para os processos de busca, análise, disponibilização, utilização e descarte de informações. Diante disso, esse serviço necessita de acesso ágil às fontes de informações, proporcionando uma coleta rápida e eficaz de dados e de informações para a produção de conhecimento estratégico. Se a organização não dispuser de capacidade de busca e de coleta de informações, correrá o risco de não conquistar vantagem competitiva e, ainda, estará sob grande ameaça de se encontrar em desvantagem perante os concorrentes detentores de informações privilegiadas.

Inteligência e ética

A Constituição Federal de 1988, em seu art. 5º, assegura que, no Brasil, "são invioláveis a intimidade, a vida privada, a honra e a imagem das pessoas, assegurando o direito à indenização pelo dano material ou moral decorrente de sua violação" (Brasil, 1988). Também podemos citar a Parte Especial do Código Penal brasileiro, Decreto-Lei n. 2.848, de 7 de dezembro de 1940:

> *Divulgar alguém, sem justa causa, conteúdo de documento particular ou de correspondência confidencial, de que é destinatário ou detentor, e cuja divulgação possa produzir dano a outrem: Pena – detenção, de um a seis meses, ou multa.* (Brasil, 1940)

O mesmo Decreto-Lei, em seu art. 154, se refere à violação de segredo profissional:

> *Revelar alguém, sem justa causa, segredo de que tem ciência em razão de função, ministério, ofício ou profissão, e cuja revelação possa produzir dano a outrem: Pena – detenção de três meses a um ano, ou multa.*
> (Brasil, 1940)

Até recentemente, a expressão *espionagem industrial* era utilizada para se referir a atividades de busca, coleta e análise de dados e de informações sigilosos e estratégicos sobre os concorrentes para obter vantagem competitiva. Em se tratando de espionagem, os agentes dessa ação são de um tipo de serviço caracterizado e conhecido como *secreto*, visto que sua atuação é envolta em uma névoa de ilegalidade e, em muitos casos, até tipificada como crime, que, se cometido contra o Estado, pode configurar crime contra a segurança nacional do país espionado. De modo geral, por serem originárias de atividades militares, normalmente envolvidas em conflitos bélicos e de relações políticas e econômicas internacionais ou puramente em situações de interesses de segurança nacional, as atividades de espionagem estão quase sempre direcionadas para a busca de informações diretas sobre o inimigo, utilizando-se de meios que podem envolver ações de interceptação, intrusão, invasão, infiltração, aliciamento e, até mesmo, traição e corrupção. Assim, necessita do caráter de atividade secreta.

Há de se resguardar a possível legitimidade ética desse tipo de atividade em situações que visem manter um bem maior, como a preservação da soberania, da segurança e da integridade de um povo e de uma nação; mas sempre observada a necessidade de limites legais devidamente controlados pela respectiva autoridade competente. No campo de ação militar, inclusive, a atividade de espionagem se diferencia da atividade de inteligência, pois esta pode abrigar aquela como uma de suas etapas. A inteligência é mais ampla e abrange todas as tarefas de análise, interpretação, disseminação e descarte de informações estratégicas produzidas também pela de espionagem. Assim, tal concepção leva a entender que toda atividade de inteligência só conseguirá obter êxito por meio da prática da atividade de espionagem, mas essa não é a realidade, pois é possível manter em operação um sistema de inteligência competitiva eficaz sem ações antiéticas e sem expor a organização beneficiada a riscos de ilegalidade.

Nas atuais atividades de inteligência empresarial competitiva, a espionagem não só é desnecessária como é totalmente condenável e, em geral, tem sido descartada. Espionar o concorrente utilizando-se de meios ilícitos e criminosos não é admissível nos serviços de inteligência empresarial competitiva que se pautarem pela preservação dos padrões éticos e morais.

A Abraic tem um código de ética e define que a inteligência competitiva deve ser um processo sistemático de coleta, análise e disseminação de informações que visa descobrir as forças que regem os negócios, reduzir o risco e conduzir o tomador de decisão a agir proativamente, bem como proteger o conhecimento sensível produzido.

Portanto, há uma tendência de preferência dos empresários pela opção ética em seus planejamentos estratégicos. No entanto, é recomendável cautela, visto que as decisões estratégicas no mundo dos negócios, mesmo quando direcionadas pela ética e pela moralidade, estão muito próximas de uma tênue fronteira entre os padrões morais desejados e os resultados financeiros necessários para a sobrevivência da organização. Também é preciso considerar a forte carga exercida pela sede de ética, que vem sendo observada na opinião pública em geral. As cobranças e a indignação da população relativamente aos constantes casos de corrupção divulgados pela imprensa mundial, envolvendo agentes públicos de todos os Poderes da União, dos estados, do Distrito Federal e dos municípios, com envolvimentos e conluios com o mundo empresarial, estão exercendo forte pressão sobre o posicionamento dos empresários diante das situações de necessidade de ética e moral.

Para Cavalcante Júnior (2004, p. 5),

> *a sede pela ética se justifica para os administradores devido aos enfrentamentos complexos que suas escolhas e decisões podem causar. O trabalho do administrador está sujeito, sem dúvida, a avaliações que tendem a julgá-lo moralmente. Se sua postura moral não estiver de acordo com o que a opinião pública considera como padrão de conduta moral legítima, então a vida de seu empreendimento estará comprometida, mesmo que isto se faça por meio de uma mídia que denuncia sem fundamentos e injustamente uma causa.*

Embora o artigo de Cavalcante Junior (2004) esteja mais direcionado para uma abordagem da ética empresarial relacionada com a responsabilidade social da empresa, é possível verificar, em sua argumentação, a total aplicabilidade dos conceitos às questões relacionadas com a ética da atividade de inteligência empresarial competitiva.

Assim, da análise do conteúdo produzido pelos autores citados, é possível constatar que há uma tendência para a utilização de meios éticos no exercício das funções de gestão do conhecimento e de inteligência competitiva, com especial cuidado na condução das atividades de coleta de dados e de informações. É nessa etapa da produção de conhecimento estratégico que reside o maior perigo de perda de foco na ética e no desvio de finalidade da atividade. Também é nessa fase do processo que a fronteira entre ação de inteligência e espionagem fica mais estreita e suscetível a transposições voluntárias ou involuntárias, intencionais ou acidentais. Entretanto, fica claro que é possível manter-se íntegro e ético durante uma atividade de inteligência empresarial competitiva.

Por certo, grande parte dos dados e das informações com potencial para produzir conhecimento estratégico estão disponíveis em fontes abertas e que não requerem nenhum tipo de ação ilegal, imoral ou antiética, bastando que o serviço de inteligência envolvido esteja capacitado para encontrá-los, analisá-los e disponibilizá-los ao poder decisório, sem com isso expor a riscos de imagem e de ilegalidade.

Segurança empresarial e inteligência competitiva

Quando se trata de atividade de inteligência empresarial competitiva, além da tendência de relacioná-la à atividade de espionagem, o profissional não familiarizado com ela tende a imaginar ações voltadas exclusivamente para o monitoramento do concorrente. Um profissional um pouco mais atualizado inclui, em seu rol de atividades de inteligência, a análise de dados estatísticos e históricos, entendendo que à função de inteligência compete imaginar e prever o futuro com uma base do ocorrências do passado. No entanto, somente um profissional de inteligência empresarial competitiva terá a obrigação de saber que, acima de todas as funções de inteligência, está a de **visão antecipativa**.

Com a intensa volatilidade dos contextos sociais, econômicos e políticos atuais de um mundo incerto, complexo e ambíguo, é imperdoável a falta de visão prospectiva, tornando-se obrigatória a preocupação maior com o desenvolvimento de visão de futuro em relação à visão do passado. Em todas as pesquisas realizadas para a elaboração deste livro, encontramos convergência de pensamento entre os autores quanto à importância da função de apoio ao poder decisório dos sistemas de gestão do conhecimento. Porém, esse apoio só é eficaz na proporção da capacidade de antecipação do serviço de inteligência para produzir informações úteis e utilizáveis.

Há cerca de 30 anos, temos atuado na formação de homens de segurança, chefes de segurança, gerentes de segurança, gestores de risco, soldados, vigias, guardas patrimoniais, vigilantes patrimoniais e vigilantes de carro-forte. Para todos eles, atuantes na segurança das mais diversas instalações e até na iminência do ataque a uma equipe de transporte de valores, talvez o ensinamento mais importante sempre tenha sido o de que, em se tratando de serviço de segurança, a antecipação é a garantia de não ser surpreendido. Na atenção, na concentração e no conhecimento do posto de serviço reside a diferença entre a vitória e a derrota ou entre o êxito e o fracasso no cumprimento da missão – e, muitas vezes, entre a vida e a morte. Se existe a necessidade da atividade de segurança é porque há algum tipo de bem a ser protegido e que está ameaçado, ou seja, há um risco. E o risco é incerto. Pode ser remoto ou iminente, mas, se existe, é porque está intimamente relacionado com algum perigo e, se ocorrer, será vital estar preparado para executar a pronta e efetiva resposta e não ser surpreendido.

Segundo Clausewitz (citado por Oetinger; Bassford; Ghyczy, 2002, p. 62), "A guerra é o domínio da incerteza". Portanto, para ser surpreendido basta estar desatento, mal informado ou não ter sido capaz de se antecipar. Quando afirmamos que um profissional de inteligência empresarial competitiva tem a obrigação de saber que acima de todas as funções de inteligência está a de antecipação, tentamos demonstrar que a atividade de inteligência empresarial competitiva busca, primordialmente, a visão antecipativa para suprir o poder decisório, evitando que a estratégia empresarial seja colhida pela surpresa. Antecipar-se aos riscos, evitar os perigos e impedir a surpresa, garantindo a segurança empresarial em todos os aspectos, são as principais atribuições da inteligência empresarial.

Inteligência e gestão de risco corporativo

Para se manter competitiva no atual contexto do mercado mundial, uma empresa precisa ter muito bem definidos, em seu planejamento estratégico, seus fatores críticos de sucesso (FCS), que, como vimos, são condições essenciais para a conquista dos objetivos estratégicos do negócio. De modo geral, esses fatores dependem do contexto em que está envolvida cada empresa, assim, não existe uma fórmula geral ou uma relação padronizada de FCS para todas as empresas. No entanto, podemos encontrar algumas condições obrigatórias para a grande maioria de modalidade de negócio; a capacidade de monitorar, acompanhar e entender as evoluções do mercado de interesse certamente é uma delas.

A capacidade antecipativa é um FCS para quase todas as organizações empresariais e precisa ser desenvolvida. E é justamente nesse ponto que a inteligência empresarial entra com o processo de gestão de risco corporativo, com a constante ação de monitoramento e de análises realizadas pela equipe de inteligência em todos os setores dos ambientes interno e externo, buscando identificar condições que apresentem algum potencial de risco que comprometa a conquista dos objetivos estratégicos da organização. Essa atribuição está intimamente ligada às atividades de gestão das operações de segurança, pois, ao mesmo tempo que estas monitoram as mudanças ambientais de interesse competitivo estratégico, podem antecipar-se e detectar possíveis condições de riscos estratégicos, entendidos como aqueles que ameaçam a capacidade da empresa de atingir seus objetivos estratégicos.

Os **riscos estratégicos**, em todas as modalidades, normalmente estão relacionados com a operação da empresa e podem ocorrer em qualquer uma de suas etapas, em várias ou em todas as fases dos processos críticos. Para identificá-los antecipadamente, é necessária integração e complementação entre a inteligência empresarial e a gestão dos sistemas de segurança. O planejamento tático de segurança deve contemplar medidas de interação e de alinhamento com as operações de inteligência empresarial competitiva, visto que estas são complementares às operações de segurança, condição essencial para a garantia da capacidade antecipativa da organização.

Fica clara a importância da capacidade antecipativa para a redução de riscos, de incertezas e de impactos negativos na operação da empresa e em seus objetivos estratégicos. Portanto, a atividade de inteligência empresarial competitiva fornece elementos essenciais ao planejamento de segurança, principalmente pela produção de informações e de conhecimentos relativos aos riscos estratégicos. Por sua vez, a gestão de operações de segurança empresarial, tendo recebido antecipadamente as informações, tem a missão de agir em tempo hábil para mitigar os riscos e evitar a concretização dos perigos a eles relacionados.

Contudo, ainda que no atual contexto competitivo do mercado mundial seja trágica para as organizações a falta de visão de futuro, continua essencial dar uma "olhadinha no retrovisor" e avaliar a utilidade dos eventos passados para a prospecção do futuro. A contribuição da inteligência competitiva para o planejamento de segurança da empresa se efetiva pela produção de conhecimentos retrospectivos e de conhecimentos relativos às tendências de riscos em cenários futuros que podem impactar significativamente as condições de concretização dos riscos estratégicos. Portanto, o objetivo maior da estruturação de um sistema de inteligência empresarial é conseguir desenvolver a capacidade precisa de visão de futuro de curto, médio e longo prazos.

A formulação de uma **visão prospectiva** é também de extrema importância para o planejamento estratégico da organização, uma vez que proporciona uma visão dos objetivos estratégicos e dos respectivos riscos mais precisa e menos suscetível a surpresas.

Entretanto, a construção de cenários prospectivos não pode ser efetuada apenas com dados retrospectivos, em virtude da incerteza de sua repetição no futuro, nem somente com apoio no instinto intuitivo, o qual normalmente também se baseia em uma visão retrospectiva. Faz-se necessário um método que apresente técnicas mais racionais e lógicas que possam, juntamente à visão intuitiva, formar uma visão prospectiva para um horizonte temporal determinado.

Assim, a visão prospectiva fundamentada em fatos ou fatores "portadores de futuro", que são fatos reais e inquestionáveis com potencial de influência futura nas condições de manutenção do negócio e em elementos pertinentes a riscos estratégicos, caracteriza a capacidade de antecipação da organização e depende essencialmente do monitoramento do ambiente externo. Por esse motivo, o foco da construção dos cenários prospectivos deve estar direcionado para condições e fatores sobre os quais a empresa não tem nenhum poder de influência. Esses fatores portadores de futuro, identificados por um serviço de inteligência competitiva, determinam os eventos futuros com potencial de impacto sobre os objetivos estratégicos.

Finalmente, a inteligência empresarial competitiva tem a função de fornecer informações para a construção dos cenários prospectivos, além de produzir e disponibilizar dados, informações e conhecimentos para a decisão e a execução do planejamento estratégico da empresa e a definição de seus FCS com mais segurança e maior nível de precisão na visão de futuro. Sob essa ótica, fica fácil perceber o nível de importância vital da ação da inteligência empresarial competitiva no monitoramento dos FCS e de seus riscos.

Entretanto, esse monitoramento e essa vigilância devem ser constantes, pois a dinâmica das alterações ambientais é grande e as circunstâncias concorrenciais são sensíveis a movimentos de mercado ocorridos até mesmo no outro lado do mundo. Assim, o que hoje é importante amanhã pode ser irrelevante para o negócio; o que hoje é essencial para um contexto operacional pode, hoje mesmo, em nada impactar em outro contexto operacional. A atividade de inteligência empresarial deve considerar que as condições se alteram continuamente e os FCS podem sofrer modificações, assim como podem ser modificados rapidamente seus riscos estratégicos. E essa volatilidade parece ser uma das maiores dificuldades, hoje, para o monitoramento de mercado. Para superá-la, a inteligência empresarial competitiva precisa ser igualmente flexível, evitando padronizar e dogmatizar seus processos de obtenção e de análise de informações.

É importante ressaltarmos que os FCS devem ser alvo constante de vigilância estratégica, tendo em vista que seu descontrole acarreta riscos de não cumprimento de metas e de objetivos estratégicos. A inteligência empresarial tem, aqui, a função de se antecipar a possíveis situações que possam comprometer a segurança dos FCS, situações que tenham potencial de impedir que os FCS obtenham os resultados necessários e programados pelo planejamento estratégico. Assim, essas situações ou esses riscos, que devem ser detectados e saneados antes que produzam efeitos sobre os FCS, podem ser entendidos como *riscos estratégicos*.

6.5 Perfil do gestor de operações de segurança

Atualmente, são muitos os fatores no contexto empresarial mundial que exigem a evolução dos mecanismos de gestão estratégica em todas as áreas da atuação humana e em todos os tipos de organizações que se possa imaginar. São uma infinidade de atores, cenários e agentes influenciadores que, de maneira positiva ou negativa, impactam os objetivos estratégicos e a estrutura das organizações. Com isso, passou a ser estratégica a relevância dos sistemas de segurança para proteger as organizações de uma infinidade de potentes ameaças. Também nunca deixou de ser estratégica a função dos gestores operacionais. Assim, os cérebros que comandam os destinos das organizações passaram a exigir dos gestores das operações de segurança o desenvolvimento da visão holística alinhada com a estratégia do negócio.

Essa é uma competência que requer um perfil com conhecimentos sobre fundamentos de estratégia e tática, dinâmica da gerência de operações na estrutura operacional, habilidade para condução precisa da tática operacional, com total domínio de processos críticos de segurança e competência para planejar a estratégia das operações de segurança. Complementa esse perfil estratégico o domínio das melhores práticas de processos de inteligência em operações de segurança. Esses são componentes obrigatórios no perfil profissional do moderno gestor de operações de segurança.

Na atual condição dos contextos empresariais, estratégicos, táticos, operacionais e concorrenciais, não há como um gestor de operações de segurança ou um gestor de risco não estar familiarizado aos métodos e táticas operacionais de segurança alinhadas aos processos de gestão estratégica. A evolução da qualidade dos serviços prestados pela segurança privada no Brasil vem acontecendo em progressão geométrica há pelo menos 30 anos, e seus rigorosos requisitos já impactaram todas as áreas de atuação e todos os componentes dessa atividade tão estratégica para as organizações. A nobre missão de garantir o bem-estar e a integridade de pessoas, animais, instalações, bens e valores teve seus propósitos ampliados para garantir os objetivos estratégicos das organizações.

Assim, finalmente chegou a hora e a vez do perfil do gestor de operações de segurança sentir os efeitos da evolução de toda a estrutura de segurança privada, porque a conquista dos objetivos estratégicos das organizações assessoradas por esse moderno gestor exige que sua qualificação também evolua.

> É sempre gratificante deitar a cabeça no travesseiro lembrando que pessoas voltaram para casa em segurança porque, naquele dia, eu e minha equipe fizemos um bom trabalho.

Então, a nobreza dessa missão só será honrada se, com condutas dignas, estivermos preparados para cumpri-la. Nessa tarefa, está obrigatoriamente incluído o entendimento consciente de que precisamos nos manter íntegros, qualificados, atualizados e motivados, pois estamos cientes, aceitamos e suportamos com orgulho o peso da responsabilidade sobre a maior e mais grata verdade de nossa sagrada profissão: pessoas, animais, instalações, bens e valores estão seguros e livres de perigos dentro do nosso limite físico de atuação, porque somos nós que conduzimos o sistema de segurança que os protege.

Síntese

Os processos de gestão de risco, de crise e de continuidade de negócio são disciplinas complementares na gestão de operações de segurança e garantem a integridade de pessoas, instalações, bens e valores que, de alguma maneira, estejam envolvidos com as operações da organização e sua normalidade operacional. A gestão de risco é responsável pelo caráter preventivo do sistema de segurança de uma organização e tem o propósito de evitar que se concretizem as ameaças contra os objetivos estratégicos do negócio.

A gestão de crise é o emprego imediato de procedimentos estruturados para a pronta resposta a qualquer evento inesperado com potencial de impacto sobre os objetivos estratégicos da organização e tem o objetivo de conter e limitar danos e reduzir, para um tempo tolerável, as interrupções dos processos críticos operacionais e, para um valor suportável, o nível de impacto do incidente sobre o negócio.

O plano de gestão de continuidade de negócio é o conjunto de procedimentos estruturados e elaborados com o objetivo de retomar os processos críticos e garantir sua continuidade dentro dos períodos máximos de interrupção toleráveis, caso sejam interrompidos por um incidente ou por qualquer outro motivo.

Não acompanhar e não monitorar a dinâmica externa da competitividade é um fator de risco no processo decisório organizacional, e a concretização do perigo de exclusão do "jogo" concorrencial será, nesse caso, iminente. Nesse sentido, a estratégia competitiva necessitará de um sistema estruturado e organizado para ser capaz de gerir todo o conhecimento interno, bem como monitorar os desdobramentos externos de interesse estratégico.

Questões para revisão

1) Assinale a alternativa que apresenta as definições corretas para *risco inerente* e *risco residual*:
   a. Risco inerente é o risco ao processo que acontece antes de receber qualquer medida de controle e mitigação. Risco residual é o risco ainda existente após a implantação das medidas de controle e que necessita ser analisado e avaliado depois que os controles escolhidos tenham surtido seus efeitos.
   b. Risco inerente e risco residual têm conceitos idênticos e a mesma aplicação prática nos processos de gestão de risco.

c. Risco inerente é o risco existente apenas durante a implantação das medidas de controle. Risco residual é o risco ao processo que acontece antes de receber qualquer medida de controle e mitigação.

d. Risco inerente é o risco que surge em consequência da implantação de controles de outros riscos. Risco residual é o risco ainda existente após a implantação das medidas de controle.

e. Risco inerente é o risco ao processo que acontece antes de receber qualquer medida de controle e mitigação. Risco residual é o risco impossível de ser mitigado.

2) Para a aplicação em gestão de operações de segurança, a classificação das fontes de informações mais apropriada divide-se em:

a. quanto à origem – fontes abertas e fontes protegidas; quanto ao sigilo – fontes primárias e fontes secundárias.

b. quanto à origem – fontes primárias e fontes abertas; quanto ao sigilo – fontes secundárias e fontes protegidas.

c. quanto à origem – fontes primárias e fontes secundárias; quanto ao sigilo – fontes abertas e fontes protegidas.

d. quanto à segurança – fontes primárias e fontes secundárias; quanto ao processo – fontes abertas e fontes protegidas.

e. quanto à importância – fontes primárias e fontes secundárias; quanto ao interesse – fontes abertas e fontes protegidas.

3) Analise as afirmativas a seguir.

   I. Os processos de gestão de risco, de gestão de crise e de gestão de continuidade de negócio são disciplinas complementares na gestão de operações de segurança e garantem a integridade de pessoas, instalações, bens e valores que, de alguma forma, estejam envolvidos com as operações da organização e com sua normalidade operacional.

   II. São etapas do processo de gestão de risco as seguintes atividades: comunicação e consulta; escopo, contexto, critério; identificação de riscos; análise de riscos; avaliação de riscos; tratamento dos riscos; registro e relato; monitoramento e análise crítica.

   III. Nos processos de gestão de risco, a etapa de análise de risco determina as variáveis *probabilidade* e *impacto* dos riscos e, na etapa de avaliação de risco, são definidos seus níveis de motricidade e de importância.

   Estão corretas:
   a. as afirmativas I, II e III.
   b. apenas a afirmativa III.
   c. as afirmativas I e II.
   d. as afirmativas I e III.
   e. as afirmativas II e III.

4) Sob a ótica da gestão de operações de segurança, relacione os objetivos táticos operacionais dos processos de gestão de crise.

5) Descreva a finalidade da análise BIA (Business Impact Analysis) no processo de gestão de continuidade de negócio.

Questão para reflexão

1) Suponha que você é o diretor de operações de uma empresa. Considerando que a evolução das organizações apresenta uma inegável demanda por gestores operacionais com a competência da visão holística alinhada com os objetivos estratégicos, avalie se seria possível, para o seu perfil, exercer a função estratégica de gestor de operações de segurança sem os componentes sugeridos neste capítulo. Justifique seu posicionamento.

Para saber mais

PASSOS, A. **Inteligência competitiva**: como fazer IC acontecer na sua empresa. São Paulo: LCTE, 2005.
PORTER, M. E. **Estratégia competitiva**: técnicas para análise de indústrias e da concorrência. Rio de Janeiro: Campus, 2004.
SANTOS, M. A. dos; FRANCO, J. R. **A atividade de inteligência na segurança para o século XXI**. Brasília: Prospect Intelligence, 2011.

Destacamos essas obras em razão de suas abordagens específicas e de extrema relevância para o entendimento que se espera dos gestores de operações de segurança sobre todos os aspectos de interesse técnico-operacional para os processos de inteligência em operações de segurança privada nas organizações por eles assessoradas. É preciso lembrar que os processos de inteligência empresarial competitiva são relativamente recentes na segurança empresarial, e o gestores de segurança devem estar atualizados com os fundamentos de estratégia competitiva e com os desdobramentos que possam representar qualquer tipo de ameaça a pessoas e bens protegidos por seus processos críticos.

ABNT – Associação Brasileira de Normas Técnicas. **NBR 22313**: segurança da sociedade: sistemas de gestão de continuidade de negócio – orientações. Rio de Janeiro, 2015.

ABNT – Associação Brasileira de Normas Técnicas. **NBR 31000**: gestão de riscos – princípios e diretrizes. Rio de Janeiro, 2018.

A leitura integral das normas técnicas indicadas é fundamental para todos os gestores de operações de segurança, uma vez que elas orientam os processos críticos de segurança de modo que produzam os resultados esperados.

Infelizmente, talvez esta tenha sido a seção mais fácil de escrever, porque não há dificuldade em encontrar exemplos de incidentes, acidentes e ocorrências, com todos os níveis de gravidade, para que seja possível um estudo das condições e dos fatores que permitiram suas trágicas concretizações. Da mesma maneira, é de extrema facilidade perceber a relação entre esses sinistros e os ensinamentos apresentados nesta obra.

É lamentável, mas é verdade, que não tem sido rara a situação em que estamos sob o efeito de algum grande susto, com vítimas ainda pranteando, quando somos sacudidos emocionalmente pela notícia de uma nova tragédia. São sucessivas situações, algumas de comoção pelo efeito de algum infortúnio de grande porte, outras de revolta pelos males e pelos prejuízos provocados pelas diversas faces das ações criminosas. Tão simples como lastimável, já que diariamente os jornais nos dão uma nova má notícia, é entender que a sequência de perigos concretizados parece ser interminável.

Como profissionais de segurança, especialmente quando responsáveis por operações de segurança, precisamos ter alguns pensamentos imediatos e instintivos sempre que formos

estudo de caso

surpreendidos por essas notícias: "Que ensinamento posso tirar desse caso para minha profissão? O que poderia ter evitado esse sinistro? Qual foi a cadeia de eventos que o produziu? Na organização cuja operação de segurança está sob meu comando, esse sinistro aconteceria como foi descrito nessa notícia?".

Assim, esperamos que tenha ficado muito claro que esse triste estado de coisas só terá fim ou será reduzido quando as organizações, públicas ou privadas, reconhecerem a importância estratégica da conquista dos objetivos táticos de suas operações de segurança e quando os gestores dessas operações estiverem habilitados e convocados para executar os processos de gestão de risco de acordo com as melhores práticas e em conformidade com as normas técnicas internacionais.

Relacionaremos apenas alguns casos em que foi fragorosa a derrota dos sistemas de segurança e propomos que, com base em todo o conteúdo deste livro, você identifique as cadeias de eventos que produziram esses resultados finais e perceba que, em diversos momentos da evolução dos sinistros, as trágicas sequências poderiam ter sido interrompidas. Como apenas mencionaremos as ocorrências, sugerimos que você escolha um ou mais casos e pesquise para descobrir os principais fatores de risco que não foram identificados nem tratados e que produziram os lamentáveis resultados.

Recomendamos, também, que você crie o hábito profissional de procurar saber os detalhes de incidentes, acidentes, sinistros, crimes e fraudes de que tiver notícia, especialmente daqueles que atingirem organizações com o mesmo contexto operacional da sua, pois esse será um costume muito útil em sua provavelmente brilhante carreira na área de gestão de sistemas de segurança. Mencionamos, assim, os seguintes eventos:

- » Naufrágio do Titanic (1912);
- » Ataque a Pearl Harbor (1941);
- » Acidente aéreo de Tenerife (1977);
- » Acidente da Japan Airlines, voo 123 (1985);
- » Acidente do ônibus espacial Challenger (1986);
- » Desastre de Chernobyl, na Ucrânia (1986);
- » Acidente com césio-137 (1987);
- » Vazamento no Exxon Valdez, no Alasca (1989);
- » Acidente da TAM, voo 402 (1996);
- » Explosão do Osasco Plaza Shopping (1996);
- » Desabamento do Edifício Palace II (1998);
- » Ataque ao World Trade Center (2001);
- » Acidente do ônibus espacial Columbia (2003);
- » Acidente da Gol, voo 1907 (2006);
- » Acidente da TAM, voo JJ3054 (2007);
- » Acidente da Air France, voo 447 (2009);
- » Explosão da plataforma Deepwater, no Golfo do México (2010);
- » Assaltos em joalherias de *shopping center* (2010-2011);
- » Acidente no Hopi Hari (2012);
- » Desabamento do Edifício Liberdade (2012);
- » Naufrágio do Transatlântico Costa Concórdia, na Itália (2012);
- » Incêndio na Boate Kiss (2013);
- » Rompimento de barragem em Mariana (MG) (2015);
- » Acidente da LaMia, voo 2933 (2016);
- » Desabamento de ciclovia no Rio de Janeiro (2016);
- » Massacre na creche em Janaúba (2017);
- » Desabamento do Edifício Wilson Paes de Almeida (2018);
- » Incêndio em *shopping center* em Kemerovo, na Rússia (2018);

» Incêndio do Museu Nacional, no Rio de Janeiro (2018);
» Incêndio no centro de treinamento (CT) do Flamengo, no Rio de Janeiro (2019);
» Rompimento de barragem em Brumadinho (MG) (2019).

Para os interesses da gestão de operações de segurança, a metodologia didática qualitativa – "estudo de caso" – tem como objetivo aprofundar o conhecimento sobre todos os aspectos operacionais que produziram a cadeia de eventos ensejadora de um incidente com algum nível de gravidade (de leve a catastrófico ou massivo). É uma ferramenta de pesquisa, coleta e análise de dados sobre ocorrências em atividades semelhantes à operação em estudo ou com a mesma natureza de exposição a riscos. Sua aplicação tem por objetivo entender a dinâmica dos fatores de risco e com que nível de motricidade eles potencializaram o sinistro conhecido, bem como compreender a dinâmica da cadeia de eventos, se possível, com a linha de tempo do incidente. Como se trata de uma metodologia com objetivo prático, é importante considerar os contextos operacionais envolvidos no caso estudado, seus atores e todos os aspectos específicos que contribuíram para o resultado final, além de avaliar as semelhanças com o contexto operacional e com os processos da organização a ser protegida. Ao final do estudo, elabore e proponha um plano de ações para mitigar riscos semelhantes ou iguais àqueles que produziram o sinistro estudado e reduzir a probabilidade de concretização do mesmo perigo na operação ainda não sinistrada. Além disso, os detalhes dessa observação devem incluir um monitoramento e uma avaliação precisa do impacto do incidente sobre os objetivos estratégicos da organização que o sofreu.

Apresentamos, a seguir, um quadro com os principais itens de avaliação para um estudo de caso de um sinistro conhecido. Esses itens devem ser descritos detalhadamente, com base em informações confiáveis, preferencialmente de fontes primárias. Essa formatação pode ser ampliada de acordo com contextos específicos, contudo, de modo geral, os itens aqui relacionados sempre serão necessários para a precisão das conclusões do estudo.

Quadro A – Estudo de caso: itens mínimos de avaliação

Estudo de Caso	
Sinistro:	1. Contextos político, social e econômico
Entidade:	2. Contexto de segurança pública
	3. Contexto operacional interno
Local:	4. Atores envolvidos
	5. Fatores de risco de alta motricidade
Data: ___/___/_____	6. Dinâmica da cadeia de eventos e linha de tempo
Hora:	7. Meios, procedimentos e eficácia da pronta resposta
	8. Comparação e avaliação de semelhanças
	9. Plano de ação - mitigar fatores de risco
	10. Avaliação e monitoramento do impacto causado

As conclusões dessa avaliação devem ser de interesse para a aplicação da melhoria da segurança dos processos operacionais que apresentem condições similares às que produziram o incidente. De acordo com Boog (1994, p. 268),

> *a base da metodologia pode ser assumida na ação de descobrir soluções para problemas administrativos mediante a análise de situações, de questões processuais repetitivas, tentando estabelecer mecanismos de decisão que conduzam ao solucionamento efetivo de disfunções emergentes ou potenciais.*

Portanto, para o gestor de um sistema de segurança, a metodologia de estudo de caso deve ser obrigatória, e o pensamento imediato e instintivo desse profissional deve ser, em todos os casos dos quais tiver conhecimento, questionar-se: "Na atual condição da minha operação, esse sinistro teria ocorrido aqui como ocorreu lá?".

Entretanto, o gestor de um sistema de segurança não apenas deve estar atento aos casos de contextos operacionais semelhantes ao seu, mas também precisa saber que qualquer sinistro, em qualquer setor da atividade humana, sempre poderá propiciar algum ensinamento proveitoso para os interesses de sua qualificação e dos objetivos táticos operacionais dos processos críticos.

> Quase sempre, quando estão seguras, as pessoas não sabem exatamente por que estão tranquilas nem mesmo percebem que suas integridades físicas e moral estão garantidas porque alguém se preparou para isso e se empenhou muito nessa tarefa. Mas aqueles que assumem a nobre missão de manter essas condições de segurança, tranquilidade e paz estão obrigados a fazê-lo de maneira consciente e a conhecer cada detalhe de suas sagradas atribuições.

Todos os temas que, ao longo de tantas páginas, foram estudados podem ser justificados nas poucas linhas desse pensamento, porque cada capítulo e cada parágrafo foram escritos para colaborar com a formação do leitor que esteja procurando informações para ampliar sua qualificação para a função de gerir os processos destinados a manter a segurança. Então, enquanto as pessoas não percebem o quanto estão seguras, os profissionais que garantem essa tranquilidade sabem muito bem o que precisam fazer para assim mantê-las, certificando-se de que estejam a salvo das ameaças que incansavelmente as rondam.

para concluir...

A grande maioria do público, em todas as áreas da atuação humana, é invariavelmente negligente com a própria segurança e talvez até as pessoas evitem pensar sobre os cuidados que devem ter consigo mesmas. Embora nem sempre percebam, existem outras pessoas que, de modo consciente e intencional, fazem isso por elas e, para tanto, preparam-se e dedicam quase toda a sua vida em estudos e em trabalhos para essa missão. Àqueles que escolhem proteger e cuidar dos outros chamamos, com orgulho, de *profissionais de segurança*. Portanto, neste livro, estão reunidos não todos, mas grande parte dos conhecimentos técnicos necessários para quem resolve aceitar sobre os ombros o peso da responsabilidade de fazer a gestão operacional dos sistemas destinados a garantir a segurança e a integridade de pessoas, animais, meio ambiente, instalações, bens e valores.

Toda a formatação das informações contidas nesta obra foi idealizada com o objetivo de mostrar a você que, para estar qualificado para gerir operações de segurança, é preciso conhecer muito bem os fundamentos de gestão empresarial estratégica e entender a diferença entre os conceitos de estratégia e tática, a fim de aplicá-los de maneira eficaz e com a competência da visão holística na gestão dos processos operacionais de segurança, com atenção e cuidado de manter a tática operacional alinhada com os objetivos estratégicos abrangentes da organização que você assessora. Para facilitar o desenvolvimento dessa importante competência da visão holística, esta obra apresenta a sugestão de um modelo de macrocomponentes de um sistema de segurança, o qual pode ser utilizado em qualquer modalidade de negócio e em qualquer contexto operacional de segurança.

Quanto à qualificação do profissional para gerir a complexa estrutura do sistema de segurança, também não poderia faltar uma proposta de visão abrangente dos processos críticos de segurança, operacionais e indispensáveis para todos os contextos de operações de segurança.

Para completar esse conteúdo, realizamos o estudo dos processos que compõem a atividade denominada *inteligência em gestão de operações de segurança*: gestão de risco, gestão de crise, gestão de continuidade de negócio e inteligência empresarial competitiva.

Finalmente, no "Estudo de caso", solicitamos ao leitor que analisasse algum evento histórico e percebesse que, além das milhares de vidas perdidas, é quase incalculável o valor total das perdas materiais e ambientais provocadas por aqueles grandes sinistros. Entretanto, é possível garantir que todos eles apresentaram uma sequência de eventos que poderia, em algum momento, ter sido interrompida para que os resultados que hoje lamentamos não tivessem ocorrido. É importante destacar, no estudo desses graves sinistros, que, quando analisamos seus detalhes, verificamos que em todos eles houve alguma ou várias falhas graves na gestão da segurança dos processos que os produziram.

Não há como não admitir que, em todos esses casos e em tantos outros, faltou algo, alguma estrutura, algum processo, algum procedimento ou alguém qualificado para identificar e estancar a trágica cadeia de eventos. É em virtude de exemplos como esses que insistimos na relevância da abrangência dos sistemas de segurança com seus processos críticos operacionais e na necessidade de reconhecimento, por parte da alta gestão, da relevância estratégica da garantia da conquista dos objetivos táticos desses processos.

E não poderíamos encerrar esta obra sem mencionar que os que atuam em todos os processos da organização são moralmente responsáveis pela segurança e pela integridade de todas as pessoas envolvidas neles, contudo entre elas existe apenas uma que está tecnicamente obrigada a cumprir esse dever moral no comando dos processos de segurança e que, para isso, deve qualificar-se e habilitar-se adequadamente. Para identificar esse "anjo da guarda" entre todos os protegidos, costumamos atribuir-lhe a nobre denominação de *gestor de operações de segurança*.

ABNT – Associação Brasileira de Normas Técnicas. **NBR 22301**: segurança da sociedade: sistemas de gestão de continuidade de negócio: requisitos. Rio de Janeiro: ABNT, 2013a.

____. **NBR 22313**: segurança da sociedade: sistemas de gestão de continuidade de negócio: orientações. Rio de Janeiro, 2015.

____. **NBR 31000**: gestão de riscos: princípios e diretrizes. Rio de Janeiro, 2018a.

____. **NBR 31010**: gestão de riscos: técnicas para o processo de avaliação de risco. Rio de Janeiro, 2012.

____. **Normas brasileiras da família da série ABNT NBR ISO/IEC 27000**: gestão dos sistemas de segurança da informação. Rio de Janeiro, 2013b.

AMARAL, J. B. do. A qualidade das decisões e o compromisso dos envolvidos. **Decisão e envolvimento**, 2002. Disponível em: <www.jbamaral.com.br/artigo3.htm>. Acesso em: 25 out. 2019.

BAUMAN, Z. **Confiança e medo na cidade**. Rio de Janeiro: J. Zahar, 2005.

BEAL, A. **Gestão estratégica da informação**. São Paulo Atlas, 2004.

BOOG, G. G. (Coord.). **Manual de treinamento e desenvolvimento**. São Paulo: Makron Books, 1994.

BRASIL. Constituição (1988). **Diário Oficial da União**, Brasília, DF, 5 out. 1988. Disponível em: <http://www.planalto.gov.br/ccivil_03/Constituicao/Constituicao.htm>. Acesso em: 25 out. 2019.

____. Decreto-Lei n. 2.848, de 7 de dezembro de 1940. **Diário Oficial da União**, Poder Executivo, Brasília, DF, 31 dez. 1940. Disponível em: <http://www.planalto.gov.br/ccivil_03/decreto-lei/Del2848compilado.htm>. Acesso em: 25 out. 2019.

BRASIL. Lei n. 7.102, de 20 de junho de 1983. **Diário Oficial da União**, Poder Legislativo, Brasília, DF, 21 jun. 1983. Disponível em; <http://www.planalto.gov.br/ccivil_03/LEIS/L7102.htm>. Acesso em: 25 out. 2019.

BRASIL. Ministério da Defesa. Exército Brasileiro. Estado-Maior do Exército. **Glossário de termos e expressões para uso no Exército**. 4. ed. Brasília: EGGCF, 2009.

BRASIL. Serviço Público Federal. Departamento de Polícia Federal. Portaria n. 3.233/2012-DG/DPF, de 10 de dezembro de 2012. **Diário Oficial da União**, Brasília, DF, 11 dez. 2012. Disponível em: <http://www.pf.gov.br/servicos-pf/seguranca-privada/legislacao-normas-e-orientacoes/portarias/portaria-3233-2012-2.pdf/@@download/file/PORTARIA%203233-2012(2).pdf>. Acesso em 25 out. 2019.

BRASILIANO, A. C. R. **Gestão e análise de riscos corporativos**: método brasiliano avançado. São Paulo: Sicurezza, 2009. (Coleção Gestão de Riscos).

_____. **Guia prático para a gestão de continuidade de negócios – GCN**. São Paulo: Sicurezza, 2011. (Coleção Gestão de Riscos).

CAVALCANTE JÚNIOR, A. de F. Ética e administração: contextualizando a discussão sobre os desafios da ética no mundo dos negócios. **Adcontar**, Belém, v. 5, n. 1. p. 15-34, jun. 2004.

CHIAVENATO, I. **Administração, teoria, processo e prática**. Rio de Janeiro: Campus, 2007.

CLAUSEWITZ, C. von. **Da guerra**. São Paulo: WMF Martins Fontes, 2010.

DAVENPORT, T. H. **Ecologia da informação**. São Paulo: Futura, 1998.

DRUCKER, P. F. **Prática de administração de empresas**. Rio de Janeiro: Fundo de Cultura, 1962.

FIALHO, F. A. P. et al. **Gestão do conhecimento e aprendizagem**. Florianópolis: Visual Books, 2006.

FONTES, E. **Clicando com segurança**: tratando as questões atuais da proteção informação na organização e na família. Rio de Janeiro: Brasport, 2011.

FULD, L. M. **Inteligência competitiva**: como se manter à frente dos movimentos da concorrência e do mercado. Rio de Janeiro: Campus, 2007.

HENDERSON, B. **As origens da estratégia**. Rio de Janeiro: Campus, 1998.

HERRERA, W. Fatores críticos de sucesso. **Portal do Marketing**, 2007. Disponível em: <http://www.portaldomarketing.com.br/Artigos/Fatores_Criticos_de_Sucesso.htm>. Acesso em: 25 out. 2019.

INÁCIO, S. R. L. A visão intuitiva nas empresas como estratégia de gestão. **NetSaber**, [2014?]. Disponível em: <http://artigos.netsaber.com.br/resumo_artigo_9093/artigo_sobre_a-visao-intuitiva-nas-empresas-comoestrategia-de-gestao>. Acesso em: 25 out. 2019.

KOTLER, P. **Administração de marketing**: análise, planejamento, implementação e controle. 2. ed. São Paulo: Atlas, 1992.

KOTTER, J. P. **Sentido de urgência**. São Paulo: Best Seller, 2009.

LESCA, H.; ALMEIDA, F. Administração estratégica da informação. **Revista de Administração**, v. 29, n. 3, p. 66-75, 1994.

MCNAB, C. **Avaliação de segurança de redes**: conheça a sua rede. São Paulo: Novatec, 2017.

MEGGINSON, L. C.; MOSLEY, D. C.; PIETRI JR., P. H. **Administração**: conceitos e aplicações. São Paulo: Harbra, 1986.

MEIRELES, N. R. **Gestão estratégica do sistema de segurança**: conceitos, teoria, processos e prática. São Paulo: Sicurezza, 2011.

_____. **Processos e métodos em**: prevenção de perdas e segurança empresarial. São Paulo: Sicureza, 2010.

OAKLAND, J. S. **Gerenciamento da qualidade total TQM**: o caminho para aperfeiçoar o desempenho. São Paulo: Nobel, 1994.

OETINGER, B. V.; BASSFORD, C.; GHYCZY, T. V. **Clausewitz e a estratégia**. Rio de Janeiro: Campus, 2002.

PASSOS, A. **Inteligência competitiva**: como fazer IC acontecer na sua empresa. São Paulo: LCTE, 2005.

PORTER, M. E. **Estratégia competitiva**: técnicas para análise de indústrias e da concorrência. Rio de Janeiro: Campus, 2004.

PROFISSÃO ATITUDE. Não seja enganado por você mesmo. 2008. Disponível em: <http://profissaoatitude.blogspot.com/2008/09/no-seja-enganado-por-voc-mesmo.html>. Acesso em: 25 out. 2019.

PRUSAK, L. **Conhecimento empresarial**. Rio de Janeiro: Campus, 1998.

SANTOS, M. A. dos; FRANCO, J. R. **A atividade de inteligência na segurança para o século XXI**. Brasília: Prospect Intelligence, 2011.

SUN TZU. **A arte da guerra**. 3. ed. São Paulo: Sapienza, 2005.

_____. _____. 3. ed. São Paulo: Martins Fontes, 2014.

TAMMENHAIN, A. C. **Gestão de risco operacional em shopping center**. São Paulo: Sicurezza, 2010. (Coleção Gestão de Riscos).

Capítulo 1

1. c
2. d
3. a

A afirmativa I é **verdadeira**, porque a principal função do nível intermediário, ou nível tático, é garantir que tudo o que esteja sendo executado no nível operacional contribua para os objetivos planejados no nível estratégico e, somente com esse desdobramento do planejamento estratégico, essa garantia será possível.

A afirmativa II é **verdadeira**, porque a qualidade da ação individual no nível operacional é a base da garantia dos fatores críticos de sucesso, que potencializam a conquista dos objetivos estratégicos.

A afirmativa III é **falsa**, porque os fatores críticos de sucesso não são irrelevantes, mas são essenciais para a conquista dos objetivos estratégicos do negócio.

4. Sem esse nível de compreensão, será improvável que ele consiga alinhar a tática operacional de segurança com os objetivos estratégicos do negócio. O resultado dessa preocupante situação, obviamente, será a produção de resultados pífios e insignificantes, muitas vezes com grave comprometimento dos objetivos estratégicos da organização. Na prática,

significa que, para elaborar planos táticos e procedimentos operacionais que realmente potencializem a conquista dos objetivos estratégicos do negócio, o profissional precisa ter uma boa noção das teorias de gestão estratégica e de planejamento estratégico, não necessariamente como especialista, mas, pelo menos, o suficiente para que consiga ter uma visão holística e um entendimento mais sistêmico e completo de suas atribuições e da função orgânica do departamento ou setor sob seu comando.

5. O nível estratégico define os objetivos estratégicos, o nível tático e os objetivos táticos; e o nível operacional determina os objetivos operacionais específicos de cada operação. Nessa formatação, a posição da gestão de operações de segurança deve ser no nível tático para garantir que o que for executado no nível operacional esteja alinhado com o que foi planejado no nível estratégico.

Capítulo 2

1. a
2. c
3. a

A primeira afirmativa é **verdadeira**, porque, sem a execução desses processos com um nível de eficácia satisfatório, os processos da atividade-fim do negócio se tornam inviáveis. Exemplos clássicos são os processos críticos de sustentação operacional de fornecimento de energia elétrica, de água e de segurança, entre outros. É difícil imaginar uma atividade-fim que se sustente sem processos como esses.

A segunda afirmativa é **verdadeira**, porque esse modelo tem o objetivo de compartimentar toda a estrutura da organização em macrocomponentes, de tal modo que qualquer fator de risco que se possa imaginar deverá estar dentro de um deles. Com essa visão de gestão operacional de segurança, o gestor, ou analista de risco, consegue realizar uma varredura em toda a organização, analisando separadamente cada macrocomponente.

A terceira afirmativa é **verdadeira**, porque, em geral, a falha da segurança está na ponta da cadeia de eventos que produziu o incidente e, assim, essa cadeia poderia ter sido estancada em vários momentos antes de chegar a vez de a segurança atuar e impor ao risco seu último obstáculo.

4. Imaginar que todos os fatores de risco das complexas estruturas empresariais possam ser identificados apenas nos serviços e nos processos de segurança pode ser um engano com graves consequências. O serviço de segurança é apenas um dos diversos processos que integram o sistema de segurança empresarial. A segurança empresarial não depende apenas dos processos de segurança, mas de toda a estrutura empresarial em que seja possível a existência de qualquer risco. E isso inclui todos os setores e instalações da organização e, até mesmo, o contexto do ambiente externo, de onde também pode surgir graves ameaças aos objetivos estratégicos da organização.

5. Essa afirmação se justifica porque o perímetro é a última barreira para uma saída furtiva de tudo o que for subtraído de alguma fonte interna. A portaria é perímetro, e deixar que lá sejam realizadas todas as medidas de segurança é um risco muito alto, pois, embora ela também tenha a função de impedir furtos internos, é a última barreira para esses delitos.

Capítulo 3

1. c
2. d
3. e

A afirmativa I é **falsa**, porque as condições que têm potencial de impacto positivo sobre a probabilidade de conquista dos objetivos estratégicos também são consideradas riscos estratégicos, em virtude do conceito de risco positivo (condição que oferece oportunidade para potencializar a conquista dos objetivos do negócio).

A afirmativa II é **verdadeira**, porque a sensação de segurança das pessoas em um lugar qualquer depende do quanto elas conseguem perceber a segurança efetiva que possa ser empregada em benefício de seu bem-estar e de suas integridades física e moral.

A afirmativa III é **verdadeira**, porque, segundo a mesma teoria, a ausência de ordem, de normas, de regras e de lei tende a levar o comportamento humano à indisciplina e ao desrespeito aos códigos de convivência.

4. Capacidade de antecipação é o potencial que um sistema de segurança tem de identificar uma cadeia de eventos que, se não for interrompida, culminará na concretização de um perigo com impacto negativo sobre os objetivos estratégicos do negócio.

5. Capacidade de pronta resposta é o potencial que um sistema de segurança tem de agir em tempo útil para obter uma redução satisfatória do impacto da concretização de um perigo e possibilitar o retorno à normalidade operacional em tempo tolerável.

Capítulo 4

1. e
2. d
3. d

A primeira afirmativa é **verdadeira**, porque, quando o público atingido por um novo procedimento de segurança percebe sua importância para a segurança de todos, fica mais fácil sua aceitação e sua assimilação e são fracas as resistências à sua implantação no sistema de proteção.

A segunda afirmativa é **verdadeira**, porque o nível de segurança interna também depende da quantidade e da distribuição tática das linhas de defesa entre a primeira e a última linha de defesa das instalações, tanto no sentido de quem tenta entrar quanto no sentido de quem tenta sair.

A terceira afirmativa é **falsa**, porque é possível reduzir as incertezas do ambiente externo com diversas medidas de segurança. São medidas de ordem tática operacional: identificação e análise de riscos e contextos operacionais e suas ameaças; estudo e elaboração de cenários em verdadeiras operações de inteligência corporativa para a produção de sólidas informações que fundamentam o planejamento de roteiros; distribuição fracionada de horários e de meios de transporte; emprego de tecnologia de segurança remota de monitoramento, de rastreamento e de comunicação; acompanhamento por escolta armada e apoio policial; e treinamento e qualificação das equipes envolvidas.

4. É por meio desses procedimentos, de normas e de manuais de operações que o desdobramento de todas as operações de segurança deve ser ordenado, sempre seguindo instruções específicas para a execução de cada tarefa. Definir e conquistar os objetivos táticos operacionais fica mais fácil, da mesma forma que se asseguram os fatores críticos de sucesso do negócio, com a utilização de procedimentos estruturados com instruções claras e objetivas.

5. Controle de acesso, segurança de perímetro, segurança interna e segurança de operações externas.

Capítulo 5

1. e
2. b
3. a

A primeira afirmativa é **verdadeira**, porque esses são atributos básicos para o sucesso em qualquer função dos processos de segurança. Com eles, o candidato precisará apenas de treinamentos e orientações específicos para contextos operacionais de segurança diferenciados e de algum tempo de experiência no exercício da função na organização que ora lhe oferece uma oportunidade.

A segunda afirmativa é **verdadeira**, porque esses são os componentes do perfil do profissional de segurança, visto com a ótica do gestor de operações de segurança, que deve ir muito além do processo seletivo e já imaginar o profissional exercendo sua função. Todos os requisitos necessários para um profissional de segurança estão reunidos nesses componentes.

A terceira afirmativa é **verdadeira**, porque quanto maiores e mais complexos forem os sistemas de produção e circulação de dados e informações, maior será a necessidade de sua fragmentação, e quanto maior for sua fragmentação, menor será a facilidade de circulação indevida de dados e informações.

4. Porque não são raras as situações extremas, com alto nível de estresse, que necessitam de intervenção direta de um profissional de segurança, que deverá ter plena capacidade de controle emocional para atuar sobre os riscos envolvidos na ocorrência de uma crise operacional. A intervenção de um profissional de segurança sem controle emocional aumenta os níveis de tensão e de estresse da situação, e ele se torna parte do problema, quando deveria ajudar a resolvê-lo.

5. Conhecimento, documentos, TI dados, TI mídia e telecomunicações.

Capítulo 6

1. a
2. c
3. c

A afirmativa I é **verdadeira**, porque essa garantia é obtida à medida que forem identificados, analisados e tratados os riscos para evitar suas concretizações, que as respostas aos incidentes tornem-se prontas e efetivas e que o retorno à normalidade operacional ocorra dentro de um tempo tolerável após a concretização de um perigo.

A afirmativa II é **verdadeira**, porque essa é a estrutura recomendada pela norma ABNT NBR ISO 31000/2018. Essas etapas têm como objetivo auxiliar a tomada de decisão, considerando-se as incertezas e a possibilidade de circunstâncias ou de eventos futuros e seus efeitos sobre os objetivos estratégicos do negócio.

A afirmativa III é **falsa**, porque as atribuições das duas etapas estão invertidas. Assim, o correto seria afirmar que os níveis de motricidade e de importância dos riscos são determinados na etapa de análise de risco, e os valores da probabilidade e do impacto, na etapa de avaliação de risco.

4. Sob a ótica da gestão de operações de segurança, é possível determinar como objetivo tático operacional para os processos de gestão de crise: executar ações de pronta resposta a incidentes, a fim de gerenciar as fatalidades; proteger pessoas; conter e limitar danos; comunicar as partes interessadas; e reduzir, para um tempo tolerável, o tempo de interrupção dos processos críticos operacionais e, para um valor suportável, o nível de impacto do incidente sobre o negócio.

5. A BIA é uma análise que determina por quanto tempo a organização consegue operar em nível aceitável com a interrupção de cada um de seus processos operacionais e de gestão, apontando a importância estratégica de cada um deles para a continuidade operacional de toda a organização. É uma análise que mapeia os processos críticos e proporciona uma visão que permite a inclusão das estratégias de continuidade para esses processos no planejamento estratégico da empresa, de tal modo que a recuperação desses processos aconteça sempre antes do "tempo necessário para que os impactos adversos tornem-se inaceitáveis, que possam surgir como resultado de não fornecer um produto/serviço, ou realizar uma atividade" (ABNT, 2013a, p. 5).

Antonio Carlos Tammenhain é oficial da reserva do Exército Brasileiro, administrador de empresas, tecnólogo químico e técnico em segurança do trabalho com especialização em Engenharia de Incêndio. Especialista MBA em Gestão de Segurança Empresarial pela Fundação Escola de Comércio Álvares Penteado (Fecap-SP), com pós-graduação em Gestão de Recursos Humanos também pela Fecap-SP. Atua há mais de 35 anos como gestor de riscos corporativos em sistemas de segurança de grande porte na indústria de material bélico (defesa e explosivos), na indústria de entretenimento (*shopping centers*) e em empresas de segurança privada (transporte de valores e serviço de vigilância). É consultor especialista em implantação de sistemas de gestão de risco, de gestão de crise e de gestão de continuidade de negócio; instrutor de técnicas operacionais para equipes de segurança; professor da disciplina de Gestão de Operações de Segurança; e autor do livro *Gestão de risco operacional em shopping center* (Editora Sicurezza, 2010).

Os papéis utilizados neste livro, certificados por instituições ambientais competentes, são recicláveis, provenientes de fontes renováveis e, portanto, um meio **responsável** e natural de informação e conhecimento.

Impressão: Reproset
Fevereiro/2023